TATA RZĄDZI!

ANDREW CLOVER

TATA RZĄDZI!

czyli 63 zasady szczęśliwego ojca

Z angielskiego przełożyły
Joanna Figlewska, Sabina Czyżowska-Rychter

Świat Książki

Tytuł oryginału
DAD RULES

Wydawca
Grażyna Smosna

Koordynacja wydawnicza
Magdalena Hildebrand

Redakcja
Urszula Okrzeja

Korekta
Agnieszka Mocarska
Jadwiga Przeczek

Copyright © Andrew Clover, 2008
Illustrations copyright © Andrew Clover, 2008
Copyright © for the Polish translation by Świat Książki Sp. z o.o.,
Warszawa 2011

Świat Książki
Warszawa 2014

Świat Książki Sp. z o.o.
02-103 Warszawa, ul. Hankiewicza 2

Księgarnia internetowa: Fabryka.pl

Skład
Piotr Trzebiecki

Druk i oprawa
CPI

Dystrybucja
Firma Księgarska Olesiejuk sp. z o.o., sp. k.a.
05-850 Ożarów Mazowiecki, ul. Poznańska 91
e-mail: hurt@olesiejuk.pl, tel. 22 721 30 00
www.olesiejuk.pl

ISBN 978-83-7943-736-8
Nr 90094269

Dlaczego napisałem tę książkę?

Jest sobota. Stoję sobie w księgarni Foyle'ów i widzę trzy ściany półek zapełnionych poradnikami dla rodziców. Oto jeden z nich – dwieście stron! – pod tytułem *Wszystko, co musicie wiedzieć (pierwsze miesiące życia dziecka)*. Myślę: czy powinienem wiedzieć aż tak dużo? Przeżyłem, dwukrotnie już, pierwsze miesiące życia dziecka. Moje doświadczenia mógłbym zawrzeć w trzech poradach:

1. Nie czytajcie dwustustronicowych poradników.
2. Nie pozwalajcie maluchom ssać za długo, ponieważ sutki mamy bardzo na tym ucierpią.
3. Zejdźcie dzieciom z drogi, kiedy rzygają.

Znalazłem liczne eleganckie, błyszczące książki, które powstały na bazie programów telewizyjnych, a więc charakteryzują się tym, co telewizja robi najlepiej: koncentrują się na sprawach dziwacznych i niecodziennych. Otwieram pierwszą z nich. Zanurzam się w świecie chaosu i strachu. Od razu czuję zapach rzygowin zaschniętych na pasie bezpieczeństwa. Następną książkę zdobi fotografia Superniani, która wyraźnie dopiero co wyszła spod rąk całej rzeszy Ekspertów od Stylizacji i Charakteryzacji, zatem wygląda surowo, ale seksownie – jak figlarna Mary Poppins, która właśnie cię wyszorowała, a następnie dała klapsa. Mam ochotę wepchnąć Supernianię do błotnistej kałuży. Poradniki dotyczące opieki nad małymi dziećmi wywołują u mnie depresję, złość i poczucie niższości. Wychodzę. Kieruję się w stronę domu i po drodze znajduję w parku Liv z dziewczynkami. Śpieszy się do kuchni, żeby przygotować lunch. Mówi się, że dzieci zbliżają rodziców. To prawda, tak na mnie więcej sześćdziesiąt sekund – przeciętny czas przekazywania ich sobie wzajemnie z rąk do rąk. Wydaje mi się, że na placach zabaw wszyscy rodzice czytają te same książki co ja. Matki zazwyczaj sprawiają wrażenie wściekłych. Ich mowa ciała wręcz krzyczy: „Jeżeli KTOKOLWIEK jeszcze raz coś będzie chciał ode mnie, to zacznę wrzeszczeć, i nie przestanę!". Ojcowie są jeszcze gorsi. Próbują załatwiać różne ważne telefony, ale zaczynają się wkurzać, ponieważ tracą zasięg. Albo chodzą za dziećmi, powtarzając w kółko: „Ostrożnie, Molly!", z takim głupawym, ckliwym wyrazem twarzy, jakby też się chcieli pobawić, ale się wstydzą.

Jestem naprawdę przygnębiony. Myślę sobie: jaki sens ma życie? Jaki sens ma posiadanie dzieci? Płaczą po nocach, wyciągają od człowieka wszystkie pieniądze, a potem opuszczają go i jeszcze oskarżają o wszystko złe, co spotyka je w życiu.

I w tym momencie pojawia się Cassady. To moja młodsza córka, która ma trzy i pół roku. Ma niebieskie rajstopy wciągnięte na głowę, a w rękach linę, za którą ciągnie nasz cudowny wózek. Pięćdziesiąt lat temu skonstruował go ze skrzynek po pomarańczach i dwóch kół od wózka dziecięcego mój lubiący majsterkować dziadek. Cassady mówi: „Tatusiu, musimy pojechać do naszego zamku. Ty jesteś zaczarowanym koniem i nazywasz się Barry Zaczarowany Koń i masz WIELKIE CZARNE OWŁOSIONE KOPYTA!". Moja córka jest bardzo przekonująca i stanowcza. Zupełnie jakbyście próbowali się dogadać z Paulem McKenną* zakamuflowanym w ciele małej dziewczynki.

I od razu zaczynam się czuć jak koń. Pojawia się starsza córka, Grace. Pięcioletnia chudzina. Ostrożnie wsiada do wózka. Obie wołają: „Wio, tatusiu! Wio!".

Chwytam za wózek i ruszam cwałem z niezłą prędkością. Opuszczając plac zabaw, rżę gromko z radości. Córki głośno wiwatują. Galopuję ścieżką między drzewami. Poddaję się chwili końskiej radości. Przeskakuję przez leżący pień drzewa z czystej przyjemności.

Wówczas uświadamiam sobie, że brak mi tchu. Idę. Idąc, myślę: w jaki sposób te dwie małe czarownice zmusiły mnie, żebym je ciągnął do domu? Odwracam się i patrzę na nie. Naśladują odgłosy stukania końskich kopyt i śpiewają tę zwariowaną piosenkę, której nauczyły się w przedszkolu i w której wykrzykują: „Szczotkuj zęby gumą balonową! Brzuch spada na pizzę!". Są szczęśliwe. Dzieci skarżą się, że keczup rozlał im się na groszek, ale nigdy się nie skarżą, że życie jest bez sensu. Przechodzi mi przez myśl, że życie nigdy nie ma jakiegokolwiek znaczenia, ponieważ nie jest ono zadaniem matematycznym, które można rozwiązać. Tajemnicą życia jest zabawa.

Dochodzę do wniosku, że problem z poradnikami dla rodziców polega na tym, że mówią wam one o zasadach, jakie narzucacie swoim dzieciom: Dziel się, Myj Ręce, Nie Przylepiaj Tostów z Masłem do Odtwarzacza DVD. To jest

---

* Paul McKenna – współczesny brytyjski hipnoterapeuta, autor wielu książek nt. samorealizacji, w tym także wydanej w Polsce pt. *Możesz schudnąć* (wszystkie przypisy pochodzą od tłumaczek).

przydatne, ale nie czyni was chętnymi do spędzania czasu z waszymi latoroślami. A to nie jest dobre, ponieważ maluchy powielają nastroje swoich rodziców, a także ich poglądy na życie i świat. A zatem, doprawdy, nie ma większego znaczenia to, czym je karmicie albo jak wcześnie zaczynacie je posyłać na lekcje francuskiego. Ważne jest to, czy sami jesteście naprawdę szczęśliwi. Moi rodzice nauczyli mnie bardzo wiele o tym, jak się czyta, ale bardzo niewiele o tym, jak być szczęśliwym. Muszę się tego uczyć sam od moich córek.

A zatem o tym właśnie jest ta książka. Opowiem o zasadach ojcostwa, jakich się nauczyłem, przytaczając historyjki o tym, jak się ich uczyłem. Mam nadzieję, że przyswoicie sobie kilka wskazówek. Oto przykład: jeżeli jesteś naprawdę zmęczony, zdejmij sweter lub koszulę i zaproś dzieci do zabawy, polegającej na malowaniu na twoich plecach. Poczujesz się tak, jakby wróżki robiły ci masaż. Opowiem o tym, jak radziliśmy sobie z ważnymi sprawami: rywalizacją z rodzeństwem, wyborem przedszkola, przekonywaniem do zjedzenia czegokolwiek, co nie jest paluszkiem rybnym. Opowiem również o tym, jak sobie radziłem z wielkimi obawami: Czy kiedykolwiek spotkam się z przyjaciółmi? Czy zmieniam się w mego tatę? Czy kiedykolwiek jeszcze będziemy się kochać z żoną? Mam więc nadzieję, że ta książka, na swój własny, zwariowany sposób, okaże się interesująca i kompletna: obejmuje prawie wszystko, o czym współczesny ojciec mógłby pomyśleć.

Jednakże przede wszystkim mam nadzieję, że książka odda sprawiedliwość dwóm małym dziewczynkom, które ją zainspirowały. Spodziewam się, że tak samo jak one, jest niewielka, zabawna i szokująco intymna. Mam nadzieję, że pobudzi was do śmiechu. Mam nadzieję, że doprowadzi was do łez. Mam nadzieję, że obsypie bajkowym czarodziejskim pyłem wasze życie.

ZASADY TATY

Zasada 1
Unikaj wszystkiego tak długo, jak się da

Lipiec 1999, West Wittering
Styczeń 2000, Kentish Town

Lipiec 1999 roku. Jesteśmy na plaży w West Wittering. Fruwają latawce. Psy bawią się piłeczkami. Liv ściska moją dłoń.
– Andrew – mówi – chciałbyś mieć dzieci?
Natychmiast uświadamiam sobie, że to jest wielka, historyczna chwila. Wiem, że muszę odpowiedzieć jak mężczyzna. A zatem ignoruję ją. Nagły poryw wiatru sypie mi piaskiem na nogi. Robi się pochmurno. Zbieram się i ruszam do samochodu. Ona idzie za mną, mówiąc:
– Wiesz przecież, że nie możesz wiecznie ignorować tego tematu.
Ale myli się w tej kwestii. Uważam, że mogę go ignorować przynajmniej jeszcze przez dwa lata. Problem jednak polega na tym, że ona cały czas do niego wraca...

Styczeń 2000 roku. Jest sobota rano. Jestem w Niebie. Promienie słońca wlewają się przez okno. Przebijają się przez parę, która unosi się nad świeżo zaparzoną kawą. Siedzę przy stole i pracuję nad moją grą w ligę futbolową, czyli ustalaniem własnego wymarzonego składu. Potrzebny mi nowy pomocnik i mam nadal 5,8 miliona funciaków. Mogę za to kupić Darrena Andertona; jest wyceniany na 5,4 miliona. Praktycznie rzecz biorąc, będę na nim jeszcze zarabiać.

Z góry dobiega mnie kwiący dźwięk. Liv mnie woła. Nienawidzę, kiedy to robi. Jeśli chce ze mną rozmawiać, to dlaczego do mnie nie zejdzie? Nie jestem kamerdynerem. Idę na górę i widzę, że siedzi na łóżku i z tragicznym wyrazem twarzy wpatruje się w segregator formatu A4, który zostawiłem na biurku.

– O co chodzi? – pytam. Natychmiast jestem gotów przyjść jej z pomocą. Wysłucham jej skarg, zrobię kompres na czoło, będę walczył z jej wrogami.

– Nieważne – odpowiada.

– Ależ nie! Nie! To jest ważne. Powiedz mi.

– Bo... po prostu... – Rozpaczliwie pociąga nosem. Wpatruje się w moje usychające drzewko bonsai. – Bo ja po prostu... chciałabym mieć dziecko, i...

W tym momencie głos jej się załamuje. Niedobrze. Poruszyła najgorszy z możliwych do poruszenia tematów, i w dodatku w najgorszy z możliwych sposobów: naprawdę płacze. Każdy z moich instynktów podpowiada mi, żeby uciec w cholerę, jak najdalej od tego pokoju. Niestety, wiem, że nie mogę. Zmuszam się do kompromisu, wyglądając przez okno, z którego rozpościera się widok na mały leśny park.

Staffordshire bull terrier bezwstydnie obwąchuje tyłek złotego cocker spaniela. Nagle terier wspina się na spanielkę i zaczyna wykonywać „śmieszne ruchy". Wygląda na zadowolonego. Jęzor mu zwisa jak u cwaniacko wyszczerzonego montera z East Endu*. Sprawia wrażenie, jakby

---

* East End – dzielnica Londynu zamieszkiwana głównie przez robotników często posługujących się *cockneyem*, czyli londyńską gwarą.

mówił: „Laluniu... nie ruszaj się... jeszcze chwilunia, a zrobię ci dobrze". A spanielka w tym czasie udaje, że nic się nie dzieje. Ostrożnie węszy w powietrzu, jakby była jurorem oceniającym wspaniałe zapachy. Pewnie sobie myśli: „Ach tak... wyczuwam tutaj odrobinę wczesnych dalii... to bardzo świeży zapach... i wyczuwam, że lisy grzebały tu w śmietniku... ta woń jest trochę bardziej miejska".

– Na co patrzysz? – pyta Liv.

– Na dwa psy, które... uprawiają seks. No, wydaje mi się, że to właśnie robią. Możliwe, że ten z przodu jest ślepy. A ten z tyłu próbuje go przepchnąć dookoła lasku.

Teraz nakrapiane pełne łez oczy Liv wpatrują się we mnie. Już wiem, że zaraz się wydarzy coś okropnego.

– I nie zamierzasz nic powiedzieć? – pyta.

– Na jaki temat?

– O dzieciach.

– A co mam według ciebie powiedzieć?

– Powiedz mi prawdę – mówi Liv. No cóż, to nigdy nie jest dobry pomysł. – Powiedz mi, co myślisz o tym, żeby mieć dzieci.

Znikam w najtajniejszym zakamarku w środku mojej głowy. Myślę sobie, że, cóż, zdecydowanie nie chcę mieć dzieci. Nie wydaje mi się, żeby jakikolwiek mężczyzna naprawdę chciał mieć dzieci. Nigdy nie spotkałem faceta, który by marzył o dziecku. Miałem kiedyś przyjaciela o imieniu Dom, który dość wcześnie miał dzieci, ale Dom był adoptowany i całą swoją zapijaczoną młodość spędził na rozpaczliwych poszukiwaniach własnej rodziny. Faceci nie chcą teraz mieć dzieci, ponieważ dobrze wiedzą, że mogą je mieć, kiedy zaczną dobiegać dziewięćdziesiątki.

Muszą tylko być bogaci albo mieć fart, albo dobrze grać w golfa. Zawsze zakładałem, że będę spełniać te wszystkie warunki tak długo, dopóki jakaś kobieta mi w tym nie przeszkodzi.

Zastanawiam się, którą część tych rozmyślań mogę powiedzieć na głos. Nic nie mówię.

– Czy chciałbyś mieć dzieci? – pyta Liv.

O Boże, a skąd niby mam wiedzieć? Najpierw muszę zdecydować, czy zostanę z Livy. Nie zrozumcie mnie źle, kocham ją, ale istnieje tylko jeden moment, w którym facet wie, i to z absolutną pewnością, że chce zostać ze swoją kobietą na zawsze – to jest chwila, w której właśnie od niego odeszła. Przez cały pozostały czas mężczyzna nie ma tej pewności. Ale tego też nie mówię.

– Na czym polega twój problem? – pyta Liv. – Dlaczego nie umiesz rozmawiać o tym, co czujesz?

Nienawidzę, kiedy to mówi. Nie cierpię tego.

– Ach... Dobra. W porządku – mówię. – To, co teraz czuję, to... terror.

– Dlaczego?

– Walczę o karierę zawodową. Nie mam czasu na zajmowanie się dziećmi.

– Ale to ja bym się nimi zajmowała.

– No... naprawdę? A poza tym przeraża mnie bycie ojcem. Ponieważ przeraża mnie to, że się zmienię w swojego tatę.

– Ale twój tata miał pięcioro dzieci! – odpowiada Liv.

– I cały czas spędzał na unikaniu ich.

– Och, przestań. Twój tato wcale nie jest taki zły!

Myślę o swoim ojcu. Nazywaliśmy go Wielki Tato.

Dobra. Nie jest taki zły. Jest nawet zabawny. Potrafi uściskać. Umie mówić dziesięcioma językami. Jeśli chcecie wiedzieć, jak brzmi słowo „harfa" w grece, to trafiliście na właściwego faceta. Ale całe moje dzieciństwo spoglądał na nas, marszcząc brwi, spoza sterty książek o historii wojskowości. Jeśli już się odzywał i zaczynał mówić, to przemawiał przez dwie godziny. Przytaczał skrócone biografie ludzi, których znał z Bank of England. Snuł przypuszczenia co do kariery zawodowej, jaką mógłby zrobić, gdyby nie popełnił błędu i nie miał dzieci. Sugestia zawsze była jasna: to przez nas marzenia ojca zostały rozniesione w puch. Liv ma rację. Wielki Tato nie jest taki zły, ale jest żyjącym ucieleśnieniem mężczyzny, jakim staram się nie być.

Nie mówię jednak tego wszystkiego. Patrzę tylko na ścianę.

– Andrew – mówi Liv – zapomnij o swoim tacie, i...

– Próbuję.

– Nie uważasz, że istnieją jacyś ojcowie, którzy chcą być ojcami?

– Nie. Właśnie dlatego mają swoje kryjówki. Właśnie dlatego załatwiają mnóstwo nieważnych spraw, krążąc całymi dniami po mieście samochodem. I właśnie dlatego jeżdżą na ryby. Naprawdę myślisz, że ludzie lubią łowić ryby? Ta czynność wymaga wpatrywania się w wodę całymi godzinami, z krótką przerwą na torturowanie małego stworzonka.

Livy znowu zaczyna płakać. Po pewnym czasie uświadamiam sobie, że żarty nie poskutkowały. Kiedy próbujesz kogoś pocieszyć, nie powinieneś używać słów „torturować małe stworzonko".

– Przepraszam – mówię. Wydaje mi się, że to zawsze jest dobry początek. To taki odpowiednik chwycenia za ścierkę i gotowości do wycierania naczyń.

Kładę rękę na jej ramieniu. Zrzuca ją energicznie i chyba niechcący uderza mnie kostkami dłoni w twarz. Nagle myślę: o Boże, ona naprawdę mnie teraz bije! Wiedziałem, że nie powinienem rozmawiać o moich uczuciach. Kobiety nigdy nie chcą rozmawiać o waszych uczuciach. Mają o wiele za dużo własnych.

– Wyjdź stąd! – mówi. – Wyjdź stąd!!!

– Nie ma sprawy – odpowiadam, i naprawdę tak myślę. Gdyby mi to pomogło w wydostaniu się z tego pokoju, to uszczęśliwiony zapisałbym się do Legii Cudzoziemskiej.

Ja i mój tato

a także Tom <u>Simpson</u> (którego brat studiował ze mną w kolegium Christ Church w Oksfordzie) ple, ple, ple... i naprawdę mogłem wstąpić do gwardzistów ple, ple, ple... Pomyślałem, że to było PIEPRZONE dogadzanie sobie...

Proszę, pozwól mi zagrać w ping-ponga.

Zasada 2
Uprawianie seksu z nieznajomymi

Styczeń 2000, dziesięć minut później, Kentish Town

Liv mówi, że jedzie spotkać się z siostrą. Wychodzi z domu. W rezultacie mogę się zabrać do pisania. Idę na górę i włączam komputer. Aktualnie pracuję nad scenariuszem filmowym pod tytułem *Seks z nieznajomymi*. Jest to polityczna komedia romantyczna w stylu Charliego Kaufmana*. A oto jej treść...

Meg Ryan gra kandydatkę na prezydenta, która przyłapuje swojego męża posuwającego pokojówkę na stole. Nie może zostać w domu i zrobić awantury. Śpieszy się na debatę przedwyborczą transmitowaną na żywo.

Podczas owej debaty jeden z dziennikarzy zadaje jej pytanie:

– Co zamierza pani zrobić w celu podtrzymania instytucji rodziny?

– Nic – odpowiada i puszczają jej nerwy. – Ludzie od lat poruszają temat rodziny, ale nikt nie potrafi nic z tym zrobić. Dlaczego? Nie żyjemy przecież w Średniowieczu, gdy zakochując się w jedynym człowieku w całej wsi, który nie

---
* Charles Kaufman – amerykański scenarzysta filmowy, dwukrotnie nominowany do Oskara, otrzymał go za *Zakochanego bez pamięci*. Także bohater jego scenariusza, zagrany przez Nicolasa Cage'a w filmie *Adaptacja*.

ma brodawek, żyjemy z nim do samej śmierci. Która najczęściej następuje po upływie tygodnia. Obecnie ludzie żyją o wiele dłużej, zakochują się, mają dzieci, ale chcą czegoś więcej, zatem znowu się zakochują, mają jeszcze więcej dzieci, w rezultacie dzieci dorastają zaniedbane, porzucone i pełne gniewu, więc spuszczają łomot wszystkim dookoła, po czym same się rozmnażają. Prawo żądzy. Rodzina jest skończona.

– A więc... co? – pyta dziennikarz. – Zakazałaby pani uprawiania seksu?

– Nie. Można to robić, ale nie należy udawać, że chodzi o miłość. Powinno się to robić za każdym razem z kimś innym. Właściwie przespanie się dwukrotnie z tą samą osobą byłoby nielegalne. Dzieci zaś powinny być wychowywane przez jedynych ludzi, którym mogłyby zaufać, czyli przez państwo.

Jej rozmówca patrzy na nią.

– Taka jest pani polityka? – pyta. – Oferuje pani ludziom seks bez ograniczeń. Doprawdy, zbyt nisko ocenia pani inteligencję amerykańskiego narodu!

Cięcie.

Meg Ryan porażającą większością głosów odnosi zwycięstwo w wyborach prezydenckich.

Cięcie.

Cztery lata później w kraju dobrze się dzieje. Wszystkie dzieciaki są pozamykane. Starsze panie czują się bezpieczniej. Wszyscy są zdrowsi. Również gospodarka jest zdrowsza. Wszyscy kupują więcej. Więcej kopulują. Pracują dłużej. Pani prezydent jest nawet jeszcze bardziej oddana swej polityce. W ramach rutynowych podziękowań zawsze uprawia seks ze złotymi medalistami olimpiad oraz ze wszystkimi odwiedzającymi Stany Zjednoczone zagranicznymi dygnitarzami. Ten seks jest emitowany w telewizji. Wyborcy nie lubią, gdy prezydent uprawia seks oralny. W drugim akcie następuje punkt kulminacyjny, Meg Ryan zgadza się na seks z prezydentem Chin. Kiedy już jest nadziana na rożen jak kebab, uzyskuje nową umowę handlową z Chinami. Jej notowania sięgają sufitu.

Dobra, ale to zaledwie początek opowieści. To ma być przecież komedia romantyczna, a więc to oczywiste, że Meg Ryan spotyka kogoś – jest nim naiwny mnich, którego gra Tobey Maguire – i się w nim zakochuje. A zatem pragnie się z nim przespać drugi raz, i wtedy dostrzega, że cała ta polityka jest pełna korupcji i zła. Opowieść narasta aż do ostatecznego szczęśliwego zakończenia i mogę je wyrazić kilkoma słowami, które, jak powiedziałem Liv w sekrecie, przyniosą mi milion funtów honorarium: *Oni się pieprzą, a świat świętuje*.

Temat *Seksu z nieznajomymi* poruszyłem z trzech podstawowych powodów:
1. Piszę scenariusz, w którym dorośli ludzie uprawiają seks bez ograniczeń; dzieci są wychowywane przez państwo: mam osobiste problemy związane z kwestią dzieci. Obawy.
2. Prawdopodobnie pomyślicie sobie: „Hmmm... Seks z nieznajomymi, gra Meg Ryan...". I nie możecie sobie przypomnieć tego filmu. I słusznie. Taki film nigdy nie powstał. Producent filmowy, Robert Steapleton, ostatecznie dał mi czternaście patoli za scenariusz, ale to nie

pokryło dwóch lat, które spędziłem na pisaniu tego tekstu. Tłumaczenie: Liv próbuje się dogadać z facetem, który zarabia czternaście kawałków za dwuletnią pracę i ma obłąkańcze pomysły, jakie mogłyby powstać jedynie w umyśle parapsychologa. To nie jest mężczyzna, z którym kobieta chciałaby mieć dziecko. A w głębi duszy, w jej najgłębszym zakamarku, i tak wiem, że film by się nie udał. Idea bowiem nie jest zgodna ze Swiftem* i niepraktyczna. Gdyby pomysł był bardziej zabawny, ktoś dałby mi za niego więcej pieniędzy. Nie jestem ojcem, jakim chciałbym być.

3. Robert Steapleton jest jednym z moich najlepszych przyjaciół, i kiedy skończyłem już dziewiątą wersję scenariusza, jego dziewczyna zaszła z nim w ciążę. To odnosząca sukcesy pani architekt. Jest miła, śliczna, robi karierę zawodową. Miała cudowny, wielki biust. Kiedy ich dziecko ma trzy miesiące, on ją porzuca. W tym samym czasie odrzuca też mój scenariusz. Taki jest świat, na który Liv chce wydać dzieci.

---

* Chodzi tu o satyrę Jonathana Swifta, napisaną w 1729 roku, *A modest Proposal* (Skromna propozycja), w której autor szydzi z niewrażliwości ówczesnych elit na ciężkie życie irlandzkich dzieci, proponując, by hodowano je na przysmaki dla angielskich bogaczy.

Zasada 3
Znajdź właściwą dziewczynę

1991, Oksford
Zima 1999, Harlesden

W tym miejscu muszę przerwać opowieść. Muszę wam powiedzieć, jak i kiedy poznałem Liv.

Mam dwadzieścia lat i jestem na studiach w Oksfordzie. Pewnego wieczoru oglądam sobie studencki pokaz mody. Jedna z modelek zaczyna mnie fascynować. Sprawia wrażenie nieśmiałej i tajemniczej. Ma kasztanowe włosy sięgające do ramion, wypukłe kości policzkowe i usta, które nie są całkiem zamknięte, a więc wygląda tak, jakby cały czas była przygotowana do pocałunków. Kiedy wchodzi na salę, odnoszę wrażenie, że zapanowała cisza. Pytam szeptem: „Kto to jest?". Ktoś odpowiada: „To Livy Lankester", i już samo to imię i nazwisko brzmi pięknie i czarująco. Dwa miesiące później rozmawiam z nią przez dwie minuty na jakiejś imprezie, co wprowadza mnie w zakłopotanie i przyprawia o lekki zawrót głowy. Muszę wyjść z przyjęcia i gdzieś usiąść. Przyznaję jednak, że ktoś dał mi zapalić zioło. Nie rozmawiam z nią więcej już ani razu do ukończenia studiów. Jadę do domu i tam zostaję na całe lato. Spędzam dni na odnawianiu domu razem z bratem. Noce spędzam na marzeniach sennych, że nadal jestem na studiach i znowu z tą piękną dziewczyną, z którą rozmawiałem tylko raz w życiu.

Trzy lata później spotykam ją na Russell Square w centrum Londynu. Patrzymy sobie nawzajem w oczy i oboje nie pamiętamy, co mieliśmy zamiar sobie powiedzieć. Mówi mi, że przebywa w Centrum Chorób Tropikalnych.

– Naprawdę? – pytam. – Często bywam w Centrum Chorób Tropikalnych!

Miałem tam kiedyś przyjaciela, który raz zabrał mnie na lunch do ich kantyny. W tej chwili jestem chętny udać się w to miejsce ponownie. Wysyłam tam więc list z propozycją spotkania. Nie dostaję odpowiedzi, ale to mnie nie zraża. Po prostu wiem, że to jest ta właściwa dziewczyna. A zatem za każdym razem, gdy jestem w mieście, wpadam na Russell Square na lunch. (Między bardzo romantycznym postępowaniem a staniem się prześladowcą przebiega bardzo cienka granica). W kafeterii zjadam mnóstwo kanapek. Obserwuję setki biegaczy uprawiających jogging, którzy w kółko przebiegają mi przed oczami. Nie widzę jednak Livy. Szukam jej więc wszędzie. Szukam jej na Russel Square, szukam jej w Camden. Pewnego dnia jadę pociągiem, który się zatrzymuje na stacji w Woking, i nie jestem w stanie się powstrzymać: wysiadam i sprawdzam, czy Livy nie stoi na peronie. Nie stoi.

Mija następne pięć lat i życie nie układa się najlepiej. Jestem aktorem. Mam jedno z tych CV, które wydają się OK, jeśli przeczyta się je wystarczająco szybko, ale prawda jest taka, że grałem w filmach, które nie weszły do rozpowszechniania. Występowałem też w różnych programach telewizyjnych, ale w tych przypadkach było tylko nieznacznie lepiej.

Zazwyczaj pojawiałem się w programach w chwili, gdy realizowano ich ostatnią edycję. Jeśli oglądacie mnie w jakimś programie TV, to wiedzcie, że są to jego ostatnie podrygi. Jako aktor przeszedłem drogę od „gorącego" do „letniego". Pozostając przy terminologii dotyczącej temperatury, mogę powiedzieć, że moja kariera przypomina letnią kąpiel, jaka nie daje przyjemności, ale człowiek, który ją bierze, jest za bardzo zdemoralizowany, by wyjść z wanny, leży więc w niej nadal, żywiąc próżną nadzieję, że bojler sam się nagrzeje.

Posiadam mieszkanie z jedną sypialnią w Harlesden, miejscu, które jest geograficznym odpowiednikiem letniej, brudnej wody w wannie, z unoszącymi się na powierzchni włosami łonowymi. Jestem tak biedny, że kiedy idę do sklepu, żeby kupić sobie mleko, przeczesuję wzrokiem rynsztoki w poszukiwaniu dwupensowej monety. Prawie już nie pamiętam, jak wygląda Livy, ale wiem, że jest trochę podobna do Kate Beckinsale. Raz w tygodniu mój przyjaciel David Walliams zabiera mnie do teatru i za każdym razem powtarzam:

– Ja stawiam drinki. – Wkładam kartę do bankomatu, który odpowiada: „Transakcja nie może być zrealizowana, brak środków na koncie".

– Nie martw się – mówi David, jak zawsze. – Ja kupię drinki.

Czuję się wzruszony jego wrażliwością, ale sztywnieję od poczucia klęski. Nie wierzę już w nic. David jest w związku partnerskim z facetem o imieniu Matt, który jest naprawdę przemiły, ale oni obaj właśnie zagrali w następnej odrzuconej przez BBC telenoweli. Uważam, że ich wspólna praca niedobrze rokuje na przyszłość. Doradzam im, żeby się rozdzielili.

Pewnego dnia David zaprasza mnie na przyjęcie urodzinowe, na którym jest ubrany w długą do ziemi suknię z cekinami. Przedstawia mnie Kate Beckinsale. „Masz ostatnio znakomite recenzje", mówi do mnie. Upłynęły właśnie dwa lata od chwili, gdy ostatnio w czymś zagrałem, i nigdy nie miałem znakomitych recenzji. Grałem w pierwszej produkcji Royal Court pod tytułem *Zakupy i pieprzenie*. Krytycy piali z zachwytu nad tekstem; wychwalali umeblowanie wnętrza, ale ani jeden nawet nie wspomniał o mnie. Mój problem polega na tym, że nie wiem, kim jestem. Domyślam się, że Kate Beckinsale oferuje mi możliwość, żebym się tego dowiedział. Pytam ją: „Kate, jak myślisz, kim ja jestem?".

Natychmiast odchodzi do innej grupki gości.

Zastanawiam się, jaki to ma sens? Opuszczam przyjęcie i wpadam wprost na Eleanor, która, jak mi wiadomo, jest przyjaciółką Livy. Dostaję jej adres. Piszę do niej list, w którym oznajmiam o swoich uczuciach we wspaniałym wiktoriańskim stylu. Zaczynam tak: „Trzeba jakoś zdefiniować twarz, której szuka się w tłumie, a dla mnie zawsze będzie ona miała Twe imię".

Nie otrzymuję odpowiedzi.

Pięć miesięcy później jestem w domu. Podczas jazdy na rowerze złapała mnie burza i ulewa i właśnie wykręcam nad zlewem mokre skarpetki. Dzwoni telefon. Biegnę do salonu. „Cześć" – słyszę głos, który wydaje mi się tak czysty i piękny jak świeża woda z gór. „Mówi Livy. Dostałam twój list".

Przyciągam telefon i wyrywam wtyczkę ze ściany. Trzęsącymi się rękami wciskam ją z powrotem. Ona nadal mówi. Mówi, że raz napisała do mnie kartkę na walentynki, kiedy jeszcze byliśmy na studiach, ale wysłała ją przez pomyłkę do innego Andrew. Mówi, że nigdy nie była w Centrum Chorób Tropikalnych, po prostu wydawało się jej, że to zabrzmi interesująco i romantycznie. (Kogo, do cholery, może kręcić taka malaria?). Właśnie wróciła z Ukrainy. Mieszkała w Charkowie, gdzie pomagała ludziom w zakładaniu własnych firm. Mówi, że następnego dnia urządza imprezę.

Następnego dnia idę na imprezę u Livy. Wchodzę. Widzę Livy. Wcale nie wygląda jak Kate Beckinsale. Jest szczuplejsza, niż ją zapamiętałem. Nie jest już ponętną studentką – to prawdziwa kobieta w każdym calu. Zauważam, że wszyscy patrzą na mnie i coś szepczą. Uświadamiam sobie, że prawie wszyscy przeczytali mój list. Czuję się skrępowany. Wychodzę i wracam do domu przed końcem przyjęcia, zostawiając Livy z naprzykrzającym się jej bankierem, który wyraźnie zamierza się z nią przespać.

Livy dzwoni do mnie dwa dni później. Nie przespała się z bankierem. Proponuje mi randkę. Po tygodniu siedzimy razem na ostatnim schodku World's End Pub w Camden Town i trzymamy się za ręce.

Trzy miesiące później proponuje mi, żebym wynajął swoje mieszkanie w Harlesden. Wynajmuję je mojemu przyjacielowi, Nickowi Rowe, który właśnie rzucił swoją dziewczynę, ponieważ chciała związać się z nim na poważnie. Wprowadzam się do Liv.

Teraz już rozumiecie, dlaczego musiałem opowiedzieć

o tym wszystkim. To nie jest po prostu ktokolwiek, kto deklaruje chęć posiadania ze mną wspólnych dzieci. To moja Wymarzona Kobieta. To jest osoba, która obserwuje, jak jestem ciągnięty ku ojcostwu, podobnie jak krnąbrny pies ciągnięty do kąpieli.

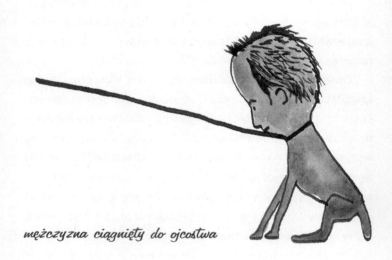

mężczyzna ciągnięty do ojcostwa

Zasada 4
Nie spodziewaj się, że ktokolwiek będzie z tobą dzielić twoje szczęście

Luty 2000, Londyn, East End

Trzeba przyznać, że Livy robi takie rzeczy, na jakie żadna inna kobieta nie odważyłaby się nawet w najśmielszych fantazjach. Otóż rano je płatki owsiane w łóżku, budzi mnie więc odgłosami stukania łyżki o miseczkę oraz przełykania kolejnych nabojów owsianki. Używa moich nożyków do golenia się pod pachami. Mówi: „Porozmawiajmy o pieniądzach". Ale robi również rzeczy ujmujące i zaskakujące. Właśnie dostała pracę w biurze Rady Ministrów i wraca do domu z masą przezabawnych opowieści o pijanych pracownikach administracji i próżnych ministrach z przerośniętym ego. Nie wiem dokładnie, na czym polega jej praca. Lubię sobie ją wyobrażać jako swoistą postfeministyczną Miss Moneypenny*, zawadiacką i seksowną, a przy tym pełną osobliwych planów.

Naszego pierwszego wspólnego lata Liv chce mnie zabrać na Ukrainę, ponieważ pragnie zobaczyć Jałtę, w której Czechow spędzał każde lato. W Jałcie z kolei chce iść do cyrku, ponieważ uwielbia klaunów. Kiedy dochodzimy do cyrku, widzimy, że jest zamknięty z powodu ślubu klauna.

---
* Miss Moneypenny, Jane Moneypenny – fikcyjna postać sekretarki M. z książek Iana Fleminga o Jamesie Bondzie.

– Powiemy mu, że przyjechaliśmy z Anglii, żeby złożyć hołd znanemu klaunowi – mówi Livy. – Damy mu jakiś prezent ślubny. Rozejrzymy się po namiocie cyrkowym, a potem sobie pójdziemy.

Ruszamy więc na poszukiwania prezentu i znajdujemy ogromną drewnianą łychę, jakieś kwiaty oraz handlarkę, która nas uczy krótkiego przemówienia na cześć klauna. Wracamy do cyrku i zostajemy wprowadzeni na sam środek areny pod wielkim namiotem. Klaun ma na głowie kwiecisty welon swojej żony. Wygłaszamy przemowę. Kłaniamy się. Wręczamy prezenty. Cały cyrk wiwatuje. Jesteśmy obejmowani i ściskani jak dawno niewidziani przyjaciele. Kwiaty dostają do zjedzenia krokodyle. Drewnianą łychę dostają papugi, w charakterze nowej grzędy. Klaun pokazuje Liv konia, który jest, według jego słów, „wart dziesięć milionów dolarów".

– Ale dlaczego? – pyta Liv. – Dlaczego jest wart dziesięć milionów dolarów?

– Ponieważ to jest tańczący koń – wyjaśnia klaun. – Tańczy rocka. I disco. On umie tańczyć nawet do arii operowych. Chodź, musisz spróbować.

Stoję na stole wraz z akrobatką i karmię małe małpiątko z butelki. Liv wjeżdża na arenę, siedząc na tańczącym koniu, który – ku dopełnieniu wszystkiego – tańczy do piosenki Electric Light Orchestra *Ostatni pociąg do Londynu*, będącej w zasadzie moją ulubioną piosenką. „Wokół panował magiczny nastrój i było wspaniale!", śpiewa Jeff Lynne. Tańczący koń robi piruety. Liv macha do mnie z dumą.

– Kochany! – woła. – Chyba nam się udało!

Wkrótce po powrocie do domu jedziemy na East End,

żeby zabrać naszą przyjaciółkę Karę, zubożałą pisarkę. Kara wynajmuje pokój u Roya i Emmy Ashfordów, którym z kolei właśnie się urodziło dziecko – Theo Ashford. Kiedy tylko wchodzę do domu, wyczuwam jakąś nieprzyjemną i upiorną atmosferę. Zostajemy wprowadzeni do kuchni i zastajemy w niej szemrzący tłum ludzi, włącznie z Royem, który trzyma swoje nowo narodzone dziecko. Wygląda jak świeżo nawrócony chrześcijanin. Szczerzy się jak głupek i mówi szeptem. Sprawia wrażenie, jakby się starał być nadzwyczaj delikatny, a mnie się wydaje trochę irytujący i trochę gejowski.

Odczuwam niezmierny dystans między mną a Liv, która przygląda się noworodkowi i zachwyca się nim: „Och, jaki on jest śliczny!", i doznaję szoku, widząc, jaki szkaradny jest w rzeczywistości mały Theo Ashford. Ma upiorną czerwoną skórę w cętki, łuszczącą się wokół oczu. Wygląda jak małpka obdarta ze skóry. „Jest uroczy", mówię i przechodzę do innego pomieszczenia. Mam nadzieję, że nikogo już nie będę musiał oglądać, zanim stąd wyjdziemy.

W salonie znajduję egzemplarz „Independent" i czytam o zbliżającym się meczu Manchester United w Pucharze Europy. Dowiaduję się, że to spotkanie Alex Ferguson uważa za bitwę, która zostanie wygrana w środku pola. Ta informacja dodaje mi otuchy.

Jednakże w tym momencie do pokoju wchodzi inny mężczyzna, pchając przed sobą wózek, w którym śpi mały chłopczyk. Mężczyzna się nie przedstawia. On też się szczerzy. W tym domu wszyscy się uśmiechają. Mam wrażenie, że jestem w głównej kwaterze jakiejś sekty. Facet mówi: „Ten mały facet umie już chodzić… aż trudno uwierzyć".

Mam ochotę mu odpowiedzieć: „Słuchaj, stary, prawie każdy na świecie umie chodzić! Jeżeli chcesz wywrzeć na mnie wrażenie, powiedz mi, że on umie fruwać! Powiedz mi, że ta mała małpka wstanie z tego wózka i wzniesie się kilkaset metrów ponad Hackney!".

Ale nic nie mówię.

Wkrótce mogę dać nogę z tego koszmarnego domu i czuję się oswobodzony. Livy i Kara również są w doskonałych humorach. Liv ma na głowie mój kapelusz trilby i śmieje się w głos, co zawsze uznaję za bardzo pociągające. W pewnej chwili bierze Karę pod rękę i razem podskakują na ulicy. Myślę sobie, że mógłbym mieć z nią dzieci, ale jeszcze nie teraz. Zdecydowanie jeszcze nie teraz. I tylko pod warunkiem, że przestanie jeść owsiankę w łóżku.

Alfie _uwielbia_ _latać_.

Mungo również. Myślę, że dziś rano _krążył po orbicie_.

Zasada 5
Nie ćpaj codziennie wieczorem (zrób to za dnia)

1994, Bow, Wschodni Londyn

Jeden jedyny raz biorę crack w Bow, na East Endzie. Na naszej ulicy stoją czynszówki pełne samotnych matek, a więc jest to miejsce, w którym mamy szukają sobie kochanków, a dzieciaki szukają tatusiów. Tatusiowie pojawiają się raz na jakiś czas, a wtedy mamy natychmiast wkraczają do akcji i pojawia się policja. Na East Endzie ludzie zawsze mówią, że krew jest gęstsza niż woda, co jest prawdą, szczególnie gdy krew krzepnie na chodniku. Ludzie z East Endu uwielbiają różne powiedzonka. Uwielbiają powtarzać: „Nieważne, co wiesz, ważne, kogo znasz", jakby jedynym powodem ich bezrobocia było to, że nie spotkali na bazarku Richarda Bransona*.

Trzy miesiące po wprowadzeniu się tam dostaję pierwszą pracę jako aktor. Gram złego faceta w *The Bill*. Aktorzy pogardzają serialem *The Bill*, ale cockneye w żadnym wypadku. Podczas pierwszej przerwy na reklamy słyszę dzwonek do drzwi. Otwieram, a w drzwiach tłoczy się dziesięcioro dzieciaków. Są zachwycone.

– Walnąłeś Starego Billa! – woła mały chłopczyk.
– Nazwałeś go palantem! – krzyczy mała dziewczynka.

---
* Richard Branson – angielski miliarder.

– Szybko! – mówię. – Kończą się reklamy. Musimy wracać!

Wszyscy natychmiast zwiewają.

Następnego dnia wracam piechotą z bazarku z Trishą, która ma dwadzieścia cztery lata, tyle samo co ja, i wygląda bardzo seksownie na swój szczególny, niemal w połowie bezzębny sposób. Jest moją najlepszą przyjaciółką w tej okolicy. Niedawno wyszła z pudła. Od pięciu lat uzależniona od hery i cracku, ma za sobą kilka wyroków skazujących za napady z bronią w ręku, ma także małą córeczkę, czteroletnią Meghan. Próbuje więc być czysta i udaje się jej to od sześciu miesięcy.

Nagle Trish znika. Wraca z torebeczką białego proszku.

– Och, Trish – mówię. – Jesteś pewna, że wiesz, co robisz? Nie chcę, żebyś to brała.

– Naszło mnie, Andrew – odpowiada. – Muszę to wziąć.

– W takim razie daj mi połowę. Nie chcę, żebyś wzięła za dużo.

Idziemy na górę, do mieszkania jej matki, które śmierdzi wybielaczem. Trish nakłada folię aluminiową na kubek, miesza crack z popiołem po szlugach i zaczynamy go wąchać. Momentalnie robi mi się niedobrze. To obrzydliwe, jak wciąganie kreski koki prosto z pełnej popielniczki.

– Dlaczego urodziłaś Meghan? – pytam podczas tej czynności.

– Kocham Meghan – odpowiada Trish. – Dla niej chcę być czysta.

– Ona jest cudowna. Ale dlaczego ją urodziłaś?

– Nie zastanawiałam się specjalnie – mówi Trish. – Miałam tylko... tak jakby... już dosyć wychodzenia z domu i wracania na haju każdego wieczoru.

Po tym incydencie nigdy już nie wziąłem cracku, ale często zadawałem ludziom to samo pytanie: „Dlaczego chcieliście mieć dziecko?". To zdumiewające, jak często otrzymywałem odpowiedź: „Byłem (byłam) już zmęczony chlaniem (ćpaniem) codziennie wieczorem". Ci ludzie nie chcą mieć dzieci. Oni chcą iść na odwyk. Są tak zdeterminowani, że aby uniknąć kaca, są gotowi się rozmnażać. Nie zdają sobie sprawy z tego, że jeśli będą mieć dzieci, to kanapa będzie zawalona klockami Lego, toaleta będzie zalana siuśkami, a cały świat będzie przypominać kaca. Jednakże w głębi serca jakaś drobna cząstka mnie zazdrościła Trish. Myślę, że zbyt duża.

Crack: wcale nie taki fajny, jak mogłoby się wydawać

To jest kolczasty królewicz.
Jest smutny, ponieważ nie może sobie znaleźć królewny, żeby się z nią ożenić.

Zasada 6
Podejmij jakieś zobowiązania, bo inaczej skończysz z ręką w nocniku

Styczeń 2001, Bayswater i Kentish Town

Mija siedem lat. Liv i ja pojechaliśmy na przyjęcie. Liv kocha przyjęcia. Uwielbia się na nich pojawiać, a kiedy już zobaczy wszystko, co trzeba – światła, ludzi, jedzenie – ma ochotę wyjść. Jest zbyt niecierpliwa, żeby długo tam siedzieć. Tańczy w salonie. Ja stoję na balkonie i gawędzę z tym facetem, który ma na imię Graham i posuwa moją przyjaciółkę Vicky. To odnoszący pewne sukcesy didżej, właściciel studia dubbingowego. Ma na sobie skórzaną kurtkę, z ust mu wali szlugami i tabletkami z czosnkiem. Ma pięćdziesiąt sześć lat. Wiem od Vicky. Powiedziała mi też, że facet strasznie się boi zobowiązań. Graham nie wie, kim jestem. Nie wie również, że jestem szpiegiem Vicky.

– Chciałbyś mieć dzieci? – pytam go.

– Może kiedyś – odpowiada.

– Ale kiedy? – naciskam.

– Jeszcze nie teraz. Nie chcę być uwiązany.

Odczuwam chwilową chętkę uwiązania go i spuszczenia mu łomotu. Vicky ma trzydzieści sześć lat i chce mieć dzieci. Graham nie zdaje sobie sprawy, że dla Vicky jest stratą najważniejszych miesięcy życia.

– Ale dlaczego? – wypytuję dalej.

– Chcę być wolny – odpowiada. – Lubię móc pozwalać sobie na odlot, kiedy przyjdzie mi na to ochota.

Teraz mam ochotę zobaczyć, jak robi sobie odlot z tego balkonu. Chcę widzieć, jak nurkuje w oranżerii na parterze. I wtedy pojawia się Liv; mówi mi, że chce już wyjść. Jestem zdumiony, że wytrzymała tak długo. Spędziliśmy na tym przyjęciu przynajmniej dziewięćdziesiąt minut.

W samochodzie opowiadam jej o rozmowie z Grahamem, po czym niemal w tej samej chwili tego żałuję. Wiem, że zaraz zapyta: „Czy chcesz mieć dzieci?". Ale nie, nie pyta. Zmienia temat. Pyta mnie, czy możemy sobie wziąć lokatora. Natychmiast wyrażam zgodę. Odwróci to uwagę od faktu, że nic nie zarabiam. I wtedy Liv zadaje mi zupełnie nieoczekiwane pytanie: „Czy chcesz mieć psa?".

Od razu się orientuję, w czym rzecz. Liv dobrze wie, że potwornie się boję zobowiązań i odpowiedzialności. Proponuje mi psa, w charakterze swoistej rozgrzewki. Już zamierzam odpowiedzieć: „Jeszcze nie teraz", ale zaraz sobie uświadamiam, że to właśnie powiedział Graham. Uświadamiam sobie również, że będę musiał pójść na jakiś kompromis, bo inaczej Liv odejdzie ode mnie. A poza tym lubię psy. Mówię więc, że jeśli mamy mieć psa, to powinien być duży, dajmy na to lurcher angielski albo dog niemiecki. Ona zaś na to, że pies powinien być mały, bo się nie zmieści do samochodu.

Tydzień później stajemy się posiadaczami border terriera. Jest wielkości dorosłego kota, ale ujada jak dużo większe zwierzę. Ma gęstą brodę i wąsiska oraz krzaczaste brwi. Wyglądem przypomina jakiegoś generała z pierwszej wojny światowej. Dyskutujemy na temat imienia. Nienawidzę zniewieściałych, snobistycznych imion i nie mam zamiaru wykrzykiwać w parku: "Tomasina... zostaw tę kanapkę!". Nienawidzę milusich imionek, jakimi wytworni picusie zawsze nazywają swoje psy, tych wszystkich George'ów, Czarusiów, Biszkopcików itp. Chcę nazwać naszego psa Raff. To imię brzmi tak, że pies sam chętnie by się nim ochrzcił. Liv się zgadza. Jest mądra. Oszczędza się na poważniejsze sprzeczki.

Wkrótce z wielką przyjemnością wychodzę z przyjęć, oznajmiając wszem wobec: "Muszę wyprowadzić psa". Zaczynam biegać z Raffem, dzięki czemu obaj jesteśmy w formie i zdrowi. Teraz Livy zaczyna być naprawdę seksowna. To budzi moją czujność. Przeczuwałem, co nastąpi. Przeciętnie po trzech miesiącach od zakupu psa, u pary jego właścicieli dochodzi do zapłodnienia.

Pewnego wieczoru zapraszamy Jeda. Facet ma dzieci, ale wcale nie jest wyczerpany ani skołowany. Właściwie całkiem dobrze się bawi. No dobra, nie ma w ogóle kasy, ale miło spędza czas. Pytam go, czy kiedykolwiek żałował, że ma dzieci.

– Rozwodzący się ludzie nigdy nie oznajmiają w sądzie, że nie sprawują opieki nad dziećmi. "Wysoki Sądzie, nigdy, do cholery, nie zajmowałem się dziećmi. Wystarczyło już, że kompletnie zniszczyły mi życie!".

Jed zadaje mi pytanie, jakie, według mnie, będą moje dzieci. Nagle wyobrażam je sobie, schowane w szafach i wołające do mnie: "Tatusiu? Tatusiu?! Wypuść mnie. Chcę cię poznać. Chcę się wreszcie bawić!". W tym momencie zaczynam pałać czułością do tych jeszcze nienarodzonych dzieci. To uczucie bardzo się różni od moich normalnych uczuć. Przypomina dźwięk fortepianu, ledwo słyszalnego spoza pracującego młota pneumatycznego.

Jed również ofiarowuje nam prezent, *Wojny plemników*, które czytam od razu po jego wyjściu. Autor książki utrzymuje, że wszystkie ludzkie istoty uprawiają seks w celach reprodukcyjnych. Jeżeli mężczyzna masturbuje się w środku dnia, czyni to podświadomie, żeby mieć pewność, że z chwilą nadejścia nocy jego nasienie będzie świeże. Jeśli kobieta rżnie się około południa z listonoszem, robi to dlatego, że wie, że jest płodna – wiedząc, że znalazła płodnego faceta, nie może mu się oprzeć. Dowiaduję się, że jedno dziecko na dziesięcioro nie jest spłodzone przez gościa, którego nazywa tatusiem. (Oznacza to, że istnieje jedna szansa na dziesięć, że moja mama jest zdzirą). Uświadamiam sobie, że muszę ostro wziąć się do roboty. Teraz, w każdej sekundzie Liv może spotkać listonosza. Z naszym lokatorem spotyka się codziennie.

Dowiaduję się również, że mężczyzna wytwarza dziesięć milionów plemników na dzień: każdy facet jest niczym szalony trener koni wyścigowych, rozmnażający i hodujący je na gonitwę, która się nigdy nie odbędzie. I w okamgnieniu zaczynam odczuwać instynktowną miłość do tych malusieńkich koników, podobną do odczuwanej wobec tych koni, które startują w Grand National i gubią swoich jeźdźców, a mimo to nie przerywają wyścigu. I czuję szczególną miłość do konia, który przeskakuje przez ostatnią przeszkodę, wygrywa wyścig i rozbija się na gigantycznym padoku, którym jest jajeczko. Widzę, że ten koń ma jeźdźca – którym jestem drobniusieńki ja.

Nie mogę stwierdzić z całą pewnością, że myślę o tym

tuż przed momentem zapłodnienia. Wyobrażam sobie, że myślę o tym, o czym myśli każdy mężczyzna, zanim zapoczątkuje nowe życie. Myślę sobie: popatrz tylko na jej piersi. Tylko na nie popatrz. Mam zamiar ich dotknąć. I mam zamiar udawać, że jesteśmy pod jakimiś płaszczami na domowym przyjęciu...

koń ma jeźdźca, którym jestem drobniusieńki ja

Zasada 7
Znieś nowiny jak mężczyzna

Marzec 2001, Kentish Town

Stosuję uniki. Nie lubię słuchać o sprawach, których nie rozumiem. Odrzucam wszystko, co jest związane z nauką i technologią. Wprawia mnie to w zakłopotanie i przeraża. Kiedy ktoś porusza ten temat, znikam na chwilę w swojej bezpiecznej kryjówce. Chowam się w ciemnościach, jak przerażona leśna zwierzyna, i czytam sobie o piłce nożnej, dopóki nie poczuję się bezpieczny. Mam wiedzę i czuję się kompetentny, ale wyłącznie w trzech różnych dziedzinach. Są to: piłka nożna, bajki oraz Electric Light Orchestra. Podobno wiedza to potęga, jednakże nie jest to prawda, jeżeli ta wiedza dotyczy zespołu Electric Light Orchestra. Jedyna sprawa, na której w ogóle się nie znam, to ciąża. Nie mogę zrozumieć, jak to się dzieje, że plemniki są żywe, ale można je zamrozić. Nie rozumiem, jak można mieć dwie komórki, które stają się czterema komórkami, one zaś stają się kimś, kto smaruje dżemem twoje płyty CD.

Siedzę w kuchni. Jest wtorkowy wieczór. Liv podchodzi do mnie, wywijając jakimś plastikowym ustrojstwem.

– Zobacz – mówi, śmiejąc się. – Właśnie na to nasikałam.

Zastanawiam się, dlaczego trzeba na to nasikać, jeżeli to jest takie ważne?

– Pokazał się niebieski pasek – informuje mnie.

– Wspaniale – komentuję.
– Jestem w ciąży.
– W porzo – mówię. Ale już mnie tam nie ma. Chowam się w swojej norze. Ściskam kurczowo małe kawałeczki liścia i je obwąchuję.

Zasada 8
Dochowuj tajemnicy

*Wiosna 2001, Kentish Town
oraz Wielki Dom w Yorkshire*

– Posłuchaj – mówi Liv konspiracyjnym szeptem. – Przez najbliższe trzy miesiące nie wolno ci nikomu o tym powiedzieć.

Myślę sobie: moi przyjaciele są mężczyznami. Chcą znać moją opinię o grze Beckhama na innej pozycji niż zwykle, a wcale nie chcą słuchać o dzieciach. Tyle że przyjaciółki Liv, tak czy owak, natychmiast rozgryzą tę tajemnicę, gdy Liv zakryje dłonią kieliszek i powie: „Dziękuję za wino. Na razie ograniczam". Kobiety są jak wilki. Potrafią wywąchać nowo powstałe dzieci.

Trzy miesiące upływają w dniu, w którym jesteśmy zaproszeni na weekend do domu Jenny, którą poznałem przed dwunastu laty pod stołem na przyjęciu. Jenny jest zachwycającą osobą, kochającą sztukę, śmiech oraz zakochiwanie się w bezczelnych, wolnomyślnych artystach. Jej problem polega na tym, że ci bezczelni i wolnomyślni artyści zazwyczaj unikają jak ognia długotrwałych, poważnych związków. Następnym problemem Jenny jest to, że jej ulubioną techniką uwodzenia jest posadzenie upatrzonego faceta i przeprowadzenie z nim Poważnej Rozmowy o tym, dokąd zmierza ten związek. Nie ulega najmniejszej wątpliwości, że Jenny uważa mnie za męską szowinistyczną świnię, ale ja twierdzę, że lepiej by na tym wyszła, gdyby wypróbowała bardziej tradycyjną technikę: powinna się upić i włożyć pończochy. Jenny akurat wróciła z Alaski, gdzie poznała wymizerowanego artystę, który właśnie przejechał na rowerze samotnie całą Kanadę, filmując samego siebie podczas tej podróży. Cóż, nie znam tego faceta, ale podejrzewam, że przejechał na rowerze, samotnie, całą Kanadę po tym, jak jakaś kobieta próbowała przeprowadzić z nim Poważną Rozmowę na temat ich związku. W dodatku podejrzewam jeszcze, że ten gość nie jest wielkim domatorem ani nie przepada za czyimś towarzystwem. Ciekaw jestem, kto będzie następnym celem Jenny... Gej, który nienawidzi dzieci? A może były morderca, który przysięgnie, że zdecydowanie raz na zawsze skończył z herą?

Tak czy owak, bardzo się cieszę, że Jenny wróciła. Jej rodzice należą do staroświeckiej bohemy i mają duży dom wypełniony różnymi obrazami, psią sierścią oraz starymi narzutami zalatującymi naftaliną. To najbardziej miłe i przyjemne miejsce w całej Anglii. Podczas weekendów dom jest pełen fircykowatych młodych mężczyzn i dobrze urodzonych dam, które jak jeden mąż noszą męskie imiona, takie jak Georgie, Charlie, Alex lub Keith. (Nie, Keith nie, to już sobie wymyśliłem). Podczas kolacji, w chwili przerwy w rozmowie, odzywa się Liv:

– A tak na marginesie, mamy dla was pewną informację...

Zapada pełna oczekiwania cisza. Och, nie, myślę sobie. Przecież ledwo znamy te osoby. Może nie lubią dzieci? Może nie lubią nas? Wszyscy mają po dwadzieścia kilka lat, a to jest dla tych wytwornych ludzi stanowczo za wcześnie na dzieci. I wtedy Liv jeszcze bardziej pogarsza sprawę.

– Powiedz im, Andrew – mówi.

To bardzo brzydki podstęp. Nie chodzi tu bowiem o jakąś opowieść, w której chciałbym wygłosić puentę. Robi mi się gorąco i czuję, że się oblewam rumieńcem, zupełnie jakbym wszedł do sklepu w grubych, ciepłych zimowych ciuchach.

– Tak – mówię, dzielnie się uśmiechając. – My... hmm... będziemy mieć dziecko.

Chwila ciszy.

I nagle odzywa się gość o imieniu Hugo:

– Stary... to fantastycznie!

Dziewczyna, mająca na imię Philly, podchodzi do mnie i mówi:

– Ochchchchch, to cudooownie. Będziecie mieć maluśkie dzieciątko.

Uświadamiam sobie, że to jest właśnie to, czego nie cierpię w kwestii posiadania dzieci. Tych wszystkich dzieciątek, dzidziusiów, dzidzi, tiu, tiu, tiu, lącki, nózie itd. Wiem jednak, że walnięcie Philly w dziób byłoby dość niegrzeczne.

– A zatem zostaniesz ojcem? – pyta mnie Jenny.

– Tak.

– Zamierzasz być przy porodzie?

– Tak.

– A nie... Czy nie boisz się troszkę, że to, co zobaczysz, może ci obrzydzić seks?

– Jenny – odpowiadam jej – w chwili gdy Liv będzie rodzić, nie sądzę, żebym miał... żebym chciał z nią uprawiać seks. Kiedy sobie wyobrażę, że może wejść położna i zobaczyć, jak z przyjemnością dokonuję penetracji… „Zostań na miejscu, mały dzieciaku… Tatuś właśnie dochodzi!".

– Doskonale wiesz, że nie to miałam na myśli – mówi Jenny.

Tak czy tak, tajemnica zostaje wyjawiona. Wszyscy mi gratulują, co wygląda dość dziwnie. Nikt mi nie składał gratulacji, kiedy po raz pierwszy uprawiałem seks. Wtedy umierałem z chęci, żeby ktoś mnie pochwalił. Dałem tej dziewczynie sześć sekund czystej przyjemności.

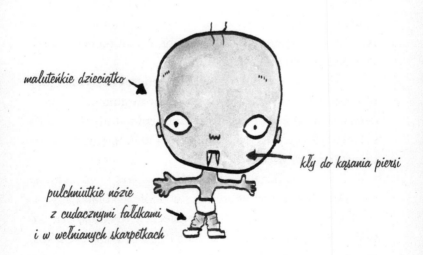

Zasada 9
Psuj niespodziankę

Lato 2001, Kentish Town
Jesień 2001, Stoke Newington

Liv nie chce poznawać płci dziecka. Uważa, że to „zepsuje niespodziankę". Mówię jej: „Kochanie, głowa małej osoby wynurzy się z ciebie jak duże, różowe jajo. Jakby samo to nie było wystarczającą niespodzianką!". Chcę poznać płeć dziecka, ponieważ przeżywamy koszmar wyboru imienia.

Idziemy na USG. Pielęgniarka wskazuje monitor, na którym od czasu do czasu pojawia się obraz wiercącej się kijanki.

– Macie piękne dziecko – mówi.

Uważam, że ma dość dziwaczne poczucie piękna. Czy ona ma dzieci z ogromnymi głowami i ogonami miotającymi się na sofie? Nie chcę znać jej opinii o urodzie naszego dziecka. Chcę tylko wiedzieć, czy to chłopiec, czy dziewczynka. Pytam więc o to.

– Cóż, nie widzę męskich genitaliów – odpowiada mi na to. – Ale nie mam pewności, czy w ogóle je zobaczymy.

„Jak śmiesz!" – chcę jej powiedzieć. Gdyby moje dziecko było chłopcem, to jego genitalia dałoby się zobaczyć z kosmosu. Pielęgniarka jest w zasadzie pewna, że mamy dziewczynkę. Pytam ją, czy wszyscy przyszli rodzice chcą znać płeć dziecka.

– U każdego jest inaczej – odpowiada.

Być może u każdego jest inaczej, ale w ciągu najbliższych kilku miesięcy przekonuję się, że wszyscy chcą: (1) poklepywać Livy po brzuchu i (2) dawać rady w kwestii wyboru imienia, przy czym wszyscy oni współzawodniczą o wybór jak najbrzydszego. Mówię Jenny, że zastanawiamy się nad imieniem Elva, które jest angielskim żeńskim odpowiednikiem elfa. A ona na to: „W porzo, ale to się kojarzy ze słowem vulva"*. Mówię mamie, że bierzemy pod uwagę nadanie córce imienia Lupa, co oznacza wilczycę. Matka oponuje: „Nie, będą się z niej wyśmiewać w szkole. Albo przezywać Dupa". Mówię bratu, że myślimy o imieniu Grace. On na to: „Stary, nie możesz jej nazwać Grace! Pamiętasz tę dziewczynę ze szkoły, która pobierała pięć pensów za pokazanie majtek? Miała na imię Grace. Wcześnie zmarła".

Idziemy do Poradni Porodów Naturalnych w Tufnell Park na spotkanie z kobietą o imieniu Amber, która ma włosy pofarbowane henną i oddech o zapachu surowej cebuli. Pokazuje mi, jak należy masować rodzącą, w okolicy tuż nad nerkami. Informuje Liv, że bardzo ważną sprawą podczas porodu jest oddychanie. Co za ulga! A już się martwiłem, że Liv może chcieć wstrzymywać oddech podczas całej tej męki. Następnie informuje nas, że równie ważne podczas porodu jest pochylanie się w przód. „Zrób przysiad – mówi, demonstrując to – zachowuj się jak zwierzę". Mówi nam, że wszyscy lekarze próbują zmuszać kobiety do leżenia i brania środków odurzających. Od razu myślę sobie, że to nie lekarze, tylko alfonsi. Informuje nas, że jeśli dojdzie do jednej interwencji – środków znieczulających – to w ślad za

---

* Vulva – (z łac.) srom.

tym pójdzie następna, na przykład cesarskie cięcie. To jest akurat zasada, którą każdy współczesny ojciec jest w stanie załapać. Jeśli bierzesz pigułkę nasenną, to rankiem musisz wypić kawę; jeśli bierzesz kokę, będziesz potrzebować valium; jeśli wstajesz codziennie o szóstej, żeby iść do pracy, będą ci potrzebne cholernie długie wakacje.

Idziemy na oddział prenatalny szpitala publicznego, gdzie położna entuzjastycznie przedstawia nam różne rodzaje środków znieczulających, w tym tzw. gaz rozweselający – o którym wiem wszystko, ponieważ miałem go na koncercie Grateful Dead. Co prawda, wtedy nie rodziłem. Przynajmniej o ile mi wiadomo.

– Jakieś pytania? – zwraca się do nas położna.

– Tak! – mówię. – Chcielibyśmy rodzić... to znaczy Livy... pochylałaby się w przód. W kucki. Czy to jest OK?

– Jak najbardziej. Poinformujcie tylko swoją położną.

Oczekiwałem większego oporu.

– Ale... czy tak jest łatwiej? – pytam.

– U każdego jest inaczej – odpowiada położna. Zaczyna mi się wydawać, że to powiedzenie jest charakterystyczne dla przedstawicieli służby zdrowia. To jakiś kod. Jeśli ktokolwiek go złamie, jego dom zostanie obstawiony pikietami położnych i niań, stojących z nadętymi minami i trzymających transparenty oraz paczki nasączanych chusteczek do mycia niemowlaków.

Przychodzą przyjaciółki Liv, całe w chmurach perfum i jedwabiu. Piją w kuchni ogromne ilości białego wina i powtarzają kolejny raz swoje Opowieści Porodowe, jakby były weterankami wojny w Wietnamie, wspominającymi losy bitewne.

– Ja rodziłam dwa dni – komunikuje ambitna przyjaciółka, robiąca niezwykłą karierę. – I nie dostałam nawet aspiryny.

– Wszyscy moi lekarze byli niekompetentni – mówi ta, która przyjechała volvo. – Anestezjolog był pijany... stażysta miał zaledwie dwadzieścia lat i wyglądał, jakby za chwilę miał zemdleć. W końcu mnie rozcięli i zrobili cesarkę przez plecy... W każdym razie tak to czułam.

– Najważniejsza sprawa to odprężenie – mówi trzecia, spięta dekoratorka wnętrz, zażywająca beta-blokery. – Dla mnie całe to doświadczenie było naprawdę poruszające i cudowne. Ważne też, żeby się tym cieszyć.

W rezultacie Liv podejmuje decyzję: przebije wszystkie swoje przyjaciółki. Nie będzie korzystała ze znieczulenia. Moim zadaniem będzie masowanie jej, puszczanie łagodnej muzyki klasycznej i wspieranie we wszystkich podjętych przez nią decyzjach.

Obiecuję, że będę to robić, ale Liv dalej jest spięta. W siódmym miesiącu wielokrotnie budzi mnie w nocy, mówiąc: „Musimy porozmawiać o pieniądzach". Przestałem się budzić, żeby uprawiać seks, tym bardziej więc nie chcę się budzić, żeby omawiać stan naszych finansów. Za pierwszym i drugim razem mówię do niej z irytacją: „Ja zarabiam pieniądze!". Rzeczywiście, akurat przechodzę krótki okres sukcesów zawodowych. Zeszłego lata zrealizowałem komediowy program estradowy, który został nominowany do Perrier Award*. Nadal jeszcze nie zarobiłem

---

* Perrier Award – obecnie The Edinburgh Comedy Awards, nagroda dla najlepszego występu komediowego na festiwalu w Edynburgu, najbardziej prestiżowa nagroda w tej dziedzinie w Wielkiej Brytanii.

na tym żadnych pieniędzy, ale wciąż odbywam różne spotkania na bardzo wysokim szczeblu. Piszę najlepsze teksty, jakie kiedykolwiek zapełniały szuflady. Dostałem także pracę na pół etatu w BBC, polegającą na redagowaniu scenariuszy telenowel. Nadal jestem właścicielem mieszkania w Harlesden, które wynajmuje jakiś biedak. Jestem panisko. Mówię to wszystko Liv, chociaż ona doskonale o tym wie. A ona na to: „Ale skąd możemy wiedzieć, że zawsze będziesz miał dostatecznie dużo pieniędzy?". Nie może się odprężyć.

Mam występ komediowy na żywo w Edynburgu przed dwiema setkami osób, podczas którego przeprowadzam wywiad z Tonym Parsonsem dla mojego programu w Radio 4, pod nazwą *Storyman*. Jego żona jest w ciąży, a on mówi całkiem rozsądnie: „Ciąża jest jak latanie. Emocje są na samym początku i na samym końcu. Cała reszta to spokojny lot". Nagle nie wytrzymuję i zaczynam perorę: „Może dla ciebie, Tony, ponieważ jesteś bogaty. Moja dziewczyna budzi mnie o drugiej nad ranem i mówi: «Musimy się przeprowadzić do Hampstead, gdzie jest bezpiecznie... ale nie mamy pieniędzy, żeby się przeprowadzić do Hampstead... O Boże, Andrew, proszę cię, natychmiast obetnij paznokcie, muszę zjeść coś chrupkiego z zawartością wapnia!». Ciąża jest jak latanie, Tony, z terrorystami na pokładzie. I kupą zwariowanego jedzenia. Kiedy jesteś przytwierdzony do kogoś, komu cały czas chce się rzygać. Jeśli ty tak latasz, to pewnie są to linie EasyJet".

To dobry sposób, ale nie powinno się tyle mleć ozorem, kiedy przeprowadza się z kimś wywiad. Nie czyni go to zbyt rozmownym. Przeraża go. I wcale nie rozwiązuje moich problemów domowych. Ani w żaden sposób nie zapobiega lawinie dobrych rad.

Wszyscy mi mówią o tym, że kobiety w ciąży jedzą dziwne rzeczy, ale nikt mi nie mówi o daleko bardziej niepokojącym zjawisku: kobiety zmieniają domy, kobiety walą w ściany, kobiety zmieniają wystrój wnętrz. Liv dochodzi do wniosku, że nasz apartament w Kentish Town będzie za mały, a zatem kupujemy i sprzedajemy, po czym przeprowadzamy się do większego, tańszego domu w Stoke Newington, na miesiąc przed porodem. Wyrzuca wszystkich dekoratorów i sama przejmuje dowodzenie. Tydzień przed terminem porodu maluje ściany, pełna samozaparcia, chociaż nie używa emalii, która, jak Liv wie, jest szkodliwa dla dzieci. Pracuje w fenomenalnym tempie. Uświadamiam sobie, że można mieć ekipę remontową złożoną w całości z kobiet w ciąży. Choć trzeba przyznać, że nakarmienie ich byłoby ciężką próbą. W porze lunchu wszystkie by kłamały jak pulchne „damy w opałach", mówiąc: „Tylko jeden posiłek... chcemy muesli z chrupkim jabłkiem w środku, i bądź tak dobry, dosyp trochę POSIEKANYCH SKORUPEK ŚLIMAKÓW". Jeśli odmówisz, wszystkie zaczną płakać. Tak więc catering byłby jednym wielkim koszmarem. Ale, na Boga, pracowałyby szybko jak diabli.

A przy tym wszyscy mówią mi, żebym wyluzował, ale nikt nie mówi tego Livy. W dziewiątym miesiącu ciąży śpi około dwóch godzin na dobę. Kiedy czynię jej zarzuty, mówi: „No wiesz, boję się, że jeżeli pójdę spać, to dziecko po prostu... wyskoczy ze mnie". Mówi się, że nie można spać po nocach, kiedy ma się dzieci, pomyślałem jednak, że dopóki są one wciąż w brzuchu matki, to nie jest tak źle.

Pewnego piątkowego popołudnia siedzę na górze, gdy Livy mnie woła. Siedzi na brzegu wanny. „Wody mi odeszły" – mówi, po czym natychmiast zabiera swoją torbę i idzie do samochodu. Zapakowała ją poprzedniego wieczoru. Spakowała nawet cztery pary śpioszków i trochę pieluch. Jest całkowicie gotowa. Wsiadamy więc oboje do samochodu i jedziemy do Szpitala Elizabeth Garrett Anderson w centralnym Londynie.

Szpital mieści się w wielkim, rozpadającym się budynku z wysokimi sufitami, plastikowymi podłogami i tłumem ludzi – niemowląt, małych dzieci, babć, tatusiów, pielęgniarek. Sprawia wrażenie obozu dla uchodźców. Przedtem miałem zdecydowanie lewicowe poglądy na temat szpitali. Mój punkt widzenia był następujący: lekarze publicznej służby zdrowia mają takie samo doświadczenie jak prywatni, tylko kije golfowe odmienne. Teraz rozumiem, dlaczego ludzie wywalają pięć patoli na prywatny szpital Portland. Żeby uniknąć chwili takiej jak ta.

Całe wieki czekamy w kolejce do rejestracji. Rejestratorka jest blondynką i ma nieprzyjemny wyraz twarzy.

– Będziemy mieć dziecko – mówię do niej.

Nie składa nam gratulacji.

– Czy poród się rozpoczął? – pyta.

– Tak – odpowiada Liv. – Wody mi odeszły godzinę temu.

– Ale czy poród się rozpoczął? Ma pani skurcze?

– Eeee... nie.

– To proszę jechać do domu.
– Co takiego? – wtrącam się. – W jakim czasie od odejścia wód zaczynają się skurcze? – pytam.
– U każdego jest inaczej.
I nagle czuję, że dłużej tego nie wytrzymam.
– Proszę jednak powiedzieć, jak jest przeciętnie! – mówię. – Podać czas choćby w przybliżeniu!
– U każdego jest inaczej – powtarza rejestratorka, a ja jestem tak zrozpaczony, że chcę stanąć na jej biurku i wrzasnąć: „Czy ktoś mi pomoże i znajdzie jakiegoś mężczyznę, który udzieli mi odpowiedzi na moje pytanie? Kiedy pytam hydraulika, ile mu zajmie naprawienie kranu, to mi powie, co przypuszcza. Niech to będzie kłamstwo, ale przynajmniej to już coś jest! U każdego NIE jest inaczej! Każdy powtarza to samo idiotyczne, cholerne zdanie, i ja zaraz komuś przywalę!". Nauczyłem się jednak, że przy kobietach nigdy nie należy okazywać emocji, a nie ma bardziej kobiecego środowiska niż porodówka.

Zatem wracamy do domu. I to już jest koniec doświadczeń z ciążą. Okresu, w którym się przekonałem, że niemalże wszystkie dobre rady do niczego się nie nadają; najlepiej kierować się własnym instynktem. Doszedłem do jednego wniosku, o którym nikt inny mi nie powiedział. Możecie zrobić serwetki do herbaty z tego:

CIĄŻA

jest sposobem Matki Natury

na powiedzenie kobiecie,

że wreszcie dobija do celu

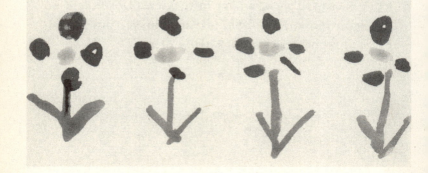

Zasada 10
Zatrzaśnij drzwi. Wyłącz telefon. Zaczyna się zabawa

*5–7 stycznia 2002, Stoke Newington
i Szpital Elizabeth Garrett Anderson*

Atmosfera nagle robi się spokojna. To znaczy, cóż innego mam robić podczas weekendu? Nie muszę jechać do Daventry na swój występ komediowy. Nie muszę wyjść z domu na spotkanie z przyjaciółmi. To proste. Łatwe. Nigdzie nie powinienem być, powinienem być tylko tutaj. Muszę dbać o swoją dziewczynę, kiedy oboje czekamy na rozpoczęcie porodu. Czekamy całą piątkową noc. Całą sobotę. Sobotnią noc. W niedzielę mijają dwa dni od odejścia wód płodowych. „Jesteśmy tu wszyscy – przemawiam do wypukłego brzucha – pozwoliliśmy wydostać się czopowi i ciepła kąpiel się wylała, więc leżymy sobie teraz na dnie pustej wanny jak duży różowy ślimak. Wyjście na zewnątrz nie jest przyjemne, ale musisz to zrobić". Opowiadam Liv, jak kiedyś odwiedziłem moją przyjaciółkę Helen i wywołałem u niej poród, dzieląc się z nią kormą z kurczaka. Przez cały weekend Liv ciągle zamawia curry. Głównie ja je zjadam.

Mimo to nic się nie dzieje. W niedzielę wieczorem jemy jeszcze więcej curry, a ja zwierzam się Livy z mojej największej obawy związanej z porodem. Ja się urodziłem w domu i pewnie dlatego moja mama nigdy nie była w stanie określić właściwej pory moich narodzin. Oznacza to, że ja z kolei nigdy nie byłem w stanie wyznaczyć sobie właściwego horoskopu, o co żywiłem zaciekłą urazę. Jestem zdecydowany określić dokładny czas przyjścia na świat naszego dziecka. Liv robi śmieszną minę.

– O co chodzi? – pytam.

– Albo to był skurcz – mówi – albo moją macicę złapał kurcz.

Wracamy do Szpitala Elizabeth Garrett Anderson. Nie sprawia już wrażenia obozu dla uchodźców. Sprawia wrażenie rudery, w której panuje spokój. W rejestracji siedzi ta sama dziewczyna.

– Albo moja żona ma skurcze – informuję ją groźnie – albo jej macicę złapał kurcz.

Te słowa okazują się magicznym zaklęciem.

– Dobrze – odpowiada blondynka. – Usiądźcie tutaj, zaraz przygotujemy dla was pokój.

Siadamy w poczekalni. Jest tam para Polaków z małym dzieckiem, a także para Filipińczyków, która przyprowadziła ze sobą rodziców. Kiedy Polacy wychodzą do swojego pokoju, życzymy im powodzenia, a oni nam dziękują. Mam chęć podejść i ich uściskać, ale pochłonąłem ostatnio tak ogromne ilości curry, że odczuwam obawę przed puszczeniem potężnego bąka. Liv łapie się za brzuch.

– Czy to skurcz? – pytam.

– Tak – odpowiada. – Mam je teraz z całą pewnością. Odczuwam je regularnie od pół godziny.

– Co takiego? To znaczy... że się zaczęło? Naprawdę się zaczęło?

– Tak. Zaczęło się.

– Wspaniale – mówię.

I naprawdę tak czuję. Jakby to był początek przygody. Jakbyśmy zamierzali wyjść wieczorem do klubu, zażywając uprzednio po jednej pigułce. Wydarzenia jeszcze się nie zaczęły rozgrywać po wariacku, ale to nastąpi. A co tam, nie dbamy o to. Zbliżamy się. Nic nam nie jest. Ale oczywiście JA się tak czuję. To nie ja jestem tą osobą, która wkrótce poczuje się tak, jakby wydalała jeża. Liv czeka maraton, ja zaś pojadę samochodem, jedząc pizzę.

Idziemy do naszego pokoju, gdzie już czeka na nas czarnoskóra dama o imieniu Grace. Grace ma ogromny biust i emanuje spokojem. Zabieram się, jak było uzgodnione, do puszczenia uspokajającej muzyki. Grace to aprobuje. „Grzeczny chłopiec", chwali mnie, a mnie jest trudno przestać ją obejmować i tulić.

Livy ma skurcze. Oddycha tak, jak doradzała jej Amber, i kręci biodrami. „Grzeczna dziewczynka", chwali ją Grace. Nastawiam muzykę, masuję jej plecy. „Grzeczny chłopiec", chwali mnie Grace.

Mija północ, a Liv nie zażyła do tej pory nawet aspiryny. Gdyby tylko jej przyjaciółki mogły ją teraz zobaczyć! Ma następny skurcz. Dostosowuję muzykę. Dotykam jej pleców.

– Możesz wyłączyć tę pieprzoną muzykę? – zwraca się do mnie Liv. – I przestań mnie, kurwa, dotykać. – Nagle wrzeszczy jak narkoman na głodzie. – Czy mogę dostać znieczulenie?! Dajcie mi to cholerne znieczulenie!

Mam ochotę powiedzieć coś o interwencji w siły natury, ale wiem, że moje zadanie polega na popieraniu jej we wszystkim. I tak będę postępować. Nie należy zadzierać z rodzącą kobietą. Nawet gdyby postanowiła zjeść nasze dziecko, będę trzymać jej stronę.

Burza cichnie. Liv natychmiast prosi o to „złe" znieczulenie zewnątrzoponowe, czyli epidural.

– Doskonale – mówi Grace. – Damy je teraz, tak że zdąży przestać mocno działać, kiedy nadejdzie pora, żeby przeć.

Znieczulenie zostaje podane. Liv się odpręża.

– Znieczulenie jest fantastyczne! – mówi. – Dlaczego nie zażądałam go wcześniej?

Mijają jednak następne godziny i dochodzi piąta nad ranem. Pojawia się trzech lekarzy. Wszyscy trzej wkładają ręce w Livy, jeden po drugim, i obmacują ją w środku. Co jakiś czas patrzą w sufit i mają zmartwione miny. Nie mam pojęcia, jaką powinno się mieć minę, kiedy wkłada się na rękę kobietę niczym rękawiczkę, ale jestem pewien, że zdecydowanie nie taką. Postanawiają wezwać konsultanta. On jednak nie może przyjść. To nie dodaje otuchy. Lekarze przychodzą i odchodzą, wsuwają ręce w Livy, zupełnie jakby była automatem do wróżenia z dłoni. Jest wyczerpana. Nie jestem w stanie sobie wyobrazić, skąd weźmie siły, by przeć i urodzić dziecko. Nie mówiąc już o dbaniu o nie przez następne dwadzieścia lat.

Wreszcie oznajmiają nam, na czym polega problem. Dziecko przez trzy dni odmawiało opuszczenia ciała matki, ale teraz akurat wychodzi, próbując utorować sobie drogę i przepchnąć się małą rączką, która się właśnie zaklinowała.

– Nie martwcie się – mówi Grace. – Na sali do porodów zabiegowych rozpoczynają pracę o dziewiątej, zaczekamy do tej pory.

Liv jest z tego zadowolona. Grace jest z tego zadowolona. Ja jestem wściekły. Jeśli lekarze wyciągną dziecko na siłę, to jaki wpływ może to mieć na horoskop? Może go w ogóle pozbawić znaczenia. Wtedy jednak patrzę na swoją dziewczynę i przestaję się martwić dzieckiem. Martwię się o Liv. Wiem o tym, że w roku 1700 jedna kobieta na trzynaście umierała podczas porodu. Ale to nie sam poród je zabijał, lecz następujący po nim krwotok.

Po chwili jednak dostajemy błękitne ubrania i o godzinie dziewiątej zjeżdżamy na dół, do sali porodów zabiegowych. Na miejscu czeka około dziesięciu lekarzy, wszyscy w takich samych niebieskich ubraniach jak moje. Czuję się nieźle. Brałem udział w serialu medycznym *Cardiac Arrest* (Zatrzymanie akcji serca) i mam wrażenie, że wiem, gdzie jestem. Lada chwila kamery pójdą w ruch, Helen Baxendale wykona swoje ćwiczenia baletowe tuż przed ujęciem i wszystko będzie normalne. Na sali panuje spokój, słychać włączone radio. Dla lekarzy to zwyczajny poniedziałkowy ranek w pracy. Ale ja się martwię o Liv. Trzymam ją za rękę, widzę, jak bardzo cierpi. I wtedy nagle jeden z lekarzy zaczyna wywijać próżnociągiem – czymś takim, co wygląda jak przepychacz do zlewu – i wpycha go w Liv, jakby jej rury się zatkały obierkami z ziemniaków. Odwracam się, żeby popatrzeć na zegar. Jest godzina dziewiąta i trzynaście minut. Potem kieruję spojrzenie na Liv, która wygląda pięknie, a w jej oczach nagle widzę ulgę, jakby się czuła zupełnie dobrze, a ktoś mówi: „Dobra. Zrobione". A ja całuję Liv, i wtedy ktoś mówi: „Czy chce pan podejść i przeciąć pępowinę?". Chcę powiedzieć, że tak naprawdę wcale nie chcę, ale nie takiej odpowiedzi się ode mnie oczekuje, więc następną moją czynnością, jaką sobie uświadamiam, jest przecięcie czegoś, co wygląda jak długa parówka nadziana czarnym budynkiem, a wtedy oni ciasno owijają dziecko i podają mi je, ja zaś biorę je na ręce i bardzo ostrożnie odnoszę w przeciwległy kąt sali. Słyszę cienki, cieniutki głosik popiskujący: „Ooo... ooo", zupełnie jakby mówiła mała przestraszona myszka: „Tatusiu... Tatusiu... czy wszystko będzie ze mną dobrze?", a ja odpowiadam: „Kochanie, już jest dobrze. Zajmę się tobą", i nagle nogi się pode mną uginają i plączą jakbym był pijany, nie jestem już w stanie zapanować nad sobą i płaczę.

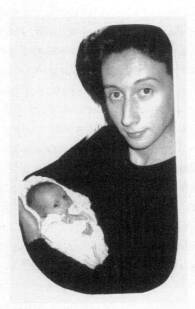

Moja córka, która ma cztery dni, trzymana w ramionach przez mojego przyjaciela, aktora Nicka Rowe'a

Zasada 11
Korzystaj z pomocy

7–9 stycznia 2002,
szpital / Hoxton / Stoke Newington

Po kilku godzinach nadchodzi pora, bym opuścił szpital. Nabieramy całkowitej pewności, że damy córeczce na imię Grace, ale ponieważ mamy czterdzieści dwa dni na zgłoszenie narodzin dziecka, nie ma wielkiego pośpiechu. Jadąc, czuję się jak na haju. Nagle znajduję się przed domem mojego przyjaciela Phila. Naciskam dzwonek do jego apartamentu. Słyszę: „Andrew... właź na górę!".

– Wracam ze szpitala – mówię. – Liv właśnie urodziła. – Jednakże popełniam oczywisty błąd, rozmawiając o tym z facetem, a nie z dziewczyną.

– Moje gratulacje – mówi Phil. – A co słychać poza tym?

Nazajutrz wracam do szpitala. Wspólnie z Liv przyglądamy się Grace. Wydaje się nam niesamowicie piękna. Co prawda po narodzinach zostało jej na czole duże czerwone znamię, ale jest cudowna. Na skutek użycia próżnociągu ma także wydłużony i zakończony szpiczasto czubek głowy, zupełnie jak smerfy, ale nigdy nie widzieliście równie czarującego smerfa.

Po pewnym czasie lekarze mówią mi, że powinienem ją zabrać do domu. Jestem przerażony. Prowadziłem już samochód, ale teraz czuję się, jakbym jechał pierwszy raz w życiu. Nagle mam wrażenie, że wszystko robię pierwszy raz. To zdumiewające, że ktoś może mi zaufać jako kierowcy, wiozącemu noworodka. Zastanawiam się, czy nie powinniśmy powierzyć dziecka z powrotem tym przemiłym pielęgniarkom. Pójdę i powiem im: „U każdego jest inaczej. Niektórzy ludzie potrafią być ojcami, a niektórzy nie". A potem wezmę nogi za pas jak Robert Steapleton, patrz Zasada 2.

Już w samochodzie, w drodze do domu, Liv przedstawia mi swój plan. „Dobra, zakaz wstępu dla gości", komunikuje, a ja rozumiem, że nie chce, żeby moja mama zaczęła rządzić. Moja mama ma na imię Val, ale nazywamy ją SuperVal, od superintendenta, ponieważ lubi wszystkim kierować i to nadzorować. Kiedy ktoś ładuje naczynia do zmywarki, ona się ociąga z wyjściem, patrzy i mówi: „Czy właśnie tam chciałeś postawić szklanki?". Sama wychowywała pięcioro dzieci, prowadząc jednocześnie przedszkole, w którym zwykle pracowałem podczas wakacji. Mieściło się w Luksemburgu i było przedszkolem międzynarodowym. Mama do każdego zwracała się we własnym, porąbanym języku europejskim: „Yuki... *nein*... w porządku, idziesz do kąta. *Allez-vite. Aber schnell*!". Moja mama jest niezrównana w przemawianiu do dzieci. Znacznie mniej dobra jest w przemawianiu do dorosłych. Nadużywa wyrażenia: „Zawsze jest jakieś rozwiązanie!". Należy do tych osób, które nigdy nie mogą zwyczajnie opuścić czyjegoś domu. Wymyśliliśmy nawet powiedzenie – „Valować wyjście" – którego używamy, chcąc podsumować to zjawisko, gdy mama ociąga się w drzwiach, mówiąc: „Do widzenia... Zadzwonimy do was w przyszłym tygodniu... i przekażcie serdeczne pozdrowienia Rogerowi...

i jak już powiedziałam, kolacja była wspaniała...". Z drugiej jednak strony, mama ma nadludzki poziom wytrzymałości, pogody ducha i szczodrości. Adoptuje chorych na raka sąsiadów i pielęgnuje ich. I coś wam powiem – jeśli już musicie mieć raka, moja matka jest najlepszą na świecie osobą, którą warto wówczas mieć w pobliżu. Doskonale służy. Mój ojciec w pełni to wykorzystuje. Przez ostatnie dwadzieścia lat cierpiał na niezliczone zagrażające życiu choroby. Ostatecznie osiągnął nirwanę: waży 115 kilogramów, ma zaledwie trzydziestoprocentową wydolność płuc i chory kręgosłup. Co razem wziąwszy, pozwala mu leżeć na sofie i czekać, aż mama przyniesie mu jedzenie pod nos.

Przyjeżdżamy do domu, w którym wszystko jest tak, jak było. Jest pies, w korytarzu unosi się ten sam dziwny zapach.

– Problem polega na tym – mówi Liv – że jeszcze nie zrobiła kupki.

Wertujemy wszystkie dostępne książki. W żadnym poradniku nie ma nic na temat kupki.

Liv zaczyna rozpaczać.

– Biedna mała dziecinka – mówi, zalewając się łzami. – Przez dwa dni nie zrobiła kupki.

Płacze, płacze i płacze.

O Boże, myślę, wiedziałem już wcześniej, że jest trochę szalona, ale teraz zaczyna kompletnie świrować.

I wiem dlaczego. Przez dwa tygodnie prawie w ogóle nie spała. Dochodzę do wniosku, że tylko jedna sprawa rzeczywiście ma znaczenie: trzeba ją zmusić, żeby poszła spać.

Liv walczy i walczy, ale o jedenastej wieczorem znowu

karmi Grace i wtedy jakimś sposobem udaje mi się ją przekonać, że musi spać. Obiecuję, że ją obudzę, ale kłamię. Za nic na świecie nie obudzę tej kobiety, jeśli w końcu zaśnie.

Zabieram Grace do innego pokoju i układam posłanie na podłodze. Córeczka płacze, więc wkładam jej palec do buzi, a ona zaczyna go ssać. Sprawia mi to przyjemność. Jej też. Zapadamy w długi, błogi sen. Co jakiś czas się budzimy. Patrzymy na siebie jak młodzi zakochani. Znowu wkładam jej palec do buzi. Ona ssie. Szczęśliwi, znowu zapadamy w sen.

Rano pojawia się Liv. Grace i ja śpimy jak nowo narodzeni. Mój palec zrobił się jasnoczerwony. Jestem zachwycony, że przez całą noc opiekowałem się dzieckiem. Liv przeciwnie. Nie dość, że Grace wciąż nie zrobiła kupki, to jeszcze głodziliśmy ją przez całą noc. I skąd możemy wiedzieć, że mam czysty palec? Rzeczywiście jest nam potrzebna pomoc. Jest nam potrzebna moja matka.

Dzwonimy do Val. Mama mieszka w Shrewsbury, położonym o jakieś trzy godziny drogi od naszego domu. Obiecuje, że zaraz się pojawi. Wsiada do swojego saaba i wciska gaz do dechy. Zjawia się po mnie więcej dziewięćdziesięciu minutach. To niska, uśmiechnięta pani, z całym naręczem plastikowych toreb. W środku jest jedzenie, śpioszki, a także jakieś dziwaczne biustonosze dla matek karmiących, pozostałości po ostatniej kampanii prowadzonej przez mamę. SuperVal przybywa na ratunek. Mówi nam, żeby się nie przejmować kupką. Zapewnia, że później będzie ich mnóstwo.

Val przybywa

Zasada 12
Patrz na świat tak, jakbyś go widział po raz pierwszy

Styczeń 2002, Stoke Newington

Teraz stoimy w obliczu lawiny gości. Połowa z nich to krewni, którzy przybywają z misją przyjęcia dziecka do rodziny.

– Wygląda zupełnie jak Hattie – stwierdza moja mama.

– Rzeczywiście – potwierdza jedna z ciotek, przypominająca słonia Babara z filmów dla dzieci. – Wygląda całkiem jak wujek Peter.

Czuję nieodpartą chęć walnięcia Babara po głowie.

– Ona ma twój nos! – mówi mój krewny.

– Ma oczy Livy – stwierdza krewna Liv, jakby Grace była jakimś Panem Bulwą i miała twarz składającą się z rysów różnych ludzi.

Inni goście to różni znajomi, których nie widzieliśmy całe wieki. Wcale nie myślę: „Och, jak miło! Może wkrótce zaprzyjaźnimy się na nowo?". Myślę natomiast: „Dlaczego robię teraz tym ludziom herbatę, skoro mógłbym sobie pospać?".

Najlepsze ze wszystkiego jest przebywanie z Grace. Lubię, kiedy jest głodna. Odwraca główkę ku ramieniu i otwiera buzię. Wygląda, jakby przywoływała taksówkę. Ponieważ jednak ma przy tym zamknięte jedno oko, przybiera wygląd pirata. Wygląda więc jak pirat przywołujący fregatę.

Lubię, kiedy się budzi i krzyczy, bo daje mi to pretekst do zobaczenia jej. Zmieniam jej pieluszki. Zawsze unoszę w górę obie nóżki naraz, ponieważ ktoś mi powiedział, że jeśli podniosę tylko jedną, może dojść do przemieszczenia jej w stawie biodrowym. Uczę się usuwania powietrza z przewodu pokarmowego niemowlęcia... Kiedy dziecko wypije swoją porcję mleka, musi sobie beknąć, bo jeśli mu się nie odbije, powietrze zostanie uwięzione w środku i poczyni szkody – tak jak złe myśli. To się nazywa kolka. A zatem dowiaduję się, że po jedzeniu muszę trzymać dziecko w pozycji pionowej. Przekonuję się, że kiedy delikatnie masuję dolną część jej pleców, udaje mi się wywołać beknięcie i usunięcie wiatrów. Sprawia mi to ogromną satysfakcję. To jak granie na dudach, tylko że zamiast grania *Walecznej Szkocji*, po prostu się beka. W gruncie rzeczy to dużo przyjemniejszy dźwięk niż wydawany przez dudy. Dużo bym dał, żeby któregoś roku zobaczyć przerobiony Edinburgh Tattoo*. Bardzo bym chciał widzieć regiment niemowlaków, bekających unisono.

---

* Edinburgh Tattoo – odbywający się w Edynburgu coroczny festiwal orkiestr wojskowych Wielkiej Brytanii, a także innych wojskowych zespołów muzycznych, tanecznych i rozrywkowych.

W pewnej chwili Liv trzyma Grace, która płacze, a ja mówię: „Może ona wyczuwa twoje napięcie?", i odbieram od niej dziecko, przy czym delikatnie się huśtam na kolanach, a dziecko przestaje płakać. Jednocześnie dociera do mnie, że Livy nieustannie się zamartwia, a to wszystkim znacznie utrudnia życie. Dochodzę do wniosku, że jestem światowym ekspertem w dziedzinie opieki nad niemowlętami. Teraz jestem jeszcze bardziej szczęśliwy. Zabieram Grace na dół, gdzie cały czas delikatnie się huśtamy, słuchając koncertu na wiolonczelę Albinioniego. Cichutko szlocham. Ona wpatruje się w światła na suficie. Wychodzimy do ogrodu, napawając się chłodnym wieczornym powietrzem. Grace rozgląda się wzrokiem pełnym nieopisanego zaciekawienia, a ja czuję, że gdybym potrafił przyswoić sobie to spojrzenie, poznałbym tajemnicę szczęśliwości. I tak sobie stoimy, kiedy to spływa na mnie alarmujące uczucie, przed którym nikt mnie nie ostrzegał. Czuję w sobie więcej miłości, niż kiedykolwiek dotąd odczuwałem przez całe życie.

Dwa tygodnie później przychodzi do nas pielęgniarka, ponieważ Grace skończyła właśnie dwa tygodnie. Wydarzenie to samo w sobie jest trochę zakręcone, ponieważ pielęgniarka wygląda jak Elvis Presley, chociaż mówi miejską gwarą z East London. Cockney Elvis mówi mi, że Grace straciła na wadze od czasu narodzin. Zaleca karmienie dziecka mieszanką, która jest dziecięcym odpowiednikiem kanapki ze smażonym bananem.

– Ale ja czytałam, że pokarm matki jest najlepszy – mówi Livy.

– Tak, ale mieszanka ma więcej kalorii. I przy okazji tatuś będzie miał coś do roboty – odpowiada Elvis.

– Dobrze – mówi Liv. – Świetnie.

Elvis wychodzi. Livy zalewa się łzami.

– Jestem złą matką... mój pokarm do niczego się nie nadaje – mówi.

Teraz więc muszę przygotowywać mieszankę o pierwszej w nocy, a zatem nie mogę wcześniej iść spać. Oglądam więc telewizję. Następnie przekonuję się, że Grace sapie rozbudzona, a wtedy zmieniam jej pieluszkę i oboje kładziemy się na plecach – ja na poduszkach, a ona na moich uniesionych i ugiętych kolanach. Przysysa się do butelki i ssie przez piętnaście minut; w tym czasie patrzymy sobie nawzajem w oczy, a ja się zastanawiam, o czym ona myśli. Mieszkam w mieście. Przez cały dzień nikt na mnie nie patrzy i ja nie patrzę na nikogo. Istnieje zbyt wielkie ryzyko, że moglibyśmy sobie w ten sposób wyrazić miłość. Jednakże Grace jest tylko niemowlęciem i nie zna jeszcze zasad. Mnóstwo ludzi skarży się na płacz dziecka w nocy, ale czasem działa ono lepiej niż prozac.

Zasada 13
Idź za tą kobietą
(jeśli trzeba, to do szpitala)

Luty 2002, Stoke Newington

Najbardziej znanym poradnikiem dla rodziców jest *The Contented Little Baby Book* (Księga pogodnych maluszków) Giny Ford, którą uwielbiają wszyscy tatusiowie, ponieważ jest niezwykle logiczna i leciutko faszyzująca. Specjalnie dla was pokuszę się o skrótowe jej podsumowanie:

1. Po upływie pierwszego miesiąca życia dziecka powinniście je przymusić do ścisłego harmonogramu karmienia i spania. Sprawi to, że dziecko stanie się pogodne, ponieważ będzie należycie nakarmione i wypoczęte.
2. Powinniście budzić je i karmić po raz pierwszy o godzinie 7 rano. Dzięki temu zniechęcicie je do spania przez cały dzień i czuwania przez całą noc.
3. Powinniście karmić dziecko mniej więcej co trzy godziny. Nie pozwólcie mu podjadać między posiłkami. Jeśli nie będziecie tego przestrzegać, dziecko nie opróżni całkowicie piersi z pokarmu.
4. Jeśli dziecko płacze w łóżeczku, sprawdźcie, czy ma suchą pieluszkę albo czy nie ma kolki, a potem je zostawcie. Dziecko musi się nauczyć samodzielnego uspokajania się.

To jest teoria, wspaniała zresztą. W praktyce jednak dzieje się tak:

1. Dziecko nie chce jeść co trzy godziny. Dziecko jest wyrazicielem poglądu, że jeśli Pan Bóg nie chciałby, żeby ssało te obiekty, to nie ustawiałby ich na wysokości ust i nie napełniałby ich cudownym kremowym mlekiem. Kiedy Dziecko nie ssie piersi, to Dziecko płacze. Mama również. Mama karmi Dziecko.
2. Mama się skarży, że bardzo ją bolą sutki. Tata proponuje, żeby nie karmiła Dziecka co piętnaście minut. Mama rzuca Tacie złe spojrzenia.
3. Mama i Tata wciąż dokonują wielu wysiłków, żeby ułożyć Dziecko do snu o właściwej porze i we właściwym miejscu. Ale wtedy Dziecko łapie przeziębienie. (Zgodnie z umową dzieci są zobowiązane do złapania 136 przeziębień rocznie. Mają wyznaczony program, którego muszą się trzymać).
4. Mama również łapie przeziębienie. Mama jest chora, zmęczona i beznadziejnie przejęta, a to jest fatalna kombinacja. Pewnego wieczoru Mama karmi Dziecko, po czym prosi Tatę, żeby położył Dziecko spać.
5. Tata to robi. Dziecko wrzeszczy. Tata myśli: muszę nauczyć Dziecko samodzielnego uspokajania się.
6. Mama myśli: Dziecko płacze! Dlaczego, do ciężkiej cholery, Tato nic z tym nie robi?
7. Tato wychodzi na dwór. Udaje, że wyrzuca śmieci. A naprawdę wyskoczył na fajkę. Dziecko płacze.
8. Tata myje zęby. Dziecko nadal płacze. Mama woła Tatę.

9. Tata się pojawia. Mama pyta: „Sprawdziłeś jej pieluszkę?".
Tata z miejsca czuje się jak na cenzurowanym.
„Tak, sprawdziłem", odpowiada.
„Jesteś pewien, że nie ma kolki?".
„Tak – odpowiada. – Beknęła jak należy".
Dziecko płacze. Mama biegnie do pokoju Dziecka. Śmierdzi tam gównem. Mama podnosi Dziecko. Dziecku odbija się tak mocno, że dom drży w posadach.
10. Mama rzuca Tacie złe spojrzenie. Oznacza ono: „Nie wiem, czy jeszcze kiedykolwiek będę ci mogła zaufać. Kłamałeś o naszym Dziecku".
11. Mama zmienia Dziecku pieluszkę. Tata zwija się jak w ukropie, przynosząc czyste pieluszki, i tłumaczy się: „Musiała to zrobić przed chwileczką, bo inaczej bym przecież poczuł". Mama odpowiada: „Nie poczułbyś, skoro wyszedłeś na papierosa".
12. Dziecko płacze coraz bardziej. Oboje patrzą teraz na Dziecko. Ma spuchnięte oczka i leje mu się z noska. Dziecko miało żółtaczkę noworodków, zrobiło się więc żółte. Dziecko nie wygląda dobrze. Dziecko wygląda jak żółty goblin. Wrzeszczący, zasmarkany, żółty goblin.
13. Tata mówi: „Nie sądzisz, że lepiej będzie ją położyć? Gina Ford twierdzi…".
„Ta kobieta – mówi Mama – sama nie ma dzieci".
14. Tata wychodzi. Tato nie czuł się tak źle od czasu Bożego Narodzenia, kiedy z rozmysłem spalił prezent od swojego brata.
15. Tato wychodzi na następną fajkę. Nawet na dworze słyszy płacz swojego Dziecka. Cała ulica słyszy. Płacz

Dziecka rozdziera Tacie wnętrze głowy. Nagle płacz się urywa.
16. Tata wraca do domu. Idzie na górę do sypialni. Mama leży w łóżku razem z Dzieckiem. Karmi je piersią. Mama obdarza Tatę triumfującym spojrzeniem, które oznacza: „Tak, karmię Dziecko. Nawet nie próbuj mnie powstrzymać". Mama wygląda na zadowoloną, ale winną, jedno i drugie naraz – troszeczkę jak lwica, która zabiła następną antylopę.
17. Tata nie może tego tak zostawić. Mówi więc: „Gina Ford twierdzi... hm".

    Mama nagle zaczyna płakać. „Dlaczego Gina Ford próbuje mnie odseparować od mojego dziecka? Nie mogę tego znieść!".

    Prawdziwe łzy spływają Mamie po policzkach. Kapią na zasmarkaną żółtą buzię Dziecka.
18. Mama pyta: „Uważasz, że powinniśmy pojechać z nią do szpitala?".

    „Nie", odpowiada przerażony Tata.

    „Zadzwonię do nich i zapytam, co robić", mówi Mama.
19. Mama dzwoni do szpitala. Pyta pielęgniarkę, czy to może wyglądać na zapalenie płuc u Dziecka. Pielęgniarka prosi ją, żeby opisała objawy. Tata czyni niezbyt entuzjastyczne usiłowania odebrania Mamie słuchawki. Mama rzuca mu ostrzegawcze spojrzenie – trochę podobne do tego, jakim rottweilery obrzucają listonoszy, zanim się do nich zabiorą.
20. Pielęgniarka proponuje Mamie przyjazd do szpitala. Tata mówi: „Pielęgniarka zawsze tak powie. Nie chce zostać pozwana za zaniedbanie. Uważam, że nie ma ta-

kiej sytuacji, której nie dałoby się rozwiązać, jeśli wszyscy wreszcie pójdą spać i porządnie się wyśpią".

Mama mówi: „Podważasz poradę medyczną? Masz zamiar zawieźć mnie do szpitala czy chcesz, żebym pojechała autobusem?".

21. Tata zawozi Mamę i Dziecko do szpitala.
22. Czekają na ostrym dyżurze. Zaczynają sobie uświadamiać, że są tutaj jedynymi przedstawicielami klasy średniej. Widzą młodzieńca z raną zadaną nożem. Widzą też pijaną kobietę, która trzyma jedno swoje ucho w kieszeni dżinsów. Dziecko mocno śpi.
23. Po dwóch godzinach zostają przyjęci przez lekarza. Twierdzi on, że Dziecko złapało przeziębienie, lekką kolkę i lekką żółtaczkę. Mówi, że najlepszym lekarstwem byłby długi, porządny sen. Mówi, że oboje mieli rację, że przywieźli Dziecko do szpitala.
24. W drodze powrotnej do domu Tata czuje, że miał zupełną rację w sprawie całego incydentu. Ma nadzieję, że Mama powie: „Przykro mi, że się zamartwiałam. To było bardzo głupie z mojej strony". Tata ma nadzieję, że tej nocy Mama go pocałuje tak, jakby była Florence Nightingale, a on wytrzymałym żołnierzykiem, który brał dzisiaj udział w ciężkim boju.

„Dobrze się czujesz?", pyta Mama.

„Taaa... Trochę zmęczony... Tylko... Wolałbym, żebyśmy zostali w domu", odpowiada Tata.

„Nie próbuj mnie wpędzić w poczucie winy – mówi Mama. – Ja nie próbowałam cię wpędzać w poczucie winy, kiedy położyłeś ją do łóżeczka, nawet nie sprawdziwszy jej pieluszki".

Tata już nie próbuje argumentować. Koncentruje się na odgrywaniu zranionego.

25. Po powrocie do domu Mama uderza w płacz. Dziecko uderza w płacz. Próbują się pocieszać nawzajem długą i wyczerpującą orgią karmienia piersią.

26. Na przyjęciu Mama wspomina mimochodem, że Tata uważa, że Gina Ford ma rację. Trzy kobiety odwracają ku niemu głowę i patrzą na niego zwężonymi oczyma. Nie mogłyby chyba bardziej go nienawidzić, gdyby się nawet przyznał do tortur. Wszystkie mówią jednocześnie: „Ta kobieta NIE MA własnych dzieci".

27. Trzy lata później Dziecko nadal nie przesypia całej nocy aż do rana. Mama chodzi do Dziecka kilka razy w nocy, żeby pogłaskać je po głowie albo żeby sprawdzić, czy się nie rozkopało. Tata jest zwolennikiem opcji, że dziecko najprawdopodobniej się nie rozkopało. Zaczyna stosować zatyczki do uszu. Odkrywa, że najlepsze są takie z kolorowego wosku. Co wieczór ugniata je w dłoniach, wkłada do uszu, one zaś stopniowo wytłumiają cały świat tak, że nic nie jest w stanie go obudzić, nawet alarm bombowy. Mama mu to wybacza, ale w zamian oczekuje, że będzie się uwijał z całą masą prania.

Zasada 14
Nie spodziewaj się,
że dzieci zbliżą was do siebie

Maj 2002, Stoke Newington.
Grace ma pięć miesięcy

Podobno posiadanie dziecka uczy mężczyznę celowości. Ową celowość sprowadza się do zapewnienia:

1) nasienia
2) pieniędzy
3) darmowej opieki nad dzieckiem.

Spełniłem pierwsze zadanie. Nie mogę spełnić drugiego, a zatem muszę spełniać trzecie. Grace ma już pięć miesięcy i Liv wraca do pracy.

Wcale nie chce tego robić, ale tylko ona ma stałą pracę i gwarantowane stałe przychody. Ma nową pracę w City, zajmuje się inwestowaniem w spółki działające zgodnie z kodeksem etycznym w imieniu wielkiej firmy funduszy powierniczych. O ile dobrze rozumiem, jej praca wygląda następująco: Liv odwiedza dyrektora generalnego ogromnej firmy farmaceutycznej. Dyrektor pyta: „Rozmawiamy o dziesięciu milionach, jakie zwykle inwestujecie o tej porze co roku?". A Liv na to: „Rozmawiamy o darmowych lekach dla chorych na AIDS w Afryce?". Dyrektor na to: „Eee, przeszkodą w tym przedsięwzięciu są problemy natury prawnej". Wtedy Liv wykonuje kilka telefonów i zanim się człowiek zdąży zorientować, „Financial Times" publikuje na pierwszej stronie artykuł z wielkim tytułem: Inwestorzy przestrzegają przemysł farmaceutyczny przed negatywną reakcją na krytyczną sytuację chorych na AIDS. Gazeta cytuje przebiegłe stwierdzenie Livy: „Byłoby to pełne głębokiej ironii, gdyby dziedzina przemysłu poświęcona ratowaniu ludzkiego życia zeszła do poziomu pariasa, jaki zajmuje przemysł tytoniowy". Podoba mi się ten łagodny sarkazm określenia „głęboka ironia". Wkrótce po tym firma farmaceutyczna telefonuje do Liv ze słowami: „Uzgodniliśmy kwestie sporne z naszymi prawnikami. Zamierzamy przekazać darmowe leki na AIDS. A zatem... około dziesięciu milionów?".

Wygląda to na idealne zajęcie dla Liv. Musi być podstępna, chcąc zmuszać ludzi do czynienia dobra. Coś w tym stylu, choć na mniejszą skalę, robi ze mną. Jest tylko jeden problem – szefowa Liv sama ma dzieci, ale przez większość dni tygodnia pracuje do dziewiątej wieczorem, a nawet dłużej. Szefowa ma pracowników. Liv ma mnie.

Moja mama przychodzi tak często jak może. Chciałbym bardzo, żeby przychodziła częściej, ale mama ma również swoje życie, a poza tym jej płacimy, więc Liv mówi: „Jeśli chcesz, żeby przychodziła częściej, musisz więcej zarabiać". Skończyła mi się praca dla BBC i jestem biedny, a zatem to ja się opiekuję dzieckiem i nie mam pieniędzy, a nie mogę zarobić ich więcej, ponieważ opiekuję się dzieckiem. Kiedy pierwszy raz idę do parku z nosidełkiem, mijam na rogu wielką irlandzką rodzinę w stylu *Prochów Angeli**. Przechodzę obok niedożywionego nastolatka, który wyczuwa moje zakłopotanie.

– Jezu Chryste! – woła z tym ich cudownym akcentem. – Wyglądasz jak jakiś pieprznięty idyjota!

Z tą opinią zgadza się każda, najdrobniejsza nawet komórka mego ciała.

Wszystko byłoby w porządku, gdybym się wysypiał, ale jestem na nogach do drugiej w nocy i wstaję o ósmej, po czym natychmiast schodzę na dół, żeby znaleźć Liv, która pyta: „Pamiętasz, że masz odebrać moje rzeczy z pralni, prawda?". I wychodzi do pracy. Kiedy tam jest, dzwoni do mnie za każdym razem, gdy wychodzi do toalety. Spędza połowę dnia pracy w toalecie. Chodzi tam, żeby ściągnąć pokarm z piersi. To dla mam jest taki ekwiwalent masturbacji, ale bardziej obfitującej w płyny.

Przez telefon skarży się, że nie chce być w pracy. Chce być w domu ze swoim malutkim dzieckiem. Ja się skarżę, że nie chcę być z dzieckiem. Chcę wychodzić z domu do pracy. Liv ma romantyczną wizję opieki nad dzieckiem. Uważa, że polega ona na ustawicznych piknikach na zielonej łące upstrzonej stokrotkami. Mówię jej, że się myli. Opieka nad dzieckiem to jeden procent inspiracji oraz dziewięćdziesiąt dziewięć procent chodzenia po domu i rozwieszania mokrych skarpetek na grzejnikach.

---

* *Prochy Angeli* (*Angela's Ashes*), film Alana Parkera z 1999 roku na podstawie pamiętników Franka McCourta, opisujących dzieciństwo autora na Brooklynie i w Irlandii, który otrzymał za nie nagrodę Pulitzera.

Nie chodzę na łąki upstrzone stokrotkami. Chodzę do centrum muzyki dla dzieci, na cmentarze i do sklepów. Zakupy zawieszam na rączkach wózka dla dziecka, tuż obok smyczy dla psa, a pies ciągnie ze wszystkich sił, gotów się zadusić na śmierć, ponieważ dostaje kompletnego fioła na punkcie kości kurczaka, które jakiś palant wyrzucił przez okno samochodu, wózek się przewraca, jajka się rozbijają na miazgę, Grace uderza w płacz, a ja umiałbym ją lepiej uspokoić, gdybym się nie czuł jak totalny nieudacznik. To nie jest zabawne. W takim momencie płacz dziecka w charakterze prozacu jest bez cienia wątpliwości całkowicie bezużyteczny. Tragedia brania prochów polega na tym, że za krótko działają. Tak samo jest z opieką nad dzieckiem. Prawdopodobnie podołałbym śpiewająco, gdyby to było tylko raz, ale odbywa się codziennie, a ja nawet nie jestem w tym dobry. Jestem beznadziejny. Mam w sobie tyle instynktów opiekuńczych, co przeciętny ćpun. Jestem zmęczony i niezrównoważony. Nieprzespane noce zostawiają we mnie rozpaloną do czerwoności bliznę.

Próbuję porozmawiać z Garym, moim najlepszym kumplem. Nie ma bladego pojęcia, o czym mówię. Jest gejem. Jego jedynym obowiązkiem jest chodzenie na siłownię. Mówi mi: „Ach, zajmujesz się swoją córeczką? To musi być takie satysfakcjonujące! Założę się, że robisz to znakomicie!". Mam ochotę mu odpowiedzieć: „Jestem facetem. Jeśli coś robię znakomicie, to chciałbym zostać za to nagrodzony. Dostać za to kasę. Nie chcę zmieniać pieluszek o drugiej w nocy, zajmować się odchodami, nie dostając za to wynagrodzenia, i jeszcze robić to dla kogoś, kto na mnie krzyczy". Ale nie mówię mu tego. Gary jest producentem mojego przedstawienia w Radio 4 i nie chcę, żeby sobie pomyślał, że jestem przegranym facetem, z którym nie powinien współpracować. Uczę się hamować.

Liv wraca z pracy o siódmej. Chce odpocząć od ratowania chorych na AIDS w Afryce. Chcę, żeby mnie nagrodziła Orderem Imperium Brytyjskiego za moje dokonania w ciągu całego dnia opieki nad dzieckiem. Jedzenie dziecka jest rozbryzgane na ścianie. Salon przedstawia obraz nędzy i rozpaczy, mieszaninę plastikowych przedmiotów z brudnymi pieluszkami i mokrymi skarpetkami.

– Odebrałeś moje rzeczy z pralni? – pyta Livy.
– Nie. Zapomniałem. Przepraszam – odpowiadam.

Podaję jej Grace i idę na górę, żeby spróbować popisać. Liv i ja staliśmy się zespołem zmianowym. Jedno wchodzi, drugie wychodzi.

Zasada 15
Znajdź Podręcznik Taty

Czerwiec 2002, Stoke Newington.
Grace ma pół roku

Pewnego dnia przewijam Grace i widzę, że kilka mokrych chusteczek do mycia spadło za komodę z szufladami. Odsuwam komodę i wywołuję kaskadę spadających na podłogę pieluszek, kremów, zasypek i śpioszków. Nagle przychodzi mi do głowy, że mój tato nigdy tego nie robił! Pamiętam widokówkę, którą mi przysłał, kiedy miałem trzy miesiące. Wyjechał do kibucu, ponieważ chciał się odnaleźć. Było to w 1970 roku. Zawsze go sobie wyobrażałem jako umięśnionego faceta, który zrywa pomarańcze. Teraz jednak wyobrażam sobie Val, pozostawioną bez pomocy, samą z dwojgiem dzieci. Nagle krystalizuje mi się myśl o Podręczniku Taty, czyli o zapisie wszystkiego, co mój tata uczynił jako ojciec. Zdaję sobie sprawę, że jestem zaprogramowany na powtarzanie tego. Chcę być tak spektakularnie leniwy, jak był mój tato, ale to by sprawiło, że się zmienię w niego, że będę taki sam jak on. Gorzej, ja nawet nie mam prawa być leniwym. Tato przynajmniej zarabiał. Dostrzegam teraz prawdę w jednym z aforyzmów Oscara Wilde'a: „Dzieci najpierw kochają swoich rodziców. Po pewnym czasie ich osądzają. Rzadko zaś, jeśli w ogóle, im przebaczają". Mam ochotę wrzasnąć również na Oscara Wilde'a. Sam miał dwoje dzieci. Napisał dla nich kilka uroczych opowiadań. Założę się, że nie musiał wyciągać brudnych chusteczek do mycia pupy zza komody z szufladami.

Wpadam na rewelacyjny pomysł programu telewizyjnego, zatytułowanego *Mistrzostwa Supertatusiów*. Trzech ojców, filmowanych nieustannie w dzień i w nocy, w stylu *Big Brothera*, ale niemających o tym pojęcia. Każdy z nich musi załadować zepsuty wózek do bagażnika samochodu, gdy leje jak z cebra, dziecko wrzeszczy, a żona instruuje, że trzeba to zrobić zupełnie na odwrót. Porównamy też technikę wszystkich tatusiów rozpędzania lokomotywy z łyżeczką jedzenia, zmierzającą ku buzi dziecka. Tatusiowie otrzymują punkty za opanowanie, wydajność i dobry humor. Tracą je w chwili, gdy zaczynają krzyczeć.

Liv zjawia się w domu. Ogląda bałagan. Mam ochotę zapytać ją, ile łyżeczek marchewki udało mi się, według niej, donieść do buzi dziecka.

Liv pyta:

– Czy udało ci się pójść do pralni po moje rzeczy?

– Nie – odpowiadam i przechodzę obok niej.

Idę na górę i piszę zarys *Mistrzostw Supertatusiów*. Posyłam go Gary'emu, który produkuje również programy telewizyjne. Gary ignoruje mój projekt. I nic w tym dziwnego. Na tym polega tragedia ojcowskiej opieki nad dzieckiem. Jeśli robi się to dobrze, nikt tego nie zauważa. Poza dziećmi, rzecz jasna. Ale musi upłynąć jakieś trzydzieści lat, zanim cokolwiek powiedzą. I niezależnie od tego, co się zrobi, można mieć pewność, że nie powiedzą nic dobrego.

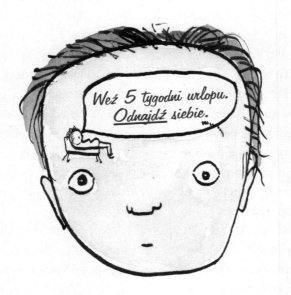

Zasada 16
Daj jej palec, nie dopuści cię;
daj jej rękę, zacznie się rozmnażać

Lipiec 2002, Stoke Newington. Grace ma pół roku.
Liv ma dwadzieścia dziewięć lat.
Ja mam trzydzieści dwa lata

Niedziela, godzina 19.32. Grace już leży w łóżku. Ja się wyleguję na sofie i czytam książki o wychowywaniu dzieci. We wszystkich są przeważnie takie same rady i wskazówki, ciągnące się przez kilkaset stron, poparte przykładami i podsumowaniami w ramkach. Oto one:

1. Kochaj je, ale ignoruj napady złości i fochy.
2. Nie pozwalaj im oglądać telewizji. Trzy godziny tygodniowo to maksimum. W przeciwnym razie osłabisz ich kreatywność.
3. Zawsze używaj pozytywnych wypowiedzi. Nie mów: „Cicho bądź! Denerwujesz mnie. Tatuś próbuje zrobić zakupy!". Mów natomiast: „Uspokój się. Grzeczna dziewczynka. Rozejrzyj się i zobacz, czy uda ci się znaleźć keczup".
4. Zadbaj o to, żeby dużo spały, ćwiczyły i jadły świeże warzywa.
5. Stawiaj je do kąta.

Dobra, ale książki nie mówią, co masz odpowiedzieć, jeśli dziecko zapyta, co to jest kąt i dlaczego ma stać właśnie tam. I nie mówią, jak kochać swoje dzieci, kiedy się martwisz pieniędzmi i nie możesz pracować, a do tego nie jesteś zdolny do miłości. Wszystkie te książki można sprowadzić do jednego zdania: Karm je warzywami, pilnuj, żeby ćwiczyły, i nie pokazuj im pornoli. To rzeczywiście wspaniała rada. Bardzo mądra. Mam zamiar stosować ją wobec moich dzieci. Jak dotąd nie stosuję żadnej z nich wobec siebie.

Odstawiam książki na bok. Odzywa się brzęczyk kuchenki mikrofalowej. Wstaję i idę po swoje curry. Osuwam się z nim na sofę, biorąc dodatek kulturalny „Sunday Timesa", który wyciągnąłem z czyjegoś kosza na śmieci. Nie mogę zostawić telewizora samego. Dla mnie telewizor jest niczym niegrzeczna była dziewczyna, z której nie mogę wyrosnąć. Tak, wiem, że to niedobrze tak się uzależniać od związku, bo skutkuje to rozczarowaniem i zazdrością. Ale czasem, późnymi wieczorami, przekonuję się, że nadal mnie to kręci i że mam nadzieję na odrobinę rozrywki.

Biorę do ręki flamaster i zaczynam pracować nad wieczornym programem. Myślę sobie tak: *Kroniki Seinfelda*, jako tradycyjna przystawka o dwudziestej; potem jest półgodzinna dziura, podczas której mogę przeskakiwać z *Willa i Grace* na film dokumentalny o kobiecie, która na skutek reakcji alergicznej straciła całą skórę. Danie główne to dwa odcinki *Hotelu Zacisze*, po czym odcinek *Peep Show* na deser. A na koniec cokolwiek z Channel 5, w charakterze lekkiego porno. Wtedy zostawię Liv, mówiąc: „Pójdę posprzątać", i obejrzę *Match of the Day 2**, ale potem prze-

---

* *Match of the Day* – emitowany od ponad czterdziestu lat program sportowy BBC o piłce nożnej.

łączę, albo i nie, na *Ostatnie dni – Kurt Cobain*. Ujmując rzecz ściślej – obejrzę śmierć Kurta, przerywaną ujęciami Michaela Owena strzelającego do bramki. Czy można sobie wyobrazić wspanialsze zakończenie wieczoru? Po tym wszystkim będę tak podekscytowany, że będę musiał obejrzeć jakiś program przyrodniczy Davida Attenborougha, ponieważ działa on na mnie jak proszek na sen.

Pojawia się Liv.

– Nie przyjdziesz się położyć? – pyta.

– Eee... hm...

– Jeśli nie pójdziesz do łóżka wcześnie, rano będziesz w złym nastroju.

– Ale jest dopiero ósma.

– No wiesz, myślałam... że moglibyśmy... spać ze sobą? Moglibyśmy się kochać.

– Ach. Ty ladacznico.

W intymnym zakątku mojej głowy pojawia się zdanie: „Czy musimy się kochać?". Czuję się tak, jakbym dostał dodatkowe lekcje do odrobienia. Moje libido zostało zamknięte w małym hermetycznym pudełku na żywność, wypełnionym także pigułkami antykoncepcyjnymi. Trochę mi jednak pochlebia jej propozycja.

– Bo wiesz – mówi – myślałam, że chcemy mieć drugie dziecko.

Tak. Chcemy. Kiedyś. W przyszłości. A *Kroniki Seinfelda* są teraz. A poza tym ty wcale nie chcesz się ze mną kochać, ty chcesz po prostu zajść w ciążę. Czuję się odrzucony.

– No więc... co o tym myślisz?

– O tym, żeby mieć drugie dziecko?

– Tak.

Zastanawiam się. Dobra, zapomnę o Davidzie Attenborough, ale nie możesz na poważnie oczekiwać ode mnie opuszczenia *Match of the Day 2*!

– Czy to nie trochę nielojalne wobec Grace? – pytam.

– Wolno ci mieć więcej niż jedno dziecko.

– Tak... chociaż to się przyczynia do globalnego przeludnienia.

– Jeśli będziesz mieć dwoje, to zajmą one twoje miejsce. Krajowa przeciętna wynosi jeden przecinek siedem. Nie spowodujemy światowego przeludnienia.

– Ale możemy wpłynąć na globalne ocieplenie.

– Słuchaj... to, że będziemy mieć drugie dziecko, nie spowoduje zatopienia Malediwów.

– Spowoduje jednak, że sami tam nie polecimy.

– Może nie będziemy mieli ochoty. Myślę, że Grace byłaby zachwycona nowym dzieckiem.

– Z pewnością. Ale po kilku miesiącach byłaby wściekła, że to dziecko nadal tu jest. I krzyczy w nocy.

– Tylko na początku. Potem zaczyna być coraz lepiej.

To jest jeden z jej ulubionych tematów: czas, kiedy Zaczyna Być Coraz Lepiej. Niektórzy mówią, że trzeba sprawić, żeby dzieci spały w nocy. Niektórzy, że trzeba je posłać do szkoły. Rodzice nastolatków z upodobaniem twierdzą: „Tylko poczekaj. Będzie jeszcze gorzej".

– W każdym razie – mówi Liv – nie zrobimy tego dla niej. Będziemy to robić dla siebie.

Patrzę jej w oczy. Ona patrzy w moje. Pierwszy raz naprawdę patrzymy na siebie przez chwilę.

– A także dla niej – dodaje Liv. – Mówię o dziecku.

– Zakładając, że to będzie dziewczynka – mówię.

– Co jest bardzo prawdopodobne.

– Dlaczego?

Wygląda mi to na sugestię, że jestem tak niemęski, że nie jestem w stanie spłodzić chłopca. Sugestię, że mam zniewieściałe nasienie. Sugestię, że w moich jądrach odbywa się jedno wielkie przyjęcie dla małych księżniczek.

– Ponieważ – odpowiada – mamy już jedną dziewczynkę. Przeprowadzono badania naukowe. Kobiety mają tendencję do rodzenia dzieci tej samej płci. Ma to coś wspólnego z kwaśnym środowiskiem w pochwie.

– Zaraz... twierdzisz, że masz kwaśną cipkę, która produkuje dziewczynki?

– Coś w tym stylu.

– Dobra, skoro tak to przedstawiasz, nie mogę się doczekać pójścia z tobą do łóżka, żeby zobaczyć na własne oczy tę kwaśną cipkę. Chyba jeszcze nigdy w życiu nie byłem tak bardzo podniecony, doprawdy. Ale najpierw może obejrzymy wspólnie *Kroniki Seinfelda*?

Liv siada obok mnie. Na szczęście pojawia się Cosmo Kramer i oboje wybuchamy śmiechem. To dobrze. Muszę trochę zyskać na czasie. Nie jestem przeciwny drugiemu dziecku. Znam dwie pary rodziców mających tylko jedno dziecko. Jedną z nich są uroczy ludzie, których stać na utrzymanie tylko jednego dziecka i którzy traktują je cudownie. Drugą stanowią sztywni dziwacy, którzy lubią czyste domy, wykładziny dywanowe i nigdy nie mają długów. Sztywniacy właśnie sprzedali dom, więc mogą się przeprowadzić do drogiej dzielnicy z dobrymi szkołami. Jest to najbardziej patetyczny i straszny postępek, o jakim w ogóle słyszałem. Chcę być wielkodusznym, niezależnym człowiekiem, żyjącym pośród mnóstwa zgiełku, mnóstwa zabawy i ludzi biegających po całym domu. Chcę mieć drugie dziecko. Czuję się jednak trochę zraniony czystą pospolitością tego uwodzenia. Jestem mężczyzną, chcę, by zabiegano o moje względy.

Oglądamy *Kroniki Seinfelda*, po czym następuje dziura w programach. Chcę kontynuować oglądanie telewizji. Chcę przeć dalej jak maratończyk. To trudne zadanie, ale wiem, że potrafię. Wzdycham. Wyłączam telewizor i idę na górę.

Nasza sypialnia nie jest aksamitnym gniazdkiem miłości, jakim mogłaby być. Po jej stronie łóżka leżą różne katalogi, miseczki po owsiance i trzy różne rodzaje czopków przeciwbólowych. Po mojej leżą zatyczki do uszu. Livy siedzi na łóżku, kreśląc coś po raporcie zatytułowanym „Społecznie odpowiedzialne inwestowanie: cicha rewolucja". Jestem zachwycony cichą rewolucją Livy. Ja tylko nie chcę jej mieć w swoim łóżku. I szczerze mówiąc, Liv już wyglądała lepiej, niż wygląda teraz. Jest o sześć kilo cięższa, pachnie mlekiem i wymiocinami dziecka, i sprawia wrażenie, jakby się lada chwila miała rozpłakać. Zdaję sobie sprawę, że sam nie jestem w szczytowej formie fizycznej. Mam brzuch, jakiego nigdy jeszcze nie miałem. Nie mogę go nazwać „mięśniem piwnym", raczej „winnym i curry". Zeszłej nocy Liv go dotknęła i musiałem odepchnąć jej rękę.

Sprzątam cały pokój. Usuwam czopki. Usuwam chusteczki. Usuwam całe stosy paczek nawilżających chusteczek nasączanych aloesem, które śmierdzą jak gówno. Następnie otwieram okno. Potem idę po swój egzemplarz *Władcy Pierścieni*. Normalnie czytam go do pierwszej w nocy, i potem, jak już nakarmię i przewinę Grace, ponieważ nie mogę zasnąć, dopóki się nie dowiem, co się przydarzyło hobbitom.

Kładę się do łóżka. Czytam Tolkiena, ona przegląda katalog budowlany. Pyta: „Czy możemy zgasić światło?". Nienawidzę, kiedy to mówi. Zupełnie jakbym jeszcze nie dorósł do tego, żeby mi było wolno decydować samemu, kiedy mogę zgasić swoje własne światło. Jakbym nie wiedział, że przed zaśnięciem należy zgasić światło. Być może pewnego dnia będę musiał pójść do prostytutki tylko po to, żeby móc trochę poczytać o hobbitach, zanim zasnę. To ją może czegoś nauczy.

Czytam dalej. Czytam aż do dziewiątej. Aragorn czyni przygotowania do bitwy. Aragorn potrafi walczyć z olbrzymimi potworami, ale czy umiałby przewinąć dziecko? Gaszę światło. Czytanie mnie uspokoiło, ale wyobraźnia pracuje mi na pełnych obrotach. Zauważam, że, wyjątkowo, ktoś leży w łóżku obok mnie. Ona się pochyla nade mną i całuje mnie. Nie chcę, żeby mnie całowała. Zwilża mi wargi, które robią się mokre. Blokuje mi drożną dziurkę od nosa i nie mogę oddychać. Ona jednak całuje mnie dalej, a ja czuję jej zapach, który jest niczym woń jaśminu w deszczowy czerwcowy wieczór, i nagle moje ciało zaczyna się napełniać hormonami, a ja sam zaczynam się czuć inaczej. „Hmmm... – odzywa się cichutki głosik w mojej głowie. – Jak przyjemnie...".

Głowę mi wypełniają ulubione fantazje... Jest rok 1900, Wiedeń. Jestem Gustavem Klimtem. Mam trzydzieści osiem lat, noszę krzaczaste wąsy. Przyciskam młodziutką, ponętną Annę Mahler do ściany. Dziewczyna wygląda jak Livy. „Można to opisać tylko jednym określeniem – mówię. – Kompletny związek fizyczny".

Zasada 17
Pozwól dzieciom bawić się na schodach

Listopad 2002, Stoke Newington

Grace ma dziesięć miesięcy i już umie siedzieć. Przewraca się na boki jak pijak zjeżdżający z barowego stołka, ale potrafi siedzieć. Nie raczkuje. Szura tyłkiem po podłodze jak pies, który ma robaki. Potrafi wspiąć się po schodach, ale nie umie zejść na dół z powrotem. Małe dzieci przypominają nastolatki na imprezkach: grawitują ku górze, na sam szczyt. Odczuwałem pokusę powstrzymania jej w tej wspinaczce, ale wówczas ujrzałem na jej twarzy pełen dumy uśmiech podczas tej wędrówki, nie miałem więc serca, żeby to zrobić.

Grace ma także ogromną głowę, która jest płaska na górze niczym lądowisko dla helikopterów. Dla żartów daliśmy jej ksywkę „Pad"*. Wypowiedziała swoje pierwsze słowo. To było „Dada". Zgoda, natychmiast po tym zwymiotowała mieszanką utartej gruszki i marchewki, ale i tak uważam to za urocze.

Wiedzie się jej znakomicie, ale wszyscy pozostali cierpią. Pies wygląda na permanentnie zmartwionego. I chyba ma powody. Liv znowu jest w ciąży, chociaż ukrywa ten fakt w pracy. Niesamowicie rozwinął się u niej zmysł węchu, w związku z czym sugeruje, że pies mógłby sobie pójść i mieszkać gdzie indziej. Jestem tym oburzony. Psy są niere-

---

* *Pad* (ang.) – podkładka, także lądowisko.

formowalnymi seksistami i popełniają błąd, zakładając, że to mężczyźni rządzą. Dlatego też adorują mężczyzn bardziej niż kobiety. Kiedy drapię psa po karku, przychylnie odwraca głowę w moją stronę. Kiedy drapię po karku Livy, ona mówi: „Czy możesz pójść do Ikei? Prosiłam cię o to już trzy razy!".

Poniżony pies teraz zaczyna zostawiać kupy w połowie schodów. Przedstawia nam swoje stanowisko: „Słuchajcie. Rozdzielmy się. Zachowajcie dla siebie górę, dla mnie będzie dół. Żeby ułatwić sprawę, zaznaczyłem granicę swojego terytorium". Ja to rozumiem. Pies protestuje przeciwko nowym porządkom w domu, trochę tak jak tata, któremu się wydaje, że nadal może sobie dłużej poleżeć w sobotni ranek. Jednakże Liv nie docenia subtelnych niuansów poczynań psa. Ze złością każe mi sprzątnąć psie kupy, zupełnie jakbym je sam zrobił. Wymierza psu klapsy. Wysyła mnie do Ikei po irytujące plastikowe urządzenia, które uniemożliwiają dzieciom otwieranie szafek. Mówi mi także, żebym kupił odpowiedni zapas czopków. Zawsze nam są potrzebne zapasy czopków.

W dalszym ciągu cholernie dużo czasu poświęcam na opiekę nad dzieckiem. Zauważyłem, że jeśli próbuję popracować, Grace robi się zła, a mnie i tak się nie udaje niczego zrobić, a bałagan robi się jeszcze większy. A zatem nie pracuję. Również nie ćwiczę. Nie widuję nikogo poza dzieckiem, psem, a także kilkoma urządzeniami i sprzętem domowym. W kuchni sterylizator wydziela przytłaczający zapach wilgoci, trochę w stylu ciepłej wody w basenie. Nienawidzę sterylizatora. Nienawidzę wszystkich tych urządzeń, ponieważ wszystkie są bezużyteczne albo co najmniej chybione. Alarmowy czujnik dymu jest tylko po to, żeby zasygnalizować, że grzanki są gotowe. Pralka jest tylko po to, żeby zafarbować wszystko na brudnoszary kolor. Zmywarka jest bezużyteczna. Jej podejście wygląda następująco: „Umyję naczynia, ale tylko wtedy, gdy najpierw absolutnie wszystko pozmywasz wcześniej". Nienawidzę odkurzacza. Ma na górze umieszczone pokrętło, które ustawia moc ssania na maksymalną i minimalną. (Ssanie minimalne: dla osób odkurzających czysta przyjemność odkurzania. Jest po to, by lekko pomasować kurz). Lubię tylko jeden jedyny sprzęt, który zabrałem z domu mamy w przypływie nostalgii – syfon z nabojami do robienia wody sodowej. Syfon spoczywa w głębi szafki kuchennej, nikomu niepotrzebny. Wydaje się, że mówi: „Wciąż umiem to robić. Jestem wodzirejem. Ty urządzasz imprezkę, a ja robię coca-colę. Cóż… to coś wygląda jak coca-cola. Smakuje jednak jak rzadkie gówno". Wyczuwam, że staję się trochę nietuzinkowy. Wyobrażam sobie, co mówiłyby różne sprzęty domowe.

Pewnego dnia przyjeżdża z wizytą moja mama, więc próbuję trochę pisać. Po godzinie stwierdzam, że mam zagwozdkę. Postanawiam zrobić sobie kawę. Rozmyślam o tym, co powinienem zrobić. Uspokajam myśli. Wchodzę do kuchni. Moja mama mówi:

– Och–nie–martw–się–zaraz–zacznę–zmywać–Grace–WŁAŚNIE–zjadła–TRZY–miseczki–jogurtu–ale–myślę–że–to–DOBRZE–nie–uważasz–PRZEPRASZAM–ale–nie–mówię–że–to–wszystko–co–zjadła–teraz–napisz–do–Nany–wystarczy–nawet–że–wyślesz–jej–pocztówkę–NIGDY–nie–pamiętam–gdzie–leżą–tabletki–do–sterylizacji–a–ty–NIE–POMYŚLAŁEŚ–o–wybiciu–ściany–żeby–połączyć–kuchnię–z–salonem–naprawdę–NIE–WIEM–dlaczego–się–przeprowadziłeś–z–Kentish-Town.

To klasyczna przemowa mojej mamy. Dziwaczna mieszanka przeprosin, oskarżeń oraz indywidualnych porad mieszkaniowych. Moja matka reprezentuje chaotyczny świat, w którym można burzyć ściany, w którym przeszłość się nie wydarzyła, w którym nic nie ma sensu, ale trzeba jej przyznać, że potrafi zrobić dwa prania, jedno za drugim. O dziwo, nie porządkuje to jednak moich myśli, postanawiam więc się przed nią schować, i udaje mi się trochę popracować.

Matka zostaje u nas dwa dni, po czym wyjeżdża.

Tego wieczoru Liv wraca do domu z konferencji w Amsterdamie. Chcę, żeby mi o tym opowiedziała. Ona chce przestać wreszcie myśleć o pracy. Pyta mnie:

– Co u ciebie?

– No wiesz, nie udało mi się niczego napisać i doprowadza mnie to do szału – odpowiadam.

– Ależ udało ci się!

– Nic podobnego! Jeśli opiekuję się Grace, to sprzątam bez przerwy do dziesiątej wieczór.

– Chcesz płacić dodatkowo za opiekunkę do dziecka? – pyta Liv. – Przecież w ogóle nie masz pieniędzy. Tylko ja dostaję regularną pensję. I dlatego to ja utrzymuję nas oboje przez ostatnie kilka lat.

– Nie, nieprawda. Ja też zarabiałem kasę.

– Nie tak wiele, a poza tym nie mogliśmy na to liczyć.

– Ale ja muszę pisać.

– Ale ja pracuję za dwoje, żeby móc nas utrzymać.

– A ja nie chcę, żebyś to robiła.

– Ja też nie chcę. Chcę być w domu i zajmować się Grace. Przynajmniej mógłbyś być wdzięczny. Dostajesz ode mnie prezent. Dlaczego się z tego nie cieszysz?

Jestem mężczyzną. Jedynym prezentem, jakiego pragnę, jest wolny czas, żebym mógł wykonać jakąś pracę, w celu odzyskania poczucia własnej wartości. Uświadamiam sobie, że to ona staje się mężem, ja zaś staję się nieposłuszną żoną. To mężowie mawiają: „Płacę za to wszystko, ty szczęściaro, więc lepiej ciesz się z tego!".

Próbuję to wytłumaczyć Livy. A ona na to:

– Słuchaj, jeśli w ogóle nie zarabiasz pieniędzy na swoim pisaniu i na występach komediowych, to może powinieneś poszukać sobie innej pracy. Rób coś innego.

– Taaak? A niby co? – pytam.

– Nie mam pojęcia – odpowiada. – Znajdź coś, w czym jesteś dobry, i zarabiaj na tym pieniądze.

– To jest zupełnie jak... kryzys egzystencjalny. Przyśpieszony. Mówisz mi, żebym się zorientował, kim jestem, określił to i zarobił na tym pieniądze. I to szybko. Jak niby mam tego dokonać?

Popadam w milczenie. Próbuję przejść nad tym do porządku dziennego, ale prawda jest taka, że Liv zapędziła mnie w kozi róg. Myślę sobie: mój Boże, co innego, do cholery ciężkiej, zamierzam zrobić ze swoim życiem? Muszę być kompletnie pozbawiony talentu, żeby się znaleźć w takiej sytuacji. Mam trzydzieści parę lat i nie mam pracy. Ogarnia mnie depresja poporodowa.

I wtedy uświadamiam sobie, co się wydarzyło.

– Chwileczkę! – krzyczę. – Co ty powiedziałaś?! Ja już mam dwa zajęcia. Jestem komikiem i piszę! Czasem nawet gram. Problem jedynie polega na tym, że ani na jedno, ani drugie w ogóle nie mam czasu, ponieważ zajmuję się dzieckiem!

– Słuchaj – ona na to – cały dzień ciężko pracowałam. Przestań na mnie krzyczeć.

– Nie krzyczę na ciebie. Nie mów, że krzyczę.

– Teraz krzyczysz. Sam posłuchaj. Mnie naprawdę boli głowa.

– Doskonale. Idę spać na materacu na górze.

I idę na górę. I śpię na materacu.

Leżąc tam, oddaję się mojej nowej fantazji... Jedna z przyjaciółek Livy podchodzi do mnie na przyjęciu.

„Andrew – mówi – proszę, żebyś zachował to w tajemnicy, ale chcę mieć z tobą dziecko".

Ja, oczywiście, grzecznie jej odmawiam, ale głęboko pochlebia mi fakt, że widzi we mnie Władcę Nasienia, wybitnego i znakomitego dawcę spermy najwyższej jakości... Pewnego popołudnia jadę sobie na rowerze i postanawiam wpaść do niej i spotkać się. Dzwonię do jej drzwi i zdejmuję z głowy kask ochronny.

„Chcę tylko mieć z tobą dziecko – mówi do mnie przyjaciółka Liv, patrząc mi prosto w oczy. – Możemy użyć strzykawki".

„Cudowna, głupiutka, ponętna kobietko – mówię do niej. (Jestem bardzo bezczelny w tej fantazji. Mam pod nosem wąziutki i cienki wąsik). – Strzykawka nie będzie potrzebna".

Zapadam w gorączkowy, gniewny sen. Nagle czuję na twarzy promienie słońca. W pokoju na górze nie mamy zasłon. Spoglądam na zegarek. Jest dziesiąta. Sobota.

I nagle słyszę hałas, jakieś szuranie. To dźwięk przesuwających się po dywanie śpioszków. Dźwięk wydawany przez dziecko, które wspina się po schodach, żeby mnie zobaczyć.

Wygrzebuję się z pościeli. Zerkam ponad poręczą i widzę ją, jak toruje sobie drogę do mnie niczym pulchna jaszczurka. Jest bardzo zdeterminowana. Wiem, że muszę zaczekać.

Wracam do pokoju, ale zostawiam otwarte drzwi. Mówię:

– Słyyyyyyszszszę cię… Słyszę, że nadchodzisz….

Słyszę chichot dziecka i jest to najwspanialszy dźwięk na świecie. W końcu na szczycie schodów pojawia się ogromna głowa z szerokim uśmiechem na twarzy. Przypomina słońce wschodzące zza widnokręgu, ale jest większa. I bardziej słoneczna. We własnym umyśle Grace zdobyła Everest od północnej strony. Myśli, że jestem aniołem, którego widzi na szczycie. Jestem jednak czymś lepszym. Jestem tatą. A ja sobie myślę, że jestem dumny z tego, że jestem Tatą, Który Zostaje z Dzieckiem w Domu, ale mogę wymyślić lepszy tytuł. Będę o sobie myślał jako o Mężu na Utrzymaniu.

jej ogromna głowa pojawia się u szczytu schodów

← Pułkownik Raff Raffington
(Szef Ochrony)

Zasada 18
Przebaczaj tym, którzy cię krzywdzą, bo inaczej będziesz cierpieć

Wiosna 2003, Stoke Newington

Zaczynamy łapać, o co chodzi w posiadaniu dziecka. Trzeba po prostu zrezygnować ze wszystkiego, co i tak nie wychodzi, albo z opieki nad dzieckiem. I zdobyć wszelką możliwą pomoc.

Zatrudniliśmy chłopaka o imieniu Mark, który nam robi nowy płot w ogrodzie. Jednakże facet jest w separacji ze swoją byłą, z którą ma dzieciaka, więc zawsze się pojawia spóźniony o cztery godziny, ale za to z dzieckiem. Trudno się zorientować, na czym stoimy. Z jednej strony, to fajnie, że tak się opiekuje dzieckiem. Z drugiej jednak, płacimy mu za pracę.

Facet rozwala stary płot, po czym znika.

A zatem obecnie nie ma płotu, co wzbudza ogromne zainteresowanie Raffa. Teraz, gdy się powiększyły moje włości, pies bardziej mnie szanuje. Dla niego jestem teraz Panem Prezydentem, siebie zaś uważa za Szefa Ochrony.

Wykalkulował sobie, że usunięcie płotu może spowodować inwazję naszych trzech największych wrogów: 1. Wiewiórek, 2. Lisów i 3. Innych border terrierów.

Liv jest teraz na dworze, dokonuje inspekcji pobojowiska w ogrodzie. Grace bawi się u jej stóp, układając kamienie wzdłuż murku. Jest piątek. Oficjalnie oznacza to, że ja piszę, ona zajmuje się dzieckiem i że ona chce robić coś kreatywnego z Grace, na przykład wspólnie piec ciastka. W praktyce jednak oznacza to, że ona myśli, że ja się opierdzielam i że się nudzę, jeśli więc będzie potrzebować pomocy, to nie zawaha się o nią poprosić. Bycie ojcem to jak bycie niepobierającym wynagrodzenia lekarzem pierwszego kontaktu. Zawsze musisz być w pełnej gotowości. I zawsze musisz się właściwie zachowywać.

W każdym razie naprawdę muszę się udać do toalety. Natychmiast zaczynam myśleć, co będę tam czytać. Zabieram gazetę, z której się dowiaduję o terrorystach żyjących po drugiej stronie Hackney. W przeszłości byłem superliberalny wobec terrorystów. Teraz natomiast dostrzegam prawdziwość stwierdzenia Ala Murraya*: „Kiedy zostajesz ojcem, twoje poglądy stają się bardziej prawicowe. Bogu dzięki, że Hitler nie miał dzieci!".

Idę do toalety. Odczekuję chwilę, zanim się rozsiądę. Nie mam już nawet odrobiny prywatności. Nigdy mi się nie udaje zasiąść w toalecie, żeby ktoś nie próbował się do niej dostać. Ostatecznie postanawiam zaryzykować. W gruncie rzeczy czuję w sobie narastające zarzewie buntu. A właśnie

---

* Al (Alastair) Murray – ur. 1968, jeden z najlepszych komików i aktorów komediowych Wielkiej Brytanii.

że to zrobię! Otwieram drzwi i tym samym dokonuję zrzutu bomb.

Słyszę straszliwy pisk. Słyszę krzyk:

– Andrew! Andrew! Szybko!

Och, nie. Och, zostawcie mnie w spokoju...

Liv nie przestaje wrzeszczeć.

– Andrew! Szybko! Raff przeszedł w klapkach Kim!

– Co takiego? – To kompletnie bez sensu. Kto to jest Kim? I co mój pies robi w jej klapkach? Oczami duszy widzę psa chodzącego w damskich klapkach.

– Sąsiadka! – krzyczy Liv. – Raff przeszedł przez klapkę w drzwiach sąsiadki i właśnie zamierza zagryźć kota!

O Boże. Niedobrze. Kim jest naszą sąsiadką. Właśnie rzucił ją facet. W zeszłym tygodniu byłem w ogrodzie i słyszałem jak płacze w łazience. To szlachetna, nieskazitelna osoba, której kota mamy ochotę udusić. Szybko próbuję się doprowadzić do porządku, choć nie jest to łatwe. Czuję się jak gigantyczny brązowy flamaster, który nigdy nie wysycha.

Zbiegam na dół. Przeskakuję przez murek. Zaglądam przez okno do kuchni Kim.

Pies zapędził kota w róg między kuchenką a lodówką. Szczeka jak wariat i widać jak na dłoni, że psychicznie szykuje się do ostatecznego ataku.

– Wybij okno i powstrzymaj go – mówi Liv.

Jestem facetem, który przechodzi kryzys wieku średniego. Nie mam ochoty wybijać cudzego okna.

Robię przysiad i, przysuwając głowę do klapki w drzwiach, wołam:

– Raff! Raff! Przestań!

– Wybij to cholerne okno – mówi Liv.

Grace obserwuje mnie spoza murku.

Wybijam szybę i wdzieram się do środka niczym Jackie Chan.

Pies, widząc pojawiającego się Pana Prezydenta, czuje wsparcie i zachętę. Chce się popisać. Skacze na kota. Skok kończy ekstremalnym okrucieństwem – chwyta kota za kark i gwałtownie nim potrząsa. Nie mam pojęcia, co ten kot mu powiedział, ale musiało to być coś bardzo brzydkiego.

Chwytam psa. Mówiąc: „NIEDOBRY RAFF!!!", daję mu klapsa, po czym wyrzucam na dwór przez okno.

Podnoszę kota.

Widzę, że kot jest umierający.

Jestem cholernie pewny, że już prawie nie żyje.

Co ja mam zrobić?

Kot nie żyje. Mam go pochować? Może Kim by nie chciała, żeby go zakopać? Mam go zawinąć w folię plastikową i wsadzić do zamrażarki? Co ja mam zrobić?!

Kot się rusza. Widzę, że żyje. Domyślam się, że muszę pędem zasuwać do weterynarza. Widzę oczami wyobraźni, jak weterynarz trzyma malutki defibrylatorek, podobny do tego, jakim się posługują w *Ostrym dyżurze*. Weterynarz krzyczy: „Odsunąć się!", a kot miauczy, wracając do życia.

Owijam kota w kocyk i pędzę do weterynarza. Wchodząc do lecznicy, nie mam pewności co do stanu zdrowia kota. Mam nadzieję, że raczej tylko zesztywniał. Idę wprost do gabinetu. Kładę kota na stole do badań.

– Pański kot nie żyje – mówi weterynarz.

Patrzę na niego.

– Jest pan pewien? – pytam.

Weterynarz dotyka kota.

– Jest zupełnie sztywny…

Patrzę na kota. Leży zesztywniały, z otwartym pyszczkiem. Dotykam jego szorstkiego języczka. Zastanawiam się, co mam z nim począć. Nie mam zielonego pojęcia, czy Kim nie zechce go wypchać i używać do szorowania chropowatych powierzchni.

– Czy życzy pan sobie, żebyśmy go pochowali? – pyta weterynarz.

Wydaje mi się, że może mnie to postawić w dobrym świetle, jeśli Kim się dowie, że kot jest u weterynarza. Mógłbym nawet utrzymywać, że tu właśnie wydał ostatnie tchnienie.

– Tak.

Cały się trzęsę. Wychodzę. Po drodze dostrzegam stojącą w kącie klatkę z kociętami. Zastanawiam się, czy nie wziąć jednego do domu. Przekonać się, czy pies ma chęć na następny atak.

Tuż obok weterynarza jest szklarz.

Wchodzę do środka. Facet to typowy cockney. Ma mniej więcej dwadzieścia sześć lat. Głowa ogolona na łyso. Żuje gumę. Sportowa koszulka z emblematami. Pytam go o nowe okno kuchenne.

On mnie pyta o adres.

– Och, to właściwie nie mój dom, tylko sąsiadki – odpowiadam. Wyłuszczam mu w skrócie wszystkie okoliczności zdarzenia. – Może nie muszę wstawiać szyb? Czy to jest wyrządzenie szkody majątkowej?

– Człowieku, już kiedy zabiłeś jej pupilka, wyrządziłeś szkodę majątkową… Na twoim miejscu naprawiłbym to cholerne okno – odpowiada mi.

Mówię mu, żeby przyszedł. Jadę do domu. Sprzątam kuchnię Kim.

Facio przychodzi i wstawia nowe szyby. Ja naprawiam płot przy użyciu linki i starej plastikowej piaskownicy. Pojawia się Liv.

– Powinieneś zadzwonić do Kim – mówi.

– Dlaczego ja mam to zrobić? – pytam.

– Bo to ty nie wybiłeś w porę okna. Ilu jeszcze powodów potrzebowałeś, żeby to zrobić?

– No tak, ale... to ty wypuściłaś psa z domu. Dopóki płot nie zostanie naprawiony, pies nie powinien przebywać w ogrodzie.

Liv i ja jesteśmy razem już cztery lata i zdążyliśmy się nauczyć sztuki utrzymania długotrwałego związku: o wszystko musisz obwiniać swojego partnera. To nieustająca bitwa taktyczna.

– Idę zrobić herbatkę dla Grace – komunikuje Liv. Idzie do kuchni. Po drodze rzuca mi jeszcze przez ramię: – Proszę cię, zadzwoń teraz do Kim.

Kartkuję książkę telefoniczną i znajduję numer do pracy Kim. Dzwonię i pytam o nią.

Na nieszczęście Kim od razu podchodzi do telefonu.

Mówię jej, co się stało. Wyjąwszy fakt, że zmyśliłem miejsce akcji, którą umiejscowiłem w ogrodzie. Przyznaję się do Kociej Rzezi. Nic nie mówię o Wymuszonym Wtargnięciu.

– Kim – mówię – czy jest coś, co mogę dla ciebie zrobić?

– Cóż... nigdy jeszcze nie jadłam kolacji z tobą i Livy – odpowiada po zastanowieniu.

– Mój Boże, zawsze jesteś u nas mile widzianym gościem. Nawet jeżeli... – Urwałem. Odjęło mi mowę. Co chciałem powiedzieć? Nawet jeżeli właśnie ukatrupiliśmy twojego kota? – Możesz wpaść dziś wieczorem?

Kim może.

Przychodzi do nas o ósmej. Jemy kolację. Pijemy wino. Liv idzie się położyć o jedenastej.

O północy zdobywam się na podjęcie odpowiednich kroków.

– Hm... mam przynieść jeszcze jedną butelkę? – Zaczynam to pytanie od „Hm", ponieważ jest to kod klasy średniej. Oznacza on, że składam propozycję, na którą nie powinno się odpowiadać twierdząco.

– Bardzo chętnie wypiję jeszcze kieliszek wina – odpowiada Kim.

Myślę sobie tak: zabiłem twojego kota. Nawet jeśli zechcesz nago zagrać w twistera, naprawdę nie mogę ci odmówić.

– Wiesz – zaczyna Kim – zawsze chciałam mieć dzieci. A teraz mam już trzydzieści dziewięć lat... – Przez jeden koszmarny moment myślę, że mnie prosi o to, bym został ojcem jej dziecka. Wydaje mi się, że to jednak wygórowana prośba, nawet wziąwszy pod uwagę okoliczności. – I chciałam się przeprowadzić na wieś – kontynuuje Kim – ponieważ wydawało mi się, że tam będzie mi łatwiej znaleźć faceta. Teraz więc, kiedy nie ma już kota, łatwiej podejmę pewne decyzje. Nic się nie dzieje bez powodu.

– No tak, przynajmniej coś dobrego wynika z tego, co się zdarzyło – mówię. – Ale, Kim... mimo wszystko jest mi bardzo przykro.

– Wiem – odpowiada Kim. – Dziękuję.

Nalewam wino nam obojgu.

– To niezwykle miła dziewczynka, wiesz, ta twoja Grace. I ty pięknie się nią zajmujesz. Zauważyłam, w jaki sposób z nią rozmawiasz.

Jestem oszołomiony jej wielkodusznością.

– Kim! – mówię. – Bardzo ci dziękuję.

Uświadamiam sobie, że zaraz nie będę w stanie wydusić z siebie słowa, więc maskuję wzruszenie, biorąc ją w objęcia. Kim delikatnie poklepuje mnie po plecach.

Dwa dni później nadal jestem pogniewany na Raffa, a on nadal chyłkiem się skrada.

– Co się dzieje z wami dwoma? – pyta Liv.

– To jest ważne – odpowiadam. – Pies ma karę.

– Naprawdę uważasz, że on rozumie? Masz zamiar to przedłużać w nieskończoność? Czy nie byłoby przyjemniej, gdyby się układało między wszystkimi?

Patrzę na Raffa. Markotnie kuli się w swoim koszu. Gapi się na pająka i zastanawia się, czy go zabić, czy nie.

– Raff, chodź tu – mówię do niego.

Pies podchodzi do mnie. Drapię go po karku. Posłusznie zwraca ku mnie głowę. Po chwili podchodzi do tylnych drzwi. Rozgląda się, niczym wartownik, wypatrując następnych kotów.

Zasada 19
Jeśli nie możesz rozwiązać problemu, oderwij się i znajdź sobie rozrywkę

Kwiecień 2003, Derbyshire.
Grace ma czternaście miesięcy

Piątek, ósma wieczorem. Jedziemy do Derbyshire, żeby spędzić weekend u mojej kuzynki Hen. Liv opowiada mi o tym, jak będziemy zapobiegać rywalizacji rodzeństwa. Jednocześnie mnie pilotuje. Trzeci raz okrążamy rondo.

Przychodzi SMS od Hen. Liv czyta go na głos.

– Gdzie jesteście? Nie czuję się najlepiej i nie wiem, czy mogę się położyć, czy nie. Ale już nie mogę się was doczekać. Hen X.

To jest kwintesencja osobowości mojej kuzynki: zapewnia o miłości, próbuje nas kontrolować i chce, żebyśmy wiedzieli, że cierpi z naszego powodu. Liv wzdycha. Ponieważ jedziemy z wizytą do kogoś z mojej rodziny, to będzie oczywiście moja wina, jeśli weekend nie będzie udany.

– Przypomnij mi – zwraca się do mnie. – Dlaczego jedziemy spotkać się z Hen?

Ponieważ jako ośmiolatka zwabiła mnie do szafy, gdzie robiliśmy sobie nawzajem pokrzywkę albo łaskotaliśmy rzęsami twarze, i robiliśmy wszystkie inne rzeczy, jakie robią dzieci, zanim zrozumieją, że w gruncie rzeczy są napalone i gotowe do popełnienia niewymownych uczynków z własnymi kuzynami. Jedziemy się z nią zobaczyć również dlatego, że jest to jedna z najbardziej inteligentnych znanych mi osób dorosłych. Czyta książki, i to nie te o małych słoniątkach poszukujących swojej mamusi. Gra na klawesynie i jest prawdziwą znawczynią wczesnego Bacha. My także puszczamy muzykę, ale najczęściej jest ona związana z pewnym żeglarzem, którego tragedia polega na tym, że „wszystko, co dostrzec może, może, może, to głębokie błękitne morze, morze, morze".

– Ponieważ ma dwoje dzieci we właściwym wieku – odpowiadam na jej pytanie. Hen ma Williama (5 lat) i Maud (2 lata). – I możemy się czegoś dowiedzieć o rywalizacji między rodzeństwem. A poza tym ma naprawdę piękny dom.

To prawda. Hen kiedyś pracowała w City. Niezbyt długo. Nie zarabiała tam kroci, ale rozwinęła w sobie wszechogarniające pragnienie bogactwa. W jej domu są kamienne schody i tajemnicze przejścia. Dom jest umeblowany w dizajnerskim wiejskim stylu. Jej kuchenka, cud techniki, ale stylizowana na wiejski styl retro, raz na jakiś czas wędruje po całej posiadłości, z jednego pomieszczenia do następnego, razem z resztą wyposażenia całej kuchni. Hen jest bogata. Ona najzwyczajniej w świecie uwielbia proste, zwyczajne życie, a ułatwia jej to liczny, zatrudniony u niej personel. Towarzyszy jej również w podróżach po świecie; leci klasą ekonomiczną, podczas gdy ich gospodyni podróżuje pierwszą klasą.

A zatem... Dwie godziny później. Siedzę z nią, zajadając smakołyki. Zjadłem już pół pieczonego jagnięcia. Piję sauterna, rocznik 1997. Przerzuciłem się na karmelizowaną tartę cytrynową. Jest to prawdopodobnie najcudowniejszy, najbardziej smakowity posiłek, jaki kiedykolwiek było mi dane spożyć. Liv jest w łóżku. O porządek dba pani z Polski o imieniu Gosia. Hen odkrawa sobie jeszcze jeden kawałek tarty, rozmawiając ze mną o swoim mężu, który jest dyrektorem finansowym ogromnego koncernu paliwowego i dwukrotnym rozwodnikiem. Co dość dziwne, nigdy go nie poznałem osobiście, ale dla mnie słowa „rozwiedziony", „dyrektor finansowy" i „paliwa" nigdy nie zapowiadały romantyzmu. Zapowiadają bogactwo. I nie ma nic złego w poślubieniu kogoś z powodu jego wielkiego majątku. Nie ma nic złego w wejściu na ring, żeby uprawiać wrestling z niedźwiedziem polarnym, należy się jednak w takim przypadku spodziewać określonych konsekwencji. Być może jestem niesprawiedliwy wobec dyrektorów finansowych koncernów paliwowych na całym świecie. Być może są wrażliwymi facetami. Być może codziennie wieczorem wracają do domu z naręczem kwiatów, które zaraz potem rozsypują na ciałach swych żon, słuchając jednocześnie największych miłosnych przebojów zespołu Bee Gees.

– Kocham go – mówi Hen. – Nie, ja naprawdę go kocham, ale myślę, że on mnie nie kocha.

Hen próbuje przybrać wytworny i tragiczny wygląd Marleny Dietrich. Kłopot w tym, że rozpraszają mnie jej cycki. Ta kobieta jest uzależniona od operacji plastycznych na biuście. Czasami jej piersi idą w górę i opadają w dół częściej niż ceny domów.

– Z całą pewnością nigdy mi nie mówi, że mnie kocha – kontynuuje.

– Ja nigdy nie mówię Liv, że ją kocham – mówię na to. – Czuję do niej miłość, ale najczęściej wtedy, gdy ją całuję albo patrzę na nią przez okno. W rzeczywistości kocham ją tylko wtedy, kiedy za cholerę nie mam sposobności jej o tym powiedzieć.

– Tak, ale ty ją kochasz, więc nasza sytuacja jest zupełnie odmienna.

Myślę sobie tak: odmienne między nami jest to, że ja wierzę, że moja partnerka jest tą właściwą osobą, i to pomaga jej być tą właściwą. Ty wierzysz, że twój rozwiedziony, dobrze ustawiony partner da ci wielki dom i sto tysięcy funtów rocznie.

– Nie mam po prostu poczucia, że to jest mężczyzna moich marzeń – mówi Hen.

Teraz mam ochotę ją trzasnąć.

– Miłość to mit – mówię – stworzony po to, by sprzedawać książki i dezodoranty pod pachy. To krótkotrwały stan podniecenia seksualnego wywołany urodą, feromonami lub pieniędzmi. Nie używaj go jako pretekstu do rozbicia własnej rodziny.

I bardzo, ale to bardzo chcę dodać: „Nie możesz kochać kogoś, jeśli nienawidzisz siebie samej. Jeśli spędzasz z kimś wystarczająco wiele czasu, ten ktoś staje się twoim lustrem. I jeśli spojrzysz w to lustro, Hen, zawsze w nim ujrzysz chodzącą nową fryzurę z cudacznymi, sztucznymi cyckami". A potem się zastanawiam, dlaczego mnie tak irytuje ten temat.

– Jestem zmęczona – oznajmia Hen.

– Tak. Ja też. Ale dziękuję, że się nie położyłaś wcześniej i podjęłaś nas kolacją. Była przepyszna.

Daję buziaka kuzynce i idę na górę do łóżka.

Liv śpi tak słodko, że nie mam najmniejszego problemu w odczuwaniu miłości do niej. Szepczę jej do ucha:

– Miłość krąży w powietrzu, kochanie. Ale również kwaśny deszcz.

Zasada 20
Spodziewaj się nienawiści; pochwalaj uczucie

Kwiecień 2003, Derbyshire.
Grace ma czternaście miesięcy

Następnego ranka wszyscy spędzają czas w dużym ogrodzie. Jest tam staw. Jest sad jabłoniowy. Jest instruktor gry w tenisa, który pojawił się wcześniej, i był także napad złości, kiedy najstarsze dziecko zostało zmuszone do ściągnięcia z siebie stroju Spidermana i włożenie białego kompletu do gry w tenisa. William musiał wyraźnie uświadomić swojej matce, jak bardzo mu się to nie podoba.

– Spiderman nigdy by nie używał rakiety do tenisa – oświadczył z przekonującą logiką. – Rakieta by mu przeszkadzała w jego sieciach.

Zgodnie z tym, co twierdzi jego matka, Will ma ADHD, problemy z wydalaniem oraz potężną obsesję na punkcie Spidermana. Nikt nie powie tego otwarcie, ale wszyscy w rodzinie dają do zrozumienia, że Will byłby zupełnie zdrów, gdyby jego matka przestała wyszukiwać w Googlach różne choroby, na które według niej cierpi ten biedny chłopiec. Uważają, że cała rodzina Hen jest zdrowa i nie cierpi na nic, czego nie mogłaby naprostować porządna recesja, która powstrzymałaby ich przed podróżami do Aspen dwa razy w miesiącu i zatrzymywaniem się tam w ich trzecim domu.

Pytam Hen, jak się czuje.

– W porządku. Czuję się cudownie – odpowiada. – Mam tylko lekką migrenę.

To żadna niespodzianka. Hen należy do tych osób, których nigdy nie boli głowa. Zawsze mają migrenę. Pewnego razu wymiotowała. Oznajmiła, że miała „atak gastryczny". Hen uważa, że ma monopol na choroby i cierpienia fizyczne. Jednocześnie uważa, że skoro jest bogata, to ktoś musi się o nią troszczyć i zajmować nią. W pewnym momencie uświadamiam sobie, że na ten weekend została zawarta niewyartykułowana umowa. Hen częstuje mnie sauternem, rocznik 1997, ja zaś w rewanżu muszę się bawić z jej dziećmi pod nieobecność bardzo kochanego, wkrótce rozwiedzionego męża. Uważam, że jedna godzina powinna wyrównać rachunki. Proponuję Hen, żeby się położyła, i idę się pobawić z jej dziećmi.

Pojawia się, czego byłem cholernie pewien, dokładnie w chwili, gdy wraz z jej dziećmi starannie rewiduję krzaki w ogrodzie w poszukiwaniu żywych stworzeń. Maud znajduje ślimaka. Daje go Williamowi.

– Och, jakie to urocze! – woła Hen. – William, czy ty kochasz Maud?

– Nie! – odpowiada William. Spokojnie upuszcza ślimaka na ziemię, po czym miażdży go stopą. Słychać satysfakcjonujący chrzęst. Patrzę na Williama. Uświadamiam sobie, że jego matka miała rację. Ten chłopiec jest niezaprzeczalnie odmienny. Lubię go. My po prostu nie chcieliśmy przyjąć do wiadomości problemu ADHD, ponieważ nikt w rodzinie nie chce przyznać, że ktokolwiek inny ma problem. Wszyscy uważają, że w rodzinach występuje niska podaż współczucia, a zatem chcą go zaskarbić jak najwięcej dla siebie samych.

– William, ty tylko żartujesz... Kochasz ją. Prawda, że ją kochasz? – nalega Hen.

– Nieeeee! – odpowiada William. – Nienawidzę jej!

Hen przybiera już znacznie ostrzejszy ton.

– William, jesteś teraz naprawdę bardzo niegrzeczny, a niegrzeczni chłopcy nie mogą wejść do domu i oglądać *Boba Budowniczego*. Czy kochasz Maud?

– NIEEEE! – William nie chce skłamać, nawet dla *Boba Budowniczego*. – Nienawidzę jej i chcę ją zabić, depcząc ją po głowie!

Myślę sobie, że to jest właśnie to. Nasza lekcja. O tym, jak należy sobie radzić z rywalizacją między rodzeństwem. Spróbujemy zagrać w grę, która będzie dotyczyć nas wszystkich. Będziemy pochwalać i nagradzać najmniejsze okruszki siostrzanego uczucia. Ale będziemy się spodziewać nienawiści.

Zasada 21
Nie ufaj instynktowi gniazda

Kwiecień 2003, Stoke Newington

Zbliża się termin porodu. Liv jest już w dziewięćdziesięciu procentach obłąkana. Ma obsesję na punkcie urodzenia dziecka w ciągu kilku następnych dni. Mamy zaproszenie do szpitala za dziesięć dni. Dziś rano obudziła się o szóstej i natychmiast odpaliła kompa, po czym zaczęła kupować meble. Następnie wzięła się do porządków w łazience.

Obudziłem się, kiedy opróżniała szuflady, wywalając moje preparaty do włosów wprost do kosza. Wyskoczyłem z łóżka.

– Kochanie... Ja tego ciągle używam!

Podniosła jakiś żel do włosów.

– Masz to od tysiąc dziewięćset dziewięćdziesiątego dziewiątego roku!

– Stosuję go oszczędnie.

– Słuchaj, możesz mnie zawieźć na Colindale? Muszę obejrzeć szafy.

– Mam mnóstwo roboty przed porodem.

– Jak to? Dlaczego?

– Muszę napisać coś na moją stronę internetową. Muszę też skończyć sitcom. I mam występy.

– To są sprawy, na które sam sobie wyznaczyłeś terminy. Po co? Możesz to zrobić, kiedy dziecko się urodzi.

– Oboje wiemy, że to wierutne kłamstwo. Przez następne

trzy miesiące moim głównym zajęciem będzie stanie w gaciach, kołysanie dziecka i w tym samym czasie rozpaczliwe poszukiwanie czopków.

Idę do kuchni i siadam do pracy. Liv idzie za mną.

– Przepraszam, kochanie – mówi. – To jest po prostu... instynkt gniazda.

– Kochanie... Ptaki wiją gniazda z gałązek i piór. Nie zapychają ich szafami. Nie wyrzucają superużytecznych środków do włosów. Wygląda na to, że sądzisz, że po przyjściu na świat dziecka, jego pierwszą myślą będzie: „Nie mogę wprost uwierzyć, że urodziłam się takim flejtuchom! Dobra, wracam, skąd przyszłam!".

Nie chce mi się wierzyć, że spędzę resztę życia z kimś tak humorzastym.

– Więc co? Chcesz, żebyśmy się rozeszli tuż przed porodem?

To był głupi żart. Liv zalewa się łzami. Przesuwam się ku drzwiom.

– Jesteś nieludzki! – krzyczy. – Ja płaczę, a ty mnie nawet nie pocieszasz!

Pocieszam ją. Mówię nawet, że ją kocham. Bo ją kocham, ale zdecydowanie nie wtedy, kiedy płacze. Czuję się wówczas oskarżany.

Dwie godziny później wiozę ją do Colindale. A ona jest taka grzeczna, jak obiecała. Nie kupuje tej szafy. Tylko ją ogląda. Potem jemy kolację w colindalskim McDonaldzie – w miejscu, którego jeszcze nie zrecenzował Michael Winner*.

---

* Michael Winner – angielski znawca i znany krytyk kulinarny, siejący popłoch wśród restauratorów.

Liv ma straszną chęć na wegeburgera, chociaż zamawia go bez bułki i bez dodatków.

Wracamy do domu. Idę do swojego gabinetu i zaczynam pracę. W porzo. Przede wszystkim załatwiam transfery do mojej drużyny w grze futbolowej. Wchodzi Liv.

– Muszę urodzić w ciągu najbliższych trzech dni – komunikuje mi. – Chodź, pokochamy się. Nasienie może wywołać poród.

Słyszałem już lepsze teksty nagabujące.

– Wyobraź sobie to biedne dziecko – mówię do niej. – Czuje się bezpiecznie w swoim małym różowym domku. Nagle przez podłogę przebija się jakiś ogromny wąż. Cały czas. Raz za razem. Potem rozbryzguje wokół jakąś lepką ciecz... I zanim dziecko zdąży się zorientować, już stoi na głowie, próbując się prześlizgnąć przez ciasny tunel.

– Rób co chcesz! Możesz się nawet masturbować. Sama to zbiorę i włożę do środka!

Wiem, że to miał być żart. Ale, na Boga, przez całe moje życie nigdy nie przyszedł mi do głowy pomysł aktu miłosnego tak wynaturzonego, jak Liv go przed chwilą opisała. Muszę z nią porozmawiać.

– Kochanie – zaczynam – posłuchaj... Czuję złość i gniew, ponieważ...

– Wiedziałam, że będziesz na mnie zły!

– Nie, nie, nie! Nie jestem zły na ciebie! Jestem zły, ponieważ ja również muszę wykonać kilka rzeczy przed porodem. Mam pracę.

– Wiem! – odpowiada Liv. – Jesteś okropny! Koszmarny!

Po czym znowu zaczyna płakać. Podobno kobiety zapominają o bólach porodowych, bo gdyby tak nie było, nigdy więcej by nie rodziły. Podobnie mężczyźni muszą zapomnieć o bólu, jaki wywołuje życie z ciężarną kobietą, w przeciwnym razie byłoby u nas tak jak w Chinach. Każda rodzina miałaby tylko jedno dziecko. Miałaby również mniej szaf. Mężczyźni spędzaliby dużo więcej czasu na masturbacji. Przy czym nikt nie wsadzałby sobie do środka jej efektów. To się w ogóle nigdzie nie powinno zdarzać. To najgorsza rzecz, jaką można zaproponować. Coś takiego może wymyślić tylko kobieta w ciąży.

Lepiej niech tu poodkurzają, bo inaczej stąd NIE wyjdę.

Zasada 22
Nie szalej z zaopatrzeniem swojej żony

Kwiecień 2003, Hackney

Tydzień później. Środa, ósma wieczorem. Mam dziś występ komediowy, a Liv ma oficjalny termin dopiero za trzy dni. Wygląda i czuje się całkiem nieźle. Rzadki u niej spokojny nastrój chyba się ustabilizował. Wszystko powinno być w porządku. Teraz już wiemy wszystko o opiece nad noworodkiem i niemowlęciem. Dowiedzieliśmy się, że to będzie dziewczynka. Zdecydowaliśmy się na imię Cassady. Z nikim się nie konsultowaliśmy.

Jadę na rowerze do klubu, w którym będę występował. Jestem ubrany jak mały zuch. Niepokoję się występem. Nigdy dotąd nie martwiłem się o występy komediowe, wykonywałem je z frajdą i dla zabawy. Teraz za każdym razem, gdy wychodzę na scenę, koniecznie chcę dobrze wypaść. Jeśli to się nie udaje, oznacza to, że nie nadaję się do tej pracy, co z kolei oznacza, że jestem spięty na scenie, a nie tego oczekuje ode mnie publiczność. Zatem zacząłem popalać. Teraz przed pracą wypalam skręta. Z powodów zawodowych. Publiczność lubi mnie bardziej, kiedy jestem troszkę upalony. Dzisiaj jednak, ponieważ zabrakło mi ziela, zjadłem trochę magicznych grzybków. Czuję je jeszcze, pedałując przez Newington Green.

Dzwoni Liv. Odbieram telefon, ale nie przerywam jazdy.
– Wydaje mi się, że wody odeszły – oznajmia.

– Dobra. Jadę prosto do domu.
– Nie przejmuj się. Nie sądzę, żeby zdarzyło się coś jeszcze.

Cały czas pedałuję, dopóki nie podjeżdżam pod szpital dziecięcy na Great Ormond Street. Zbyt przesadna symbolika. Wracam do domu. Trochę mi się plączą nogi, ale jestem gotów przejąć dowodzenie.

Jedziemy do szpitala Homerton w Hackney. Prosimy o zaprowadzenie nas do oddziału porodów w wodzie. To bardzo szczęśliwy wybór, oznacza bowiem, że mamy całe skrzydło dla siebie, a na dodatek jest tam bardzo cicho i spokojnie. Przychodzi położna, a Liv głęboko oddycha, kręci biodrami i oboje bujamy w obłokach. Dzięki grzybkom wszystko jest przyjemne. Tym razem nie mamy muzyki. Ja mam muzykę w głowie. Koncentruję się na oddechach Liv. Trzymam ją, ona się kręci, dobrze nam idzie. Przez większość czasu nawet nie towarzyszy nam położna. Zagląda, widzi, że sobie dobrze radzimy, po czym znika i zostawia nas samych.

Mija jakiś czas i o godzinie 23.50 wkracza położna. Zaleca Liv wejście do basenu porodowego.

– Czy ja też mogę wejść? – pytam. Widziałem to na fotografiach.

– Nie ma już na to czasu – odpowiada mi.

Liv wchodzi do basenu i niemal natychmiast, bo trzy minuty po północy, dziecko wystrzeliwuje z niej i zasuwa wzdłuż basenu niczym kostka mydła wyślizgująca się z zaciśniętej dłoni. Położna wyjmuje dziewczynkę z wody i Cassady zaczyna wrzeszczeć. Wrzeszczy dobre pół godziny, bez przerwy. Jest wściekła. Próbujemy przystawić ją do piersi, ale mała jest za bardzo rozgniewana, żeby ją ssać. Jej płacz jest przenikliwy i pełen bólu. Brzmi jak skrzeczenie wrony uderzonej kijem. I natychmiast uświadamiamy sobie zasadniczy fakt dotyczący Cassady. Dziecko ma temperament i porywczy charakter, a my zrobimy wszystko, żeby tego unikać.

O trzeciej nad ranem jadę przez Hackney. Czuję całkowity spokój i jestem szczęśliwy.

I dopiero następnego dnia myślę o Grace. Jak ona to przyjmie? Ma teraz 15 miesięcy i potrafi powiedzieć trzydzieści słów. Policzyłem je wszystkie. Są wśród nich niektóre dość dziwne, jak „jogurt" czy „awokado", czyli „gogo" i „kado", będące niezbitym dowodem, że zdecydowanie należymy do klasy średniej. Powiedzieliśmy jej o tym, że pojawi się nowe dziecko. A także zatrudniliśmy panią z Filipin, Elsę, która zostanie u nas kilka miesięcy, żeby nam pomagać. Elsa jest bardzo zadowolona. Mieszka ze swoją siostrą w Dagenham. I potrzebuje pieniędzy. Sama ma dzieci, które zostały na Filipinach. Zostawiła je, kiedy najmłodsze z nich miało zaledwie osiemnaście miesięcy.

Kiedy wracam ze szpitala do domu, Grace i Elsy nie ma w domu – poszły na zakupy. Wnoszę Cassady do domu w specjalnym foteliku samochodowym dla niemowląt i stawiam ją na stoliku do kawy.

Grace przychodzi do domu. Chcę ją zatrzymać w korytarzu i walnąć jej ostatnią mówkę, która ją przygotuje na to, co tu zastanie. Ale dziewczynka rusza wprost do salonu, i spostrzega Cassady.

– Dziecko – mówi. – MOJE dziecko!

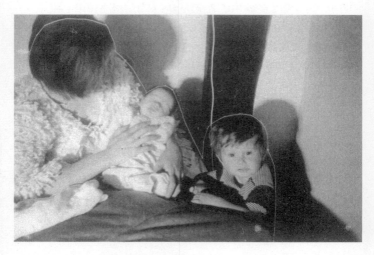

*Ten noworodek to ja. Urodziłem się przed trzema godzinami.
Ten mały chłopczyk jest moim bratem.
To Robert. Widzi mnie pierwszy raz. Wygląda – dość proroczo,
jak się później okazało – na ogromnie zmartwionego.*

Cassady

napisali Grace i Andrew Clover

Pewnego dnia przyszłam do domu
i było tam dziecko.

— To jest Cassady — powiedziała
Mama. — Wyszła z mojego brzucha.
— Jak? — zapytałam.

— Wyjęła guziczek
z brzucha i wyszła
na zewnątrz —
powiedział Tato.

— Przyniosła ci prezent —
dodała Mama.

To była kolejka z dwoma mężczyznami.
Nie wiem, jak Cassady zrobiła to
w brzuchu Mamy.

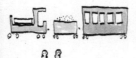

— Dlaczego dała mi prezent? —
zapytałam.
— Chciała, żebyś była szczęśliwa, że mamy
nowe dziecko — odpowiedziała Mama.

Byłam szczęśliwa, że mamy nowe dziecko.

Ale po pewnym czasie nie byłam
szczęśliwa, że dziecko wciąż tu jest.

W nocy dziecko krzyczało, krzyczało i krzyczało.

Zmieszała wszystkie modeliny razem. Powiedziała, że zrobiła ciasto.

Pomyślałam sobie, że zniszczyła całą modelinę.

Narysowałam uśmiechniętego króla na koniu i Mama powiedziała, że ślicznie.

Cassady coś nagryzmoliła i powiedziała, że narysowała mnie, a Mama powiedziała, że to śliczny rysunek, ale to była zwykła bazgranina.

Zrobiła kupkę w kąpieli i ja musiałam szybko wyjść z wanny i powiedzieć babci, ale ona mi nie uwierzyła.

Powiedziałam do Mamy:
— Myślę, że powinniśmy odesłać Cassady w dużym balonie.
Mama odpowiedziała:
— Wyślę was obie do szkoły, żebyście miały obowiązki.
Nazajutrz obie poszłyśmy do szkoły.

Ja się ucieszyłam, ponieważ lubię mieć obowiązki. Podczas czytania bajki objęłam siostrę, ponieważ bajka była trochę straszna.

Na przerwie usiadłam obok Cassady, a nie obok Leo Binghama, który ma zielone gile jak robaki i kradnie ciasteczka.

Na śpiących lwach* położyłam się obok Cassady, a nie obok Oriona Milligana, który ciągnie za włosy i zagląda dziewczynkom pod spódniczki.

i kiedy wróciłyśmy do domu, Mama była zła, bo Cassady pomalowała ścianę i mnie było żal Cassady, ale też byłam trochę zadowolona, bo ja też zrobiłam kilka rysunków, ale Mama nie zauważyła.

---

* „Śpiące lwy", „zdechły pies" albo „zdechła ryba" – to popularna w Anglii zabawa, polegająca na tym, że dzieci kładą się i udają martwe zwierzęta, „myśliwy" zaś musi zrobić wszystko, nie dotykając ich, żeby się poruszyły lub roześmiały.

W porze kąpieli Cassady się rozebrała i śmiesznie tańczyła.

Potem wpadła do sedesu i śmialiśmy się, bo wyglądała bardzo śmiesznie, ale ona się nie obraziła.

— Jutro — powiedziała Mama — muszę wyjechać z Cassady samochodem.

I ja płakałam. Bo Cassady jest moją siostrą i jest krzykliwa i bałaganiarska, ale kocham ją i nie chcę, żeby wyjeżdżała.

— Wrócimy na podwieczorek — powiedziała Mama — i wtedy możecie się pobawić w mamę i dziecko.

A ja byłam zadowolona, bo lubię małe dzieci i lubię Cassady.

Zasada 23
Opieka nad dzieckiem to partia szachów. Graj tak, żeby wygrać.

Czerwiec 2003, Stoke Newington

Wszystkie pary rodziców grają w grę nazwaną Rodzicielskie Szachy. Wygrywający zyskują wolny czas dla siebie. Oto przykład:

> *Tata wyleguje się na kanapie. Słyszy, że Mama obraca klucz w zamku, zatem natychmiast bierze się do zmywania naczyń. To Taktyka Numer Jeden: nigdy nie daj się przyłapać na nic-nie-robieniu.*

MAMA: I jak tam?
TATA: W porządku, zmęczony tylko jestem.
> *Wymiana pionków. Oboje deklarują zmęczenie. Dają do zrozumienia, że nie będą mieli siły zajmować się dzieckiem. To dobry gambit.*

MAMA: Jakie masz plany na wieczór?
> *Mama wykonuje taktyczny ruch skoczkiem. Tata przegląda w myślach swój kalendarzyk, ale nie znajduje w nim nic poza dwiema notatkami: „tabletki na odrobaczanie" i „zeznanie podatkowe".*

TATA: Nie wiem. Może spotkam się z Garym.
> *To atak wieżą.*

MAMA: Ale nigdy cię nie ma! Myślałam, że posiedzimy w domu. Razem.

Mama stosuje Standardową Technikę Blokującą: „Jeśli ja nie mogę wyjść, ty też nigdzie nie pójdziesz". Oczywiście, świadomie kłamie, bo Tata nie widuje nikogo poza nią. W przedziale osób dorosłych, ma się rozumieć.

TATA: Trochę popiszę, potem spotkam się z Garym. Ty możesz wyjść jutro.

Wykonuje ruch gońcem. Gra pewnie.

MAMA: Kochanie... Jutro są urodziny mojej matki. Jesteśmy zaproszeni na kolację, zapomniałeś?

TATA: Co takiego? Jutro mam występ!

Tata wykonuje ruch drugim gońcem. To mocne posunięcie, bo obie strony mają zagwarantowane prawo do tak zwanych służbowych wyjść.

MAMA: To coś ważnego? Dużo płacą?

Mocny kontratak wieżą.

TATA (*niepewnie*): Czterdzieści funtów. Chciałem przećwiczyć nowy materiał.

Blokuje pionkiem. Fatalny ruch.

MAMA: Nie mogę odwołać urodzinowej kolacji u matki dla jakichś czterdziestu funtów. Kiedy się dowiedziałeś o tym występie?

Szach skoczkiem. Mama daje do zrozumienia, że występ jest nieważny. Zawodowe zobowiązania Taty są nieważne. Gra bezwzględnie, żeby osiągnąć cel. Chce, żeby oboje poszli na kolację do jej matki i kwita. W gruncie rzeczy chce jeszcze więcej: ona pójdzie do matki, a on zostanie w domu i zaopiekuje się dzieckiem.

TATA: Zadzwonili dzisiaj rano.

Tata robi ruch następnym pionkiem. Beznadziejne posunięcie. Oboje wiedzą, że powinien był zajrzeć do kalendarzyka.
MAMA: No cóż... Nie możesz zadzwonić i odwołać?
Mama zagraża królowej Taty. To szalenie agresywna gra.
TATA (*słabym głosem*): Mogę.
Tata poddaje królową.
MAMA: Zrób to od razu.
Mama bije królową.
TATA: Aha, Gary pytał, czy nie wybrałbym się z nim w weekend na festiwal. Ma dla mnie bilet.
Tata wykonuje ruch pionem i odzyskuje królową, którą zaraz zresztą straci. Desperackie posunięcie. Mama nie ma najmniejszego zamiaru pozwolić mu pojechać na festiwal. Trwałoby to cały weekend. Wróciłby w złym humorze, zmęczony, i przez kilka następnych dni nie byłby w stanie zajmować się dzieckiem. Nie wie, po co w ogóle wspomniał o festiwalu. Ale nagle...
MAMA: Jedź! Może być ciekawie.
To zdarzenie bez precedensu. Ona zostawia mu królową. Co się dzieje?
TATA: Dzięki... Naprawdę się zgadzasz?
Tata próbuje przesunąć królową na bezpieczną pozycję.
MAMA: No pewnie.
Wykonuje podstępny ruch wieżą.
TATA: To ja pójdę skończyć skecz.
Tata przesuwa skoczka.

MAMA: Tak przy okazji, myślałam o świętach. Wolałabym nie spędzać Bożego Narodzenia z twoją rodziną. Moja matka zarezerwowała dla nas domek. Powiedziałam jej, że spędzimy z nią Boże Narodzenie. Już wysłałam jej pieniądze na depozyt.

Pochyla się i jednym ruchem wykonuje mat. Mama zdobyła Boże Narodzenie, czyli najwyższą wygraną. Mama jest arcymistrzem. Prawdziwy Garri Kasparow. Tata musi grać ostrzej albo zrezygnować ze stawiania oporu.

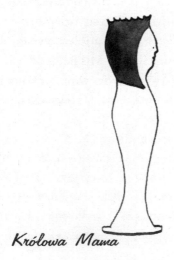

Królowa Mama

Pionek Tata

Mały Detektyw

Zasada 24
Jeśli chcesz posiadać cenne rzeczy, najpierw doceń to, co masz

Wrzesień 2003, na południu Francji

Grace zaraz po urodzeniu dostaje od naszej przyjaciółki Kary małego brązowego misia. Potem dostaje jeszcze mnóstwo innych misiów, ale bardzo szybko się orientuje, że są to tylko zabawki. Rozumie, że brązowy miś jest wyjątkowy. Nazwałem go George Boujnim, Sławny Miś Belgijski. Kiedy gdzieś się zapodzieje, Liv pyta: „Nie widziałeś gdzieś Belga?". Gdy tylko Grace zaczyna mówić, sama nadaje mu imię. Nazwała go Miś Miś.

W maju 2003 roku Grace gubi misia. Totalna katastrofa. Cass ma niecałe dwa miesiące. Pomyślałem sobie, że jeśli stracimy teraz Misia Misia, może być naprawdę kiepsko. Według psychologów rywalizacja między rodzeństwem jest najsilniejsza, gdy starsze dziecko ma dwa lata. Twierdzą, że dla dwulatki pojawienie się na świecie młodszego rodzeństwa jest niczym pierwszy zawód miłosny dla nastolatki.

Grace niedługo skończy dwa lata. Nie może spać w nocy. Woła: „miś miś miś miś miś", buzia jej się wykrzywia; jest oburzona, że na świecie jest tak źle. Którejś soboty objeżdżam sześć sklepów i w końcu znajduję Misia Misia u Hamleya. Biorę trzy sztuki i znajduję jeszcze jednego małego białego, którego kupuję dla Cass. Nazwiemy go Dzieckiem Misia Misia.

Wracam do domu. Dwa misie chowam do szuflady w komodzie w sypialni. Liv to widzi.

– Proszę, proszę – mówi. – Widzę, że założyłeś fabrykę klonowania Misia Misia.

– Owszem – odpowiadam. – Ale zapomnij, że kiedykolwiek je widziałaś. To ściśle tajne.

Idę do ogrodu, gdzie na ręczniku siedzi Grace i przebiera w torbie z kolorowymi klockami. Chowam Misia Misia za plecami i przyglądam się jej. Czuję się jak farmer, który musi podsunąć owcy obce jagnię. Grace odwraca głowę. Na jej buzi pojawia się największy uśmiech, jaki kiedykolwiek u niej widziałem. Natychmiast do mnie podbiega.

Dwa dni później gubi go. Liv mówi, że to się zdarzyło podczas spaceru drogą prowadzącą na cmentarz, ale ja wiem, że widziała moje zapasowe misie. Mogę się założyć, że nawet nie zawracała sobie głowy szukaniem zguby. Wyjmujemy z szuflady nowego Misia Misia i podsuwamy go chyłkiem. Zostaje przyjęty. Nam natomiast zostaje już tylko jeden w zapasie.

Dwa tygodnie później tracimy następnego. Tym razem to moja wina. Wyciągamy ostatniego.

Wytrzymał trzy miesiące, ale potem się zgubił. Grace znowu zaczyna krzyczeć w nocy.

Jadę do Hamleya. Nie został ani jeden miś. Nawet w hurtowni nie ma już ani jednego. Daję ludziom z działu obsługi klientów zdjęcie Grace z Misiem Misiem. Mamy ich mnóstwo. Robią kilka kopii i obiecują puścić w obieg – mają coś w rodzaju Bazy Danych Zagubionych Misiów. Jesteśmy w stałym kontakcie, codziennie dzwonię do nich, a oni do mnie. Przez moment była nadzieja, że dostaną jednego z zagranicy. Zaczynamy rozmawiać o kosztach, wahaniach na giełdzie. Ale nadzieje zostały zniweczone.

Grace jest już na tyle duża, że da się z nią rozmawiać. Ma swój inteligentny, dociekliwy styl. Taki mały detektyw. Bez przerwy pyta: „Gdzie Miś Miś, tatusiu?". Początkowo po prostu zmieniam temat. Ale potem nie mogę już wytrzymać.

– Gdzie Miś Miś, tatusiu? – pyta.

– Wiesz, że Miś Miś bardzo lubi się bić. No więc... wsiadł na Wielką Kaczkę i poleciał daleko, do Krainy Śniegów, gdzie mieszka jego kuzyn, Śnieżny Miś. I obaj biją się teraz z kilkoma bardzo niegrzecznymi pingwinami.

– Gdzie Miś Miś, tatusiu?

Snuję epickie opowieści o bitwach toczonych między misiami a pingwinami. Odgrywam przejmującą scenę, w której pingwiny skaczą ze skał do morza, bombardując wcześniej misia jajami i kupkami gołębi, które śmierdzą rybami, a Miś Miś spisuje się bohatersko. Rozbija nadlatujące jaja wielką lagą. Grace jest dziko zachwycona. Uważa, że to szalenie zabawne. Znam swoją publiczność. (Opowieść dla bardzo małych dzieci zawsze musi się składać z: 1. przygód misia słuchaczki, 2. żadnych przerażających postaci, a także 3. kupy. Pominięcie kupy to sprawa ryzykowna. Kupa jest elementem koniecznym. Moja mama jest w tym względzie bardzo purytańska. Mówi: „To bardzo nieprzyjemne. Nie możesz być pełen inwencji twórczej, jeśli musisz się zniżać do takiego poziomu". A ja jej odpowiadam: „To jest najwyższy poziom i najbardziej wymyślne kupy, o jakich kiedykolwiek słyszałaś. Nasze kupy potrafią fruwać. Potrafią zanurkować w muszli klozetowej, kiedy się wybierają na spotkanie wielkiej przygody").

Zabawa trwa przez następne dwa tygodnie i staje się coraz wspanialsza. Grace pyta mnie o Misia Misia, a wtedy bawimy się wspólnie, wymyślając kolejne historyjki. Niestety, w nocy ciągle płacze. Jeśli to w ogóle możliwe, jej płacz jest coraz bardziej rozpaczliwy.

I wtedy wyjeżdżamy na wakacje do Francji. Pewnego dnia wszyscy idziemy na rynek w pobliskim miasteczku. W pewnym momencie Liv podchodzi do mnie i konspiracyjnie szepcze mi na ucho:

– Spójrz na wystawę... Oczywiście będziemy musieli zdjąć mu tę kretyńską muszkę, ale myślisz, że będzie się nadawał?

Patrzę na wystawę, na której wyeksponowano francuskiego Misia Misia. Natychmiast dostrzegam problem: jest za mało kudłaty. A poza tym ten prawdziwy się uśmiechał, a ten francuski uzurpator nie. Jest zbyt francuski, żeby być zabawnym. Promieniuje niemal wyczuwalnym galijskim smutkiem. I ma na sobie żałosną muszkę.

– Powinien się nadać, chociaż jest trochę, tego... za mało włochaty – wyrażam wątpliwość.

– Nie szkodzi. Podtopimy go i Grace się nie połapie.
– Bardzo sprytnie.
Wchodzę do sklepu. Kupuję misia. Pytam, czy mają jeszcze jakieś podobne.
– O nie – mówi sprzedawczyni. – Takie jak ten nie ma. Ten misz jest spesialny.
– Proszę sobie wyobrazić, że wiem – odpowiadam. Jeszcze przed wyjściem ze sklepu mam już w głowie gotowy plan.
Kiedy Grace budzi się rano, znajduje list pod drzwiami sypialni. Z ogromnym podnieceniem czytamy go razem:

Kochana Grace,
było strasznie fajnie toczyć bitwy w Krainie Śniegu, ale za bardzo się za Tobą stęskniłem. Jutro wieczorem złapię kaczkę, która doleci do Francji. Stęskniłem się okropnie za Tobą. Jutro wsiadam na kaczkę, która o szóstej rano nadleci nad Francję. Zamierzam skoczyć do morza obok skalnego pirsu na Dużej Plaży, a potem dopłynę do Ciebie.

Twój kochający
Miś Miś

O szóstej rano pędzimy na plażę.
– Chyba widzę nadlatującą kaczkę! – wołam.
Grace patrzy w niebo, a ja szybko wrzucam niekosmatego misia do wody, tak daleko jak mogę.
Nie zauważa mojego podstępu.
– Grace – mówię. – On napisał, że będzie płynąć do brzegu. Popatrzmy w morzu.

Nadal go nie widzi. Myślę sobie: zobacz go szybko, bo albo się nam utopi, albo go połknie jakaś wielka ryba.

I wtedy Grace krzyczy. Nigdy jeszcze nie słyszałem u niej takiego wrzasku. To niesamowity dźwięk. Macha również rękami, w górę i w dół, trochę jak filmowy pingwinek Pingu, kiedy jest podekscytowany.

– Taaaaatooooo, widzę go. Płyń po niego. Tatusiu! Płyń! Tatusiu! Płyń! W jednej chwili ściągam ubranie i płynę ile tchu w piersiach po Misia Misia. Kiedy już mamy go na plaży, jesteśmy tak pochłonięci jego reanimowaniem, że nie zwracamy uwagi na to, że nie jest dostatecznie włochaty. I że się nie uśmiecha. Ale wy też byście się nie uśmiechali, gdybyście przeszli przez to wszystko, co on.

W ciągu kilku następnych tygodni Grace dwa razy zadała mi pytanie:

– Tatusiu, dlaczego miś się nie uśmiecha?

Mały detektyw odkrył, że jednak coś tu śmierdzi.. Wpadła na kilka różnych tropów, ale sprawy nie rozgryzła. Podejrzewa jednak, że Miś Miś nie jest tym samym misiem, którego mieliśmy miesiąc temu. A jednocześnie nauczyła mnie czegoś na temat posiadania: rzeczy są cenne tylko wtedy, jeśli je cenisz. Musisz je oswoić, musisz je obdarzyć miłością. Myślę, że Grace chyba wie, że Miś Miś nie jest prawdziwym misiem, ale mimo to wie, że kocha Misia Misia, i widzi, że my też go kochamy. Czy musi wiedzieć więcej?

To Siostra Wróżka,
chociaż nie ma żadnych sióstr.
Uśmiecha się jednak, bo ma coś,
co bardzo lubi, czyli misia.

Zasada 25
Ciesz się, kiedy ci odbija

Lato 1999, Chichester
Październik 2003, Stoke Newington

GDYBY GŁUPIEC WYTRWAŁ W GŁUPSTWIE SWOIM,
STAŁBY SIĘ MĄDRY.
William Blake

Zostałem komikiem z powodu mojej kumpelki, Lou Gish*, która zawsze się śmiała ze wszystkiego, co robiłem. Poznałem ją latem 1999 roku, kiedy pracowałem w Chichester Theatre. W sztuce Noela Cowarda *Wojna domowa* grała moją dziewczynę. Kiedy inspicjent ogłaszał pół godziny do rozpoczęcia spektaklu, wchodziłem na golasa do jej garderoby i pytałem: „Nie widziałaś gdzieś mojego kostiumu?". Po czym wychodziłem i jeszcze na korytarzu słyszałem jej rechot, śmiała się jak wiedźma. Gdy lato minęło, nastąpiły dwa wydarzenia: zacząłem występować na scenie jako komik i przekonałem się, że publiczność potrafi być znacznie mniej przychylna niż Lou. W tym czasie przedstawiłem Lou mojemu przyjacielowi Nickowi, najzabawniejszemu człowiekowi pod słońcem, który właśnie się wyprowadził z mojego dawnego mieszkania. Tych dwoje natychmiast przypadło sobie do gustu.

---
* Lou Gish – utalentowana aktorka teatralna i telewizyjna. Zmarła na raka w 2006 roku w wieku 38 lat. Partnerka Nicholasa Rowe'a, aktora, który również występuje w tej książce.

Następnego ranka po ich pierwszej wspólnie spędzonej nocy zadzwonili do mnie, żeby mi o tym powiedzieć. Wsiadłem na rower, popedałowałem prosto na miejsce zdarzenia i wszedłem na górę do sypialni. Pogadaliśmy trochę, po czym Nick poszedł do łazienki.

– Kocham go – wyszeptała Lou. – Chcę mieć z nim dzieci.

– Mam nadzieję, że nie będziecie długo czekać – odszepnąłem. – Utrzymuję ścisłe kontakty z ludźmi, których żywo nie znoszę, tylko dlatego, że mają dzieci. – Coś mi nagle wpadło do głowy. – Lou... Rozbierzmy się i połóżmy w łóżku. Kiedy Nick wróci, będzie się głowił, co tu jest grane.

– Dobra – odparła Lou.

Chichocząc po cichutku, rozebraliśmy się i ułożyliśmy w łóżku. Nick wrócił, zobaczył nas, też się rozebrał, i urządziliśmy orgię. Nie, nie było żadnej orgii. Nick wrócił i śmiał się. Wszyscy się śmialiśmy. Ale potem nie wiedziałem co robić. Poczułem się idiotycznie. Uświadomiłem sobie, że jestem tu na trzeciego, i to tego kompletnie niepotrzebnego. Ubrałem się i wyszedłem.

A oni zamilkli na całe wieki.

Minęły dwa lata. Dzwoniłem do Lou i Nicka, a oni nie oddzwaniali. W tym tygodniu opiekuję się dzieckiem. Chcę, żeby wpadli do mnie. Tęsknię za towarzystwem.

Odzywa się telefon. Dzwoni Nick.

Po kilkuminutowej wymianie grzeczności (Nick jest bardzo dobrze wychowanym człowiekiem) Nick mówi:

– Clovis, chcę ci wytłumaczyć, dlaczego nie odpowiadaliśmy na twoje telefony... Lou ma raka.

– Co takiego? Od dawna wie?

– Zachorowała cztery lata temu, jeszcze w Chichester,

ale nie chciała ci mówić. Właśnie zaczęła kolejną chemioterapię i jest przykuta do łóżka.

– O Boże – mówię. – Mogę wam jakoś pomóc?

– Możesz pisać do niej listy – odpowiada Nick. – Ucieszy się.

Przyrzekam, że napiszę. Idę na górę, siadam przy biurku. Postanawiam napisać jakąś opowieść dla Lou. Jestem w dobrej formie. Całymi dniami rozmawiam z Grace i nawykłem mówić wszystko, co tylko przyjdzie mi do głowy. Zamykam oczy. Usiłuję wyobrazić sobie, co mogłoby się spodobać Lou. Zastanawiam się, o czym naprawdę myśli. Widzę ją leżącą w łóżku.

Oczami duszy widzę unoszące się nad łóżkiem dwa anioły. Nie przypominają zwyczajnych aniołów. Są umorusane, wyglądają jak kurierzy zasuwający po mieście na motorowerach. Jeden z nich to kilkunastolatek z wielką głową.

Dociera do mnie, że Lou umrze, ale zawsze będzie pod opieką.

Muszę napisać o tym w swojej opowiastce, tak delikatnie, jak tylko można. To już nie będzie opowiastka, tylko powieść. Zatytułuję ją *Brudne Anioły*. Będzie opowiadała o nastolatku, który ma moc latania z aniołami. Muszą być w niej wyraziste postacie – w końcu Lou jest aktorką – i mnóstwo żartów. Mam już narratora, nazywa się Colin Hitchin. Chodzi do szkoły przy końcu ulicy, tam gdzie w porze zakończenia lekcji przy wyjściu zawsze czuwa dwóch policjantów. Piszę naprędce pierwszy rozdział, który kończy się zawiśnięciem Colina na drzwiach od klopa.

Robię wydruk i wysyłam Lou.

Dzwoni do mnie następnego dnia.

– Bardzo mi się spodobał twój Colin Hitchin. Pisz dalej, musisz mi przysłać więcej.

Codziennie piszę kolejny odcinek. Każdego wieczoru kończę go sytuacją trzymającą w napięciu, tak na wszelki wypadek, gdyby Lou właśnie tego wieczoru miała go przeczytać. Już wkrótce Colina Hitchina zaczyna spotykać mnóstwo niesamowitych przygód i bardzo wrogi wróg, który nosi przezwisko Mistrz.

Opowiadam Liv o tym, co robię.

– Jaki jest ten Mistrz? – pyta.

– To ogromny, dziesięciometrowy niemowlak, którego nie może zobaczyć nikt poza jasnowidzącymi. Przeszkadza ludziom spać, co sprawia, że wszyscy powoli zaczynają tracić rozum. A wtedy on ich wykorzystuje.

– Jaja sobie robisz?

– W życiu. Każdy nosi w sobie swoją powieść, a ta chyba może być moja.

– Każdy nosi w sobie swoją powieść, pewnie, ale czasami powinna tam zostać. Jeśli jednak chcesz to robić dalej, musisz mieć cholernie mocną pewność, że ją sprzedasz.

Liv wie, na czym polega mój normalny system promocji moich prac. Wysyłam tekst do jednej osoby. Po czym zostawiam go w szufladzie, żeby się przekonać, czy potrafi wywołać odzew. No, nie jest to, powiedzmy sobie, najlepszy sposób promocji.

– Postaram się – mówię.

– Świetnie – odpowiada Liv. – Możesz przygotować kąpiel?

– Tak.

– Możesz pójść i przygotować ją teraz?

dwa anioły unosiły się nad jej łóżkiem

Zasada 26
Wydawaj mniej pieniędzy albo weź się do roboty

Grudzień 2003, Stoke Newington

Grace niebawem skończy dwa lata. Kiedy wracam do domu, nie mówi nic, ale zawsze coś mi wciska, a to łyżeczkę usmarowaną jogurtem, a to swojego misia. Niezła filozofia. Dajesz coś komuś i oczekujesz, że obdarowana osoba da ci coś w zamian. Dziecko wchodzi w etap socjalizacji. Postanowiliśmy posłać Grace do przedszkola, ale nie chcemy wydawać na to pieniędzy.

Jesteśmy zadłużeni. Znam dwóch facetów, którzy zrezygnowali z pracy, żeby zająć się dziećmi. W obu przypadkach kobiety od nich odeszły. Kobieta pozwala facetowi na fochy tylko wówczas, gdy właśnie zarobił dwa miliony na wielkiej fuzji przedsiębiorstw. Jeśli jednak wszystko, co zrobił, ogranicza się do pójścia z dzieckiem na koncert muzyki dla maluszków, to spodziewa się, że ten skurwiel przynajmniej będzie dla niej przemiły. Ugotuje jej kolację i przywita ją, gdy wróci do domu, mówiąc: „Kochanie... Pomyślałem, że chętnie wypijesz kieliszek wina przed kolacją. A teraz usiądź i pozwól, że pomasuję ci stopy".

Ja tego nie potrafię. Nie umiem być miły. Ani bogaty. Mam poczucie, że ilekroć coś kupujemy, coraz głębiej pogrążamy się w długach. I w stresie.

Odkrywamy dwa przedszkola w pobliżu domu. Taniutkie,

przykościelne, z przechodzonymi zabawkami z plastiku, wszystko jest tam trochę przechodzone. Chłopcy chodzą tam na czworakach, udając lwy, dziewczynki zaś nawlekają koraliki. Odwiedzamy przedszkole Mini Bliss. Fajne. Zabawki z drewna klonowego. Stawka pięćdziesiąt funtów dziennie. Wychowawczynie to same Amy, tak mają na imię, jedna w drugą. Wszystkie z Nowej Zelandii. W Mini Bliss, czyli Malutkim Szczęściu, chłopcy chodzą na czworakach i udają, że są smokami. Dziewczynki jednak zajmują się „ręcznymi ćwiczeniami zręcznościowymi", jak to określa Amy. Na jedno wychodzi: nawlekanie koralików.

ręczne ćwiczenia zręcznościowe

Zasada 27
Rozpoznaj wroga

Czerwiec 2004, Stoke Newington

Mam znajomą, Holly, która w college'u była cholernie zabawna. Należała do naszej ścisłej kumplowskiej grupy. Kiedy byliśmy po imprezce z użyciem extasy, rozdawała wszystkim gumę do żucia. Kiedy trzeba było o piątej rano wrócić z imprezy do domu, to ona organizowała podwózkę. Teraz ma trzyletnią córkę, Becky, która recytuje: „Było mi bardzo miło". Problem w tym, że mała ma przerażenie w oczach. I nigdy nie jest jej naprawdę miło.

Holly przez jakiś czas pracowała w branży wydawniczej. Zostawiła to i zajęła się dzieckiem. Pożycza mi poradniki dla młodych rodziców. Jej ulubiony wyszedł spod ręki niejakiej doktor Hilary Hoffenberger, specjalistki w dziedzinie opieki nad dzieckiem, z Birmingham w Alabamie. W poradniku jest jej zdjęcie: jasne włosy i obłąkańczy uśmiech. Wygląda na zagorzałą chrześcijankę, która codziennie rano czyści sobie uszy patyczkami. Jej książka jest pełna bardzo poważnych rad w stylu: „Kiedy twoje dziecko bawi się z innym, ucz je dzielenia się zabawkami. Zaproponuj przedmioty, którymi mogą się wymieniać, takie jak drewniana łyżka albo klocek Lego". Widzę już damę od patyczków, jak stoi nad dzieciakiem, wymachując drewnianą łyżką czy klockiem Lego. Natychmiast można zapomnieć o dobrej zabawie.

Holly, niestety, jest dzisiaj osobą tak zestresowaną, że kiedy człowiek się z nią spotyka, czuje się od razu dziesięć lat starzej. Ale Holly ma też swoje dobre strony, mianowicie mieszka tuż za rogiem. Ma dziecko w odpowiednim wieku. A także znakomitą kolekcję CD z Mozartem dla dzieci. Co czyni z niej aktualnie najbliższą przyjaciółkę rodziny.

Holly decyduje się posłać Becky do przedszkola, do którego chodzi Grace. Tego taniego. Owo miejsce to klasyczne Hackney. Przedszkole prowadzi kobieta z Grenady, niejaka Margaret, człowiek o wielkim sercu i z wiecznym uśmiechem na twarzy. Jest tam również przyjaźnie nastawiona jedna z matek, Annie, która codziennie ma kaca oraz ogromną córeczkę, naprzykrzającą się innym dzieciom, ponieważ obściskuje je bez przerwy. Jest przekomiczna. Jest też tata Turek, kulturysta. Jego syn nie mówi. W zasadzie nie mówi. Po prostu tłucze inne dzieciaki.

Jest tam kilka mam z klasy średniej, zamartwiających się lokalizacją przedszkola, płotami zabezpieczającymi i tym, w jakim stopniu potrójna szczepionka przeciwko odrze, śwince i różyczce powoduje autyzm, trądzik oraz wściekliznę. Holly jest prawdziwą królową tej bandy. Należy do tych matek, które mówią: „Poczekam, aż się uspokoi". I czeka. Jej dzieciak wcale się nie uspokaja, wrzeszczy, i psuje wszystkim poranek. Holly jest także przewodniczącą komitetu rodzicielskiego. Chce, żeby Margaret sporządzała cotygodniowe raporty na temat zachowania się dzieci. Margaret powinna być nadzorowana, a więc wszyscy rodzice muszą jej pomagać po kolei, raz w tygodniu.

Pierwszy mój dyżur pełnię z Holly, która cały czas zajmuje się Becky. Popełnia oczywisty błąd. Pierwsza zasada, jaka obowiązuje w przedszkolu: nie zwracaj uwagi na własne dziecko. Odepchnij je, jeśli to konieczne. Próbuj się zainteresować innymi dziećmi. Nie musisz tego robić naprawdę, ale przynajmniej udawaj.

W następną sobotę po raz pierwszy zabieram Grace do cyrku. Grace ma dwa i pół roku, ja trzydzieści trzy lata. Obydwoje jesteśmy niesamowicie podekscytowani. Mamy tanie miejsca z tyłu widowni, ale przemykamy się do przodu i siadamy w pierwszym rzędzie, tak że możemy poczuć zapach trocin. Zaczyna się przedstawienie.

Klauni są do kitu.

Nie rusza nas specjalnie dziewoja w kostiumie obszytym cekinami, dyndająca na linie pod cyrkowym pułapem. Dochodzimy do wniosku, że też byśmy tak potrafili.

Ale wtedy wbiega na arenę sześć białych koni, są bliziutko, metr, dwa od twarzy mojej córki. Pięć dużych i jeden mały.

I zaczynają tańczyć.

A potem stają na tylnych nogach i w ten sposób okrążają całą arenę.

Grace nic nie mówi, tylko przygląda się im w niemym podziwie.

Nagle ogłaszają przerwę. Wstajemy. Grace przywiera do mnie. Jest tak oszołomiona, jakbyśmy właśnie przeżyli stłuczkę (a kilka razy, niestety, zdarzyło się nam przeżyć stłuczkę).

– One… stały – mówi. – Były chyba trochę szczęśliwe i trochę się bały.

– Tak. Tak właśnie było.

– Myślisz, że nic im nie jest? – upewnia się. – Może pójdziemy i sprawdzimy, czy nie mają skaleczonych nóg?

– Myślę, że wcinają teraz marchewkę.

– Fajnie to zrobiły!

– Naprawdę fajnie!

– One stały na nogach, tatusiu!

Kierujemy się w stronę namiotu koni.

Nagle czuję chłód. Coś podobnego czujesz, kiedy płyniesz sobie spokojnie w morzu i nagle pojawia się obszar dużo zimniejszej wody. Odwracam się i widzę Becky. Patrzy na mnie swoim dziwnym, oskarżycielskim spojrzeniem. Za moment wydeklamuje: „Panie Clover, jak to miło z pana strony...". Podchodzi również Holly.

– Konie tańczyły! – wołamy z Grace.

– Owszem – przytakuje Holly, która nie ma czasu na takie głupstwa. – Jak tam praca, Andrew?

– Dziękuję. W porządku – odpowiadam. – Który koń podobał ci się najbardziej, Becky?

Dziewczynka gapi się na mnie. Nie ma swojego zdania w kwestii koni.

– Nie wiem, czy dobrze zaparkowałam – martwi się Holly. – Możesz popilnować Becky, a ja pójdę i sprawdzę, dobra?

– Jasne, idź – mówię lekkim tonem, ale czuję, że cała radocha tego dnia uleciała jak powietrze z dętki. Siadła. Puff! Koniec. Mam ochotę powiedzieć Holly, że za parkowanie może zapłacić, kiedy tylko chce, natomiast tylko dziś mogła zobaczyć sześć tańczących koni, trochę szczęśliwych i trochę przestraszonych.

Jak tam praca?

Jak to miło z pana strony, panie Clover

Zasada 28
Unikaj telewizji. Pożre cię

Czerwiec 2004, Stoke Newington

Kiedy miałem sześć lat, płaciłem młodszemu bratu, żeby pokazywał siusiaka mleczarzowi. Robiłem to codziennie, przez cały miesiąc. Brat zaczął gromadzić poważną kasę, co mu się podobało. Mleczarzowi ta zabawa w końcu przestała się podobać. Nie dziwię się. Nie każdy człowiek marzy o tym, by go codziennie prześladował czteroletni ekshibicjonista. Dla mnie było to ważne doświadczenie, jedno z podstawowych w dzieciństwie: jak daleko ktoś jest w stanie posunąć się dla pieniędzy. Uwolniłem się od tej ciekawości. Nie wszystkim się to udaje. Ci lądują w telewizji.

Jest czwartek. Godzina 9.30. Liv jeszcze nie wyszła do pracy. Odzywa się telefon. Dzwoni mój agent.

– Channel 4 robi pilota programu *Jaja ze stali*. Dają trzyminutowe wejście kilku komikom. Zapraszają cię. Musisz zrobić coś ekstra.

– Mógłbym być gospodarzem? – pytam z nadzieją.

– Nie. Nie tego od ciebie oczekują.

– To po co im jestem?

– Masz się pokazać nago na Norfolk Morris Dancing Festival*. – Znaczy, tanecznym krokiem mam wejść nagusieńki na scenę jakiegoś festiwalu tańca. NIE!

---

* Festiwal *Morris Dance; morris dancing* to rytualny taniec ludowy na powitanie wiosny, wywodzący się z obyczajów celtyckich.

– O Boże... Nie chcę tego robić.
– Płacą sto pięćdziesiąt za dzień.
– No cóż...Porozmawiam z Liv i oddzwonię.

Doskonale wiem, co powie Liv. „To twój zawód, rozumiem, ale jesteś moim facetem, nie możesz tego zrobić".

Mówię Liv. Pyta:
– Kiedy zaczynasz?

Jest jej wszystko jedno. Mógłbym się nawet siłować z tymi tancerzami, bylebym zainkasował honorarium, wrócił do domu i usiadł do pisania.

Następnego dnia dzwoni Jason Hunstead, producent *Jaj ze stali*. Mówi, że musimy zrobić „burzę mózgów". Znam trochę faceta. To jeden z tych, którzy noszą tweedowe marynarki do dżinsów. To taki styl, obwieszczający wszystkim wkoło: „Tak, noszę drogie marynarki, bo zrobiłem karierę i jestem bogaty. A dżinsy noszę, bo jestem młody i ciągle gotów do działania". Niby nie ma w tym nic złego. Sam tak się ubierałem, ale jest to jednak oficjalny mundurek osoby kreatywnej.

– Z chwilą, gdy będę już goły – wyrażam swoją opinię – całe napięcie szybko opadnie. Wyobraź sobie co innego... że na przykład raz na tydzień jestem rąbniętym psychoterapeutą, który udziela coraz głupszych porad. Zabieram grupę ludzi do metra i na każdej stacji każę im oznajmiać chórem jej nazwę, dajmy na to: „ST. JAMES PARK", i wtedy się rozbieram i próbuję wszystkich namówić, żeby zrobili to samo. Ktoś pewnie będzie miał ochotę mnie ubić. Ale przynajmniej będzie zabawnie.

– Andrew, Channel 4 chce cię gołego. Przez cały czas. Wiesz, ludzie w razie czego mogą przełączać kanały.

– Posłuchaj. – Wyrażam poważne obiekcje. – Ja się po prostu boję.

– Nie przejmuj się. Będziemy cię chronić. Zrobimy z ciebie gwiazdę.

– Jason, kiedy jedziesz na weekend z elegancką panienką i przypadkiem uda ci się włożyć brudne naczynia do zmywarki, panienka mówi: „Och, dzięki. Jesteś prawdziwą gwiazdą". Gwiazda odwala robotę, którą nikt inny nie jest zainteresowany. Ja tego nie wezmę. Ludzie stracą resztki szacunku dla mojej osoby. Pomyślą sobie, że „z nim chyba koniec. I tyłek ma jakiś taki... obrzydliwy".

– Nic podobnego!

– Poszedłem kiedyś obejrzeć Nicole Kidman w sztuce *The Blue Room*, w której rozbiera się do naga. Czy po obejrzeniu spektaklu chwaliłem dowcipne podejście Davida Hare'a do seksualnych relacji między bohaterami? Nie. Ledwie doszedłem do hallu, już zacząłem krytykować kształt jej pośladków. „O co ci chodzi? – zainteresował się mój przyjaciel. – Uważasz, że ma za mało jędrne pośladki?". „Właśnie!" – wrzasnąłem ucieszony, że chyba podziela moją opinię na temat pośladków Australijki. „No co ty. Po prostu wzięła za mało cracka!".

– Nie wygłupiaj się – powiedział Jason Hunstead. – Masz bardzo ładny tyłek, Andrew.

– Tak myślisz? – upewniam się. Czuję się trochę podbudowany.

– Twój tyłek zostanie gwiazdą. Za kilka miesięcy będzie miał własną garderobę.

Tu przesadził!

– Przestań! Nie zrobię tego po to, żeby zostać gwiazdą! Potrzebuję pieniędzy, i tyle. Albo dziewczyna mnie zostawi.

Miesiąc później jestem w Norfolk. Stoję przed pubem. Wokół ze dwie setki osmalonych słońcem ludzi: tatusiowie, dziadkowie, dzieci – zebrali się w ogródku pubu, żeby oglądać *morris dance*. W tłumie, a jakże, kilku kamerzystów telewizyjnych.

– Rozbieraj się – mówi Jason.

Trzęsę się, ale ściągam ciuchy. Głupio się czuję. Taki bezbronny. Myślę sobie, że jest w porzo, bo Jason stoi obok, trzymając notatnik. Jego obecność sprawia, że nie jest źle...

Ktoś do niego dzwoni i Jason odchodzi na bok.

Teraz samotnie stoję nagi przed pubem w Norfolk, który nie jest miejscem słynącym z tolerancji. Jakaś pani z pieskiem rzuca mi okropnie nietolerancyjne spojrzenie. Jest oburzona. Podzielam jej zapatrywania.

Jason wraca. Po dziesięciu minutach.

– Dobra. Do roboty – zachęca.

– Niby co mam robić?

– No wiesz... śmieszyć masz – poucza.

Biorę głęboki wdech i sunę w stronę tancerzy. Zaczynam podskakiwać. Czuję, że jeśli przestanę podskakiwać, to zacznę krzyczeć. Kiedy wchodzę do ogródka, kilka starszych pań zaczyna na mój widok chichotać i pokazywać mnie palcami. Jakieś mamuśki w pośpiechu zabierają dzieci. Ale myślę, że jest OK. Jestem klaunem, błaznem. Zachęcam tancerzy. Klaszczę. Podśpiewuję. Skaczę. Tłum się śmieje.

Teraz wreszcie wiadomo, co jest fajnego w tym tańcu. Tańczącym chodzi o kostiumy. O rytuały. Pogańskie rytuały

Starej Anglii. Nie lubią mieć w swoich szeregach tańczącego golasa. Podryguję między nimi jak długo się da, ale w końcu któryś z nich przykłada mi lagą. Odskakuję i tańczę dalej. Wtedy oni przestają. Grożą mi sądem. Facet z Channel 4 wyłącza kamerę.

Uciekam. Ubieram się.

Wsiadam do samochodu jeszcze roztrzęsiony. W drodze do Londynu słyszę w radiu o innym wygłupie *Jaj ze stali*. Dziewczyna właśnie wróciła z RPA, gdzie przeprowadzała wywiad z de Klerkiem, laureatem Pokojowej Nagrody Nobla. Opowiadał o nowych sierocińcach, które zakłada, ale nie dostrzegł, że mówi do mikrofonu w kształcie fiuta. Nie jestem pruderyjny, ale to już przesada. Czuję się wręcz otumaniony czystym prostactwem tego, co usłyszałem. Jest jednak również dobra wiadomość. Wiem, że ten serial w żaden sposób i nigdy nie zostanie zatwierdzony. Wiem też, że oglądanie pilota *Jaj ze stali* będzie czymś w rodzaju wizyty w peep-show, żeby obejrzeć film z dwiema upośledzonymi lesbijkami, toczącymi walkę na pięści. Taki spektakl może mieć frapujące momenty, ale nie jest czymś, co chciałoby się obejrzeć ponownie.

Mija miesiąc. Dzwoni mój agent z informacją, że *Jaja ze stali* będą serialem. Chcą mnie w nim widzieć na golasa jeszcze dwanaście razy. Wybiorą pięć najlepszych.

Naked ambition: Andrew Clover in Balls Of Steel

Zasada 29
Baw się jedzeniem. Mów z pełnymi ustami. Zawsze dostawaj to, co chcesz.

Lipiec 2004, Stoke Newington

Jako dziecko nie znosiłem domowych posiłków, a już kolacji mojej babci szczególnie. Musieliśmy wsuwać potrawkę jagnięcą, wygotowaną do białości kapustę i rozmiękłą, wodnistą brukselkę, a babcia gderała: „Przestań się bawić jedzeniem!" albo: „Nie mów z pełnymi ustami!" albo: „Nigdy się nie dostaje tego, co się chce", a to jest swoją drogą koszmarne stwierdzenie. Wyobraźcie sobie powiedzenie dzieciom, że nigdy nie dostaną tego, co chcą. To jest jak deklaracja permanentnego rozczarowania.

Ale nawet w domu jedzenie było niesmaczne. Przez zdecydowanie większą część dzieciństwa mój młodszy brat uparcie protestował przeciwko kotletom baranim. Nasza matka jest thatcherystką: usiłowała złamać małego. Mówiła mu: „Nie wstaniesz od stołu, dopóki nie zjesz wszystkiego", i klnę się, że tak było. Bywało, że mijała czwarta po południu, a on wciąż gapił się w ten kotlet. Można by pomyśleć, że to dziecko-poeta kontemplujące obraz upadku.

Nauczyłem się być Tadkiem-Jadkiem. Mamy innych chłopaków zauważały to i mówiły: „Zobacz, jak ten Andrew zajada. On naprawdę lubi zjeść". Wchłaniałem swojego mielonego i spoglądałem z dumą na inne dzieciaki. „Patrzcie i uczcie się – miałem ochotę powiedzieć. – Oto dziecko, które można pokochać, ma pusty brzuszek i mielonego przed sobą na stole".

Rozmyślałem o tym, ponieważ moja mama ciągle do nas wpada, żeby zająć się dziewczynkami. Przychodzi dziewięć dni w miesiącu, i to są te dni, kiedy ja pracuję. W zeszłym roku wydała zarobione u nas pieniądze na miesięczną wycieczkę do Australii, gdzie nurkowała i zapuszczała się w dżunglę. Nowoczesna babcia. Nie chce siedzieć na kanapie i zajadać ciasteczek. Raczej woli się obcałowywać z trenerami windsurfingu. Ma ochotę wykrzykiwać: „Zawsze jest jakieś rozwiązanie!" i katapultować się z samolotów.

Proszę mnie źle nie zrozumieć. Jestem nieskończenie wdzięczny mojej mamie. Dba o dzieci całym sercem. A w dodatku pierze. Ale kompletnie nie rozumie naszych zapatrywań na jedzenie. Któregoś dnia przyłapuję ją na karmieniu dziewczynek hamburgerami.

– Czy to ekologiczna wołowina? Wiesz, że krowy są faszerowane chemią? – pytam.

– Nie jest organiczna, ale mam ją od mojego małego człowieczka z bazarku, a on już wie, skąd pochodzą te krowy.

– Mamo, ja wiem, skąd pochodzi Keith Richard, ale to nie znaczy, że wiem, jakie ćpa prochy. A i tak pewnie bierze ich mniej niż te krowy. Czy ten twój mały człowieczek naprawdę zasłaniał własną piersią te krowy, kiedy przyszli je szprycować zastrzykami?

– Jeśli chcą, mogą sobie te hamburgery polać keczupem – mama na to.

Nie widzę sensu w kontynuacji tego sporu. Poza tym, trzeba potraktować ulgowo przeciwnika, zwłaszcza jeśli pierze ci ubrania. Przecież nie będę się kłócił z kimś, kto pierze moje gacie.

Mama nie akceptuje również naszej polityki w kwestii słodyczy. Nie mamy w domu nic słodkiego. Co nie znaczy, że w ogóle nie jadam słodyczy. Jadam. Jeśli ktoś przynosi nam pudełko czekoladek, pożeram je wszystkie od razu, po czym, mając mdłości, przeklinam ofiarodawcę. Wiem, że czekolada mi szkodzi, ale jestem jak pies – nie odpowiadam za swoje zachowania. Mózg wie swoje, a ciało robi, co chce. Żeby jednak paść czekoladą dzieci? Nie. Ponieważ dzieci nie będą się domagać słodyczy, nie wiedząc o ich istnieniu. Przecież dżinu też im nie dajemy. Ani nie zachęcamy do palenia fajki albo surfowania po internecie w poszukiwaniu broni chemicznej. Grace przez pierwsze dwa lata swojego życia nie znała smaku czekolady, a kiedy spróbowała, co to takiego, wypluła. Co prawda powiedziałem: „To jest mieszanka zwierzęcego tłuszczu, soli i cukru. Klei się w buzi i człowiek po jej zjedzeniu robi się gruby".

Moja matka nie zgadza się z tym poglądem. Jej zdaniem cukier nigdy nie wyrządził nikomu żadnej krzywdy. Nie pamięta, oczywiście, o cukrzycy ojca. Karmi nasze dzieci naleśnikami na słodko i croissantami z czekoladą. Nie protestuję. Lubię, kiedy przygotowuje lunch, bo nie muszę potem zmywać.

Lubię też lunche we własnym wydaniu. Nauczyłem się kilku sztuczek. Zauważyłem, że wiele mam daje swoim dzieciom ciasteczka, odbierając je ze szkoły, żeby oszukać głód po drodze do domu i nie dopuścić do płaczu i narzekań. Głód jest niezły moim zdaniem. Głodne dziecko zje każdą beznadzieję. Nie ma dziecka, które powie: „Mamo, mam dość ciasteczek, mam ochotę na fajnego ogórka". Trzeba im najpierw podsunąć najnudniejsze żarcie. A więc głodzę dzieciaki, a potem, jako przekąskę, dostają ogórki i humus. Udajemy wspólnie, że ogórki wrzeszczą: „Nie! Nie wsuwaj mnie głową w humus! Auuuu! Nic nie widzę!".

Potem zajadamy gotowane brokuły i każdy sam nakłada sobie masło, a wszyscy udają, że są dinozaurami, które właśnie wsuwają małe zielone drzewka. Potem wjeżdża na stół danie główne. Zawsze, ale to zawsze bawimy się przy jedzeniu. Czasami urządzamy Olimpiady Makaronowe. Grace wepchnęła sobie kiedyś do ust dwanaście sztuk na raz. Ogłosiliśmy Rekord Świata.

Zachęcam dziewczynki do rozmowy podczas jedzenia. Z pełnymi ustami. W przedszkolu Grace jest chłopczyk o imieniu Robert, który jest na Walford Road odpowiednikiem Króla Bandytów. Popycha. Szturcha. Kradnie. Kiedyś skombinował gdzieś nożyczki i obciął jednej z dziewczynek koński ogon. Rzecz jasna całkowicie potępiam poczynania tego chłopca. Ale zdecydowanie lubię o nich słuchać. Chłopczyk ma zadatki na *Człowieka z blizną*. A zatem jemy sobie lunch i Grace opowiada mi o wszystkim.

mały Człowiek z blizną

Zasada 30
Rozważ możliwość stania się gejem i bądź mądry

Lipiec 2004, Stoke Newington

Jaja ze stali znalazły się w najbliższej ramówce. Nie chcę. Naprawdę nie chcę tego robić.

Zwierzam się Livy. A ona na to:

– Zmieniłeś mnie w poirytowanego i rozgniewanego perszerona. Uważam, że polemizowanie z tym stwierdzeniem byłoby niemądrym posunięciem. Słuchaj, po prostu musisz więcej zarabiać. Bo tak jak jest, jest niesprawiedliwie.

– Myślisz, że kiedy dziewczynki dorosną, nie będzie im przeszkadzało, gdy zrozumieją, że mogłem dostać pracę jedynie jako golas?

– Myślę, że o wiele bardziej będzie im przeszkadzało, gdy nie będą miały co jeść. Wiesz, czym się zajmowałam w tym tygodniu? Pisałam trzydziestostronicowe roczne sprawozdanie, którego i tak nikt nie przeczyta. Szefowa wykreśliła z niego co drugie słowo i poleciła napisać je na nowo. Ten serial to twoje roczne sprawozdanie.

W porządku. Zgadzam się zagrać w tym serialu, ale mnie to boli. Nie widzę w nim nic śmiesznego. Eric Morecambe*

---
* Eric Morecambe – właściwie John Eric Bartholomew (1926–1984), aktor komediowy i prezenter, twórca i gospodarz wieloletniego telewizyjnego show *Morecambe & Wise Show*, który miał okresowo najwyższą oglądalność w Wielkiej Brytanii.

nigdy nie był aż tak zdesperowany, żeby, chcąc rozśmieszyć widzów, musiał wyciągać fiuta. Rozpaczliwie pragnę być kimś innym. Chociaż moje dzieci wzrastają w najlepszej atmosferze swingującego Londynu, to jednak próbuję sobie wyobrazić, jakie zamiary ma Peter Cook w kwestii Nagiego Faceta. Sądzę, że zacznie odstawiać wprowadzone w błąd niewiniątko, zawsze mając nadzieję, że inni faceci będą dla niego latali na golasa. Sądzę, że może to być zabawne tylko wtedy, gdy będzie w tym swoiste napięcie. Uświadamiam sobie, że jako Nagi Facet muszę podtrzymywać obłąkańczą wesołość, kiedy tak chodzę tu i tam na golasa, czekając, aż mnie ktoś zaatakuje.

Zdobywam trochę trawy, ale trudno znaleźć taki lekki i przynoszący radochę towar, jaki rozśmieszał nas do łez w college'u. Wciskają mi jakieś genetycznie podrasowane ziele. Wieczorem dzwoni Jason.

Umawiamy się na jutro rano.

Spotykamy się o siódmej. W samochodzie raczę się zielem. Mnóstwem ziela.

Jadę do Battle w hrabstwie Sussex, gdzie muszę się rozebrać przed Woolworthem. Przeprowadzam śmieszny wywiad z lokalnym rzeźnikiem, opowiadającym mi o świniach, z których wyrabia kiełbasy.

Dwa dni później wybieram się na Targi Maszyn Parowych w Dorset. Znowu Nago. Nagusieńki. Kilku entuzjastów pary ściga mnie, próbując jednocześnie ukamienować. Ostatecznie przegania mnie jakiś farmer z kijem w łapie.

Jadę na Targi Końskie Appleby, największy jarmark organizowany przez angielskich Romów. Wjeżdżamy na sam środek targu i odwiedzamy przyczepę szanowanego romskiego członka starszyzny, który patronuje temu wydarzeniu.

– W zeszłym roku zmarło tu dwóch ludzi – mówi. – Policja zajęła się sprawą, ale nic nie znaleźli. Jeśli wyciągniesz swojego małego, ktoś cię pochowa na tym zaoranym polu. – Nie wiem, czy jego obiekcje są natury moralnej, czy artystycznej, ale odebrałem przekaz.

Kiedy nie pracuję, staję się trudny w kontaktach. A kiedy staję się trudny, zaczynam mieć wyrzuty sumienia. Wyrzuty sumienia zżerają człowieka jak rak. Livy mówi, że jestem gburowaty jak mój ojciec. No to palę zielsko, kiedy zajmuję się dziewczynkami. Jeśli Livy jest w domu, popalam więcej.

Razem z dziewczynkami spędzam dwa tygodnie na zabawie. Doskonałej.

Wymyślamy historię o Czterech Smutnych Koniach, mamy dla nich nawet imiona: Jabłkowity, Gniady, Kary, Kasztanek. Te Cztery Smutne Konie to my w przebraniu. Ja jestem Kary. Mam potężne podkowy. Improwizuję sztuki z końmi w roli głównej. Jedna z nich trwa trzy godziny.

Wszystko ze mną w porządku, kiedy uciekam przed rzeczywistością.

Jason wydzwania, chce, żebym jednak paradował nago. Zachowuje się jak alfons. Rozbieram się w Cumbrii. Rozbieram się w Manchesterze. Jestem zawodowcem. Sporo palę i zaczynam to odczuwać. Z moją pamięcią jest coś nie tak…

Jest wpół do siódmej wieczorem. Właśnie wróciłem z kolejnego nagiego występu. Kręciłem się po centrum Londynu. Było całkiem zabawnie. Dopóki mnie nie aresztowali.

Ledwo stanąłem w drzwiach, Livy wysyła mnie do sklepu po mleko. Dwadzieścia minut później stoję w kiosku i myślę:

musiałem chcieć tu coś kupić. I kupuję jakieś kredki, miód w tubce i parę filetów z dorsza. Wracam do domu. Liv czeka na mnie w drzwiach z miną siostry Ratched z *Lotu nad kukułczym gniazdem*.

– Nie powinieneś być w Farnham? – pyta.

Ma rację.

Mam dzisiaj występ, czterdzieści minut za sto funtów. Pieniądze za Nagusa dostanę dopiero później, a ta stówa to jedyne pieniądze, które zarobię w tym miesiącu.

Oddaję jej zakupy i jadę do Farnham.

Siedzę w samochodzie. Jest kiepsko. Nie mam ochoty się wygłupiać. Nie wiem, czy jestem zabawny. Nigdy chyba nie byłem zabawny. Wypalam całkiem porządnego skręta.

Wchodzę do klubu. W środku tłum. Faceci w koszulach od Bena Shermana. Gadają o samochodach. Któryś mówi: „Jesteś pieprzoną ciotą" i wszyscy się śmieją. Rozumiem, że nie mam z nimi wiele wspólnego. Uświadamiam sobie również, że MC załatwia mi występy. Setki występów. Jest dla mnie ważny. To chyba jedna z najważniejszych osób w moim życiu.

Konferansjer dostrzega mnie. Zapowiada.

– Ten facet to jeden z naszych ulubionych aktorów. Powitajmy brawami... Andrew Clovera!

Wychodzę na scenę i robię to, co zawsze. Jadę na autopilocie. Publiczność się śmieje. Rutyna.

Ale wydarza się coś nieoczekiwanego.

Nagle czuję się tak, jakby zamiast mnie na scenie był ktoś inny. Ktoś, kto udaje wiewiórkę na cracku, a publiczność zanosi się śmiechem, jakby słyszała najzabawniejsze rzeczy pod słońcem.

Trwa to całe wieki. Facet na scenie myli się, plącze, skecze tracą sens. Publiczność nie zwraca na to uwagi. Ludzie sikają ze śmiechu. Facet kończy występ. Publiczność bije brawo.

Facet schodzi ze sceny.

Bum. Nagle wracam do swojego ciała.

MC mówi:

– Miałeś tylko dwadzieścia pięć minut. Zrobisz jeszcze jedno wyjście?

Myślę gorączkowo. Wiem, że czegoś nie opowiedziałem, nie pokazałem, ale bij zabij, nie pamiętam, co to miało być.

– Muszę... muszę wracać do domu – bąkam niewyraźnie.

Wracam do domu.

Pół godziny później na szosie mam coś w rodzaju *déjà vu*. W dzieciństwie zdarzało mi się śnić, że prowadzę samochód, chociaż, oczywiście, nie umiem prowadzić, jestem dzieckiem. Teraz jest tak, jak w tym śnie.

Niejasno zdaję sobie sprawę z powagi sytuacji. Zaczynam kombinować, jak się kieruje samochodem. Widzę znak drogowy i liczbę 70. Widzę też, że mała strzałka na desce rozdzielczej również wskazuje liczbę 70. To chyba coś znaczy.

Mijam następny znak drogowy. Jest na nim napisane „Londyn". Nie wiem, gdzie ten Londyn, co to za Londyn, ale brzmi tak, jakby należało tam jechać. No więc jadę do Londynu.

Niebywałe, ale docieram do domu. Jestem bezpieczny w swojej sypialni. Jest druga w nocy. Idę prosto do łóżka. Za pięć godzin czeka mnie opieka nad dziećmi.

Następnego dnia o dziesiątej wieczorem stoję na lotnisku Stansted w towarzystwie własnej rodziny i Gary'ego. Jutro mój brat się żeni z dziewczyną z Cork, więc wszyscy lecimy świętować razem z nim. Dziewczynki śpią w podwójnym wózku. Stoimy w kolejce do odprawy, Livy na chwilę odchodzi. Musi sobie kupić Podstawowy Zestaw Dla Pań. Zostaję sam z Garym i postanawiam, że muszę z nim pogadać.

Gary to ideał przyjaciela. Jest tolerancyjny, pracuje w branży komediowej, wszystko mi wybacza, a przy okazji jest gejem, co oznacza, że raczej nigdy nie będę musiał się bawić z jego dzieciakami. Jest okropnie zabawny. Nosi na głowie tlenionego irokeza. Ma wielkiego spaniela, który też ma na łbie irokeza w kolorze blond. Pamiętacie, jak w serialu *Mała Brytania* pojawia się masażysta z antypodów, który mówi: „Odpręż się... spróbuj sobie wyobrazić, że przebiega ci po grzbiecie stado bizonów"? To postać wzorowana na Garym. Facet pochodzi z RPA. Ma uwodzicielski głos. I bardzo liberalne poglądy. Mówi o sobie, że jest homoseksualistą, biseksualistą oraz poliseksualistą, co oznacza, że akceptuje wszystkich z wyjątkiem studentów uniwersytetów.

Chcę zapytać Gary'ego o radę, wiem, że potrafi mi poradzić. Wyjaśniam mu, w czym rzecz.

Gary na to:

– Andrew, jeśli nie wiesz, co to takiego „Londyn", nie powinieneś raczej siadać za kierownicą. Kłopot polega na tym, że wylazłeś z własnego ciała. Wepchnę cię tam z powrotem.

– Jak? – pytam trochę zaniepokojony. Brzmi to tak, jakby Gary zaproponował, że mnie byknie.

– Najlepiej robić to na wrzosowisku, pod drzewami, ale tutaj też można. Zamknij oczy. Wyprostuj się.

Rozumiem! Gary wspominał kiedyś, że we wtorki uczy się w college'u na wydziale studiów paranormalnych. Kończy kurs dla zaawansowanych. Od dawna miałem ochotę na to, żeby mi pokazał swą czarodziejską moc. Wygląda na to, że zaraz jej użyje.

– Odpręż się – mówi. – Uspokój się. Zaczynasz czuć swoje ciało. Pomyśl, że jesteś drzewem. Zapuszczasz korzenie. Wrastasz w ziemię. Czujesz ziemię. Czujesz swoje ciało. Masz wszystko, czego akurat ci potrzeba. Jesteś sobą. Ty to ty. Czy to nie cudowne uczucie?

Owszem.

Nie mam pojęcia, jak długo to trwa. Jako drzewo nie mam poczucia czasu. Kiedy jednak odzyskuję jasność umysłu, Gary mi się przygląda. Z barku dociera do mnie zapach croissantów. Wróciłem.

– To wszystko? – pytam. – Nic już nie muszę robić?

– Uważaj tylko na to, jakie masz życzenia. I trzymaj się z daleka od tego ziela – odpowiada. – Jeśli chcesz, możesz mi je dać. Jestem profesjonalistą.

W tym momencie uświadamiamy sobie, że Grace się obudziła. Gapi się na coś, zafascynowana. Podnosimy wzrok i widzimy, że na ekranie telewizora ponad głowami wszystkich pasażerów lecą *Jaja ze stali*. Ja, nagusieńki – poza wełnianą czapeczką na głowie – podskakuję i wołam: „Rozbierać się! Nie macie nic do stracenia oprócz gaci!".

Gary mówi:

– Nieźle wyglądasz. Mógłbyś być gejem. Prawie.

Patrzę na Grace. Dokonuje właśnie błyskawicznej rewizji

wszystkiego, co dotąd wiedziała o swoim ojcu. Śmieje się i woła:

– Tato! Jesteś w telewizji! I jesteś goły!

Wszyscy patrzymy na ekran. Rozpoznaję moment, który właśnie leci. To śmieszny wywiad, który przeprowadzam z rzeźnikiem. Niestety, produkcja pocięła skecz i skróciła do trzysekundowego klipu. Mój penis dynda na boki, o rozmiar mniejszy od frankfurterki.

Grace chichocze jeszcze kilka minut później. Ma bardzo zaraźliwy śmiech. Wyjmuję ją z wózka. Rozgląda się po smętnym lotnisku.

– Tato... ale tu nudno – szepcze mi do ucha. – Zdejmijmy wszystkie ubrania i biegajmy, krzyczmy...

Obaj z Garym wybuchamy śmiechem.

– Jeśli masz ochotę, bardzo proszę – mówię. – Ale nie mam zamiaru cię do tego zachęcać. Wolałbym raczej opowiedzieć ci bajkę. Chcesz?

– Tak – odpowiada Grace.

– To posłuchaj. Były sobie cztery smutne konie: Jabłkowity, Gniady, Kary i Kasztanek. Kary miał wielkie, kosmate kopyta i codziennie musiał zasuwać do pracy...

Magiczna ceremonia Gary'ego

1. Stój spokojnie. Zamknij oczy.
   Wyobraź sobie, że zapuszczasz korzenie.

2. Wyobraź sobie, że powietrze jest czystym złotem.
   Wyobraź sobie, że masz wszystko, czego ci trzeba.

3. Trzymaj się z dala od zielska.

Zasada 31
Chcesz znaleźć dobrą szkołę, zwróć się do Boga. Byle szybko

Lipiec 2004, Stoke Newington

Grace skończy w styczniu trzy lata. Liv odczuwa jedno z zasadniczych pragnień kobiet z klasy średniej. I poddaje mu się. Całą noc surfuje w sieci i sprawdza notowania poszczególnych szkół na stronie Ofsted*.

– Nasza tutejsza szkoła ma dwadzieścia cztery punkty – oznajmia mi o ósmej wieczorem. – To kiepskie notowania. Bardzo kiepskie. Mają siedemdziesiąt pięć procent dzieci uciekinierów, imigrantów. Dla siedemdziesięciu procent angielski jest drugim językiem. Zaledwie sześć procent legitymuje się brytyjskim pochodzeniem. (Ofsted: nowe oblicze rasizmu).

– To jakieś żarty – mówię. – W Stoke Newington jest przecież pełno wykształconych i wytwornych ludzi. Niektóre ich dzieci muszą chyba chodzić do szkoły?

– Jeśli nawet chodzą, to muszą się bardzo nudzić, skoro wszyscy pozostali uczniowie muszą się wciąż uczyć mówienia po angielsku.

– Mam zamiar porozmawiać ze wszystkimi ludźmi

---

* Ofsted (*Office for Standards in Education, Children's Services and Skills*) – pozaministerialny organ Królewskiego Inspektoratu Szkół w Anglii, wydział zbliżony do naszego kuratorium oświaty.

z klasy średniej – komunikuję. – Jeśli się wszyscy nie dogadamy w kwestii tutejszej szkoły, to wszyscy będziemy musieli się przeprowadzić. To zrujnuje nasze życie, a w ostatecznym rozrachunku zrujnuje tutejszą społeczność. Zorganizuję kampanię.

– Jak zamierzasz to zrobić? – pyta Liv. – Nienawidzisz telefonować. Tak bardzo, że nie dzwonisz nawet do własnego ojca, żeby mu złożyć życzenia urodzinowe.

Wychodzę sobie popalić.

O północy wzywa mnie do siebie i oświadcza:

– Znalazłam szkołę w Acton. Z językiem portugalskim. Ma dwadzieścia osiem punktów.

Następnego ranka okazuje się, że znalazła szkołę należącą do Kościoła anglikańskiego, jakieś dwie mile od nas, która ma trzydzieści jeden punktów. Doskonałe opinie. Szkoły prowadzone przez Kościół często tak mają. Dzieci chrześcijan dużo czytają. No dobra, często są to takie tytuły jak *Jezus jest moim przyjacielem*, ale to też są książki.

W niedzielę idziemy do kościoła. Za każdym razem, gdy jestem w kościele, czuję się kompletnie niekościelnie. Po pierwsze, rozglądam się za najbardziej seksownymi kobietami. Zwykle rzucam spojrzenie jakiejś cycatce z chóru i długo się na niej koncentruję, zupełnie jak jakiś napalony kamerzysta programu BBC *Psalmy Chwały,* i usiłuję sobie wyobrazić, jak by wyglądała nago u mnie na kolanach. Następnie rozglądam się po kościele i szlag mnie trafia. Ludzie ubierają się zbyt drogo. Wiadomo, że nie pójdziesz na nabożeństwo w szortach i poplamionym farbami podkoszulku, ale ci wszyscy faceci paradujący w garniturach Richarda Jamesa? To nie wygląda dobrze. Czyż nie o to chodziło, że łatwiej przejść wielbłądowi przez ucho igielne, niż bogaczowi dostać się do Nieba? Ci faceci są eleganccy, bogaci i pewni siebie, zupełnie jakby zainwestowali grubą kasę w produkcję miniaturowych wielbłądków. Wyglądają tak, jakby odwiedzili Niebo i kupili tam sobie domy wakacyjne na plaży. Ale czemu nie mieliby być pewni siebie? Ich dzieci chodzą do szkoły, która ma trzydzieści jeden punktów w rankingu Ofsted.

A jednak lubię chodzić do kościoła. Lubię śpiewać. Modlitwa mnie uspokaja. Byłoby uroczo, gdyby to wszystko nie było z powodu dzieci. Być może są ludzie, którzy wybierają kościół z powodu pięknych witraży i wspaniałych kazań. Jeśli tak, to zdecydowanie mają dzieci. Wszyscy mamy dzieci. I ja lubię dzieci. Ale kiedy próbuję wypełnić duszę spokojem, z pewnością nie pomaga mi w tym to, że jakieś dzieci prowadzą obok rozmowę o dinozaurach. Widzę jednego młodego chrześcijanina, który właśnie wyciera kozy z nosa w książeczkę z psalmami.

A w połowie wszyscy wychodzą do szkółki niedzielnej. To porażające – co najmniej czterdzieścioro dzieci w tym wieku, co nasze. Pytamy innych rodziców, co myślą o szkole. Nigdy nie usłyszycie zaprzeczenia: „Co? Jaka szkoła? Nie, nie przyszliśmy tu z tego powodu. Nie, nie, nie. Jesteśmy zdeklarowanymi chrześcijanami. A wy nie?".

– My jesteśmy zdeklarowanymi satanistami – odpowiadam. – Będziemy otaczać czcią Szatana, jeśli umie uczyć francuskiego.

Wracamy do domu i zaczynamy kombinować. Do pewnego stopnia wikary decyduje, kto jest najbardziej zagorzałym chrześcijaninem. Mamy szansę wysiudać inne dziecko i zająć jego miejsce. Ale czeka nas naprawdę ciężka robota.

Chodzimy do kościoła co tydzień. Ubieramy się na czerwono. Śpiewamy głośniej niż Pavarotti. A kiedy się zdarza, że nie możemy być na nabożeństwie, proszę wtedy wikarego, żeby przesłał mi tekst kazania e-mailem. Najbardziej jednak jestem zakłopotany podczas śpiewania psalmu *Cudowna Boża łaska**. Wznoszę ręce do nieba. Jak kibic, którego ukochana drużyna właśnie dokopała Niemcom. Liv zachowuje się tak samo. Zdumiewa mnie. Wygląda tak, jakby za chwilę mogła, niczym apostołowie, „przemawiać językami". Czuję się prawdziwym chrześcijaninem. Mam ochotę krzyczeć: „O Panie, zstąp na ziemię! I przyjmij naszą córkę do szkoły".

Zapisujemy się na warsztaty biblijne nad badaniem Daru Proroctw. Domyślamy się, że chyba nam odbiło. Wynajmujemy opiekunkę do dzieci i we wtorek wieczorem idziemy tam jako para. Nie wierzymy własnym oczom. Trzydzieści osób. Wszyscy mniej więcej po trzydziestce. W wieku rodzicielskim. Orientujemy się, że chrześcijaństwo może być w porządku, ale nie daje człowiekowi spokoju umysłu. Nasz Pan nie zagwarantuje dziecku miejsca w szkole. Liv rozgląda się, patrzy na uśmiechnięte nieśmiało twarze. Mówi, że czas na kolację. Że mamy jeść w imię Jezusa.

Idziemy i jemy kolację. Wieki całe nie byliśmy razem. Liv opowiada mi, że słyszała o rajskich ogrodach dla klasy średniej, o lesie i szkołach, które mają nawet trzydzieści cztery punkty. To ziemia obiecana, nazwana Muswell Hill.

– Przeprowadźmy się tam – proponuje. – Znajdziemy jakiś tani dom. Najtańszy w okolicy. Rzucę pracę. Będę siedziała cztery dni w domu.

---

* Amazing Grace (ang.) – można odczytać jako Zdumiewająca Grace.

– A co będziesz robić przez trzy pozostałe? – interesuję się.

– Znalazłam dom mody, który potrzebuje etycznej klasyfikacji ubrań. Zamierzam im w tym pomóc.

– Myślisz, że cię zatrudnią?

– Już mi to zaproponowali.

– O rany. Dobra robota, skarbie.

– Nie płacą za dużo, ale pomyślałam, że moglibyśmy sprzedać twoje mieszkanie w Harlesden.

– Nie chciałbym się go pozbywać. Dopóki je mam, czuję się panem na włościach.

– Sprzedajmy je. Chcę wziąć jak najmniejszy kredyt hipoteczny, żebyśmy żyli spokojnie.

– I nie będziemy już chodzić do kościoła?

– Nie będziemy.

I rzeczywiście nie idziemy już na następne nabożeństwo. Zaglądam jeszcze ze dwa razy do kościoła, licząc na to, że pomodlę się w spokoju. Ale w kościołach nigdy nie jest tak spokojnie, jak byśmy chcieli. Zawsze się znajdzie ktoś, kto akurat poleruje świeczniki.

malutki chrześcijanin wyciera kozy z nosa w książeczkę z psalmami

Zasada 32
Unikaj dzieci w zamkniętych pomieszczeniach

Grudzień 2005, Muswell Hill.
Grace ma trzy lata, Cass – dwa

Od kilku miesięcy rozglądamy po Muswell Hill. Liv znalazła podmiejski dom z trzema sypialniami, powybijanymi oknami i wypaczonym parkietem. Sceneria w sam raz do telewizyjnego programu o niewyjaśnionych morderstwach. Jest świetnie.

Mojego ostatniego dnia w Hackney podsłuchałem niechcący wymianę zdań między dwoma dwunastoletnimi chłopcami:

– Jesteś gej!

– To ty jesteś gej!

– Ja nie, ale ty, kurde, jesteś prawdziwski gej!

Mojego pierwszego wieczoru w Muswell Hill właśnie mijam dwóch smarkaczy, snujących się wysadzaną drzewami alejką. W tym momencie jeden odzywa się do drugiego:

– Uważam, że rozwiązanie intrygi miało sporo błędów.

Oto wyjaśnienie niesamowitej pozycji Muswell Hill w rankingu Ofsted. Nawet smarkacze dokonują klasycznej analizy krytycznej obejrzanego filmu. W każdym domu jest pianino w pokoju od frontu. Nawet włóczęgi mają tu doktoraty. A teraz my się do nich przyłączamy. Dobra, niewiele tu się dzieje. W Muswell Hill mieszkają prawnicy, Niemcy i biznesmeni ze Stanów – ludzie, którzy uwielbiają Anglię, ale chcą, by była czysta. Ci ludzie nie chcą, żeby się coś działo, oni chcą wygodnie mieszkać. To przynajmniej oznacza, że nie musisz słuchać rhytm and bluesa puszczanego przez sąsiada na cały regulator przez samochodowe głośniki stereo. Tutaj ludzie są raczej zainteresowani nowymi szafkami kuchennymi. Tu musisz słuchać przelatującego ci nad głową co minutę samolotu. Domy są brzydsze niż w Stoke Newington, ale droższe, natomiast cała okolica musiała doświadczyć czystki etycznej. Pozostawiono tylko jedno plemię, to które nosi bluzy Cath Kidston i ma troskę wypisaną na twarzach. Idąc chodnikiem, zauważam kartkę przyszpiloną do drzewa. Tekst zachęca do odwiedzania strony www.bnp.com. Następnego dnia widzę, że ktoś dopisał na kartce uwagę: „Nie przyczepiać niczego do drzew. One też mają uczucia". Jakoś niespecjalnie przejmuję się drzewami, bardziej martwi mnie nazizm.

Liv codziennie musi jeździć do Alexandra Palace, gdzie wszyscy walczą o jedno z ośmiu miejsc parkingowych przed stacją. Dwukrotnie już znalazła kartkę za wycieraczką z napisem: „Parkuj jak trzeba, ty pierdolona p…o". A zatem ludzie w naszej okolicy się wściekają, ale swoje uwagi wyrażają w formie pisemnej, przy czym jednak wykropkowują wulgaryzmy. Jeśli gołąb nasra w Muswell Hill, to ściera serwetkami to, co narobił. W przeciwnym razie inny gołąb zostawi mu liścik, który będzie pozbawiony emocji, za to bezbłędny pod względem gramatycznym.

Szkoły jednak są tu wspaniałe. A park kultury i wypoczynku w lesie Highgate jest tylko pięć minut jazdy od nas. Liv załatwia nam ogród niedaleko domu. Wystarczyło, że porozmawiała z kimś przez płot. Kiedy człowiek oswoi się już z życiem na przedmieściu, zaczyna rozumieć, że to wszystko jest raczej spowitym tajemniczością kiczem. Są tu szopy i komórki. Krzewy jaśminu. Bzy. Koty siedzące na płotach. Mieszkamy tu raptem od tygodnia i już zostałem zaproszony do siedziby skautów na tańce w stodole urządzane dla okolicznych sąsiadów. Jestem komikiem. Niezbyt często trafiają mi się podobne okazje. Wywijam z każdą kobietą pod dachem skautów, a niektóre z tych dam są o czterdzieści lat starsze ode mnie. To cudowne. Czuję się jak żigolak.

A zatem...

Jest sobota. Trzy miesiące po przeprowadzce do Muswell Hill. Liv dostaje jeszcze jedną nową pracę. Oprócz etycznej klasyfikacji ubrań zarządza projektami dobroczynnymi firmy. Lata więc do Indii, ogląda sierocińce, szpitale i azyle dla tygrysów.

Oznacza to, że opieka nad dziećmi jest trochę niedostateczna. Postanawiam wybrać się na gwiazdkową imprezę w przedszkolu. Zaplanowałem, że zjem tam lunch. Od razu po przybyciu dostrzegam swój błąd. Grace natychmiast gdzieś znika, a ja wiem, że muszę je teraz nakarmić, bo inaczej Cass zaraz zacznie marudzić. Ludzie z Muswell Hill mają hopla na punkcie wszystkiego, co się wiąże z dziećmi. Dwieście osób kłębi się w dwóch przegrzanych pomieszczeniach, na stukających podłogach. Tylko żeby tu wejść, trzeba się przebić przez parking pełen małych samochodów, wokół których narasta ogromna kolejka spoconych i zirytowanych ludzi, czekających na spotkanie ze Świętym Mikołajem. Matki wzdychają. Dzieci wrzeszczą. Chłopcy ganiają się wokół stolików, na których piętrzą się stosy książek po dwadzieścia pensów. Czuję się jak w korku ulicznym, chcę uciec, ale jestem zaklinowany. Ledwo się mogę ruszyć. Jakaś dama trzyma talerz z ciastem tuż przed moim nosem, a jakiś dzieciak łapie mnie za kolano.

Biorąc głęboki wdech, odrywam malca i przeciskam się do bufetu, gdzie podają kawę. Jakaś kobieta, której nigdy nie widziałem na oczy, mówi: „Cześć, strasznie dawno cię nie widziałam". Ja na to bąkam: „Witam, witam", i przeciskam się dalej z Cassady na ręku, trzymając łapkę Grace, aż dochodzimy do lady z jedzeniem. Widzę panią w fartuszku, z charakterystycznym wyrazem twarzy, jaki się widuje u osób z klasy średniej, organizujących akcje dobroczynne. Taki wyraz twarzy obwieszcza: „Proszę?... W tej chwili podaję kanapki z pastą drożdżową. Ale w odpowiednim momencie będę do dyspozycji". Chcę kupić coś do jedzenia. Pani wdaje się w długie wyjaśnienia, że owszem, ma kanapki, ale nie ma opakowań na wynos. Nie słyszę, co mówi, chociaż krzyczy mi niemal wprost do ucha.

Zdobyłem właśnie styropianowy kubek gorącej zupy, kiedy czuję, że ktoś daje mi klapsa w tyłek. Całkiem porządnego. Odwracam się i widzę sąsiadkę – czteroletnią dziewczynkę, którą znamy z przedszkola. Uśmiecha się. Widzę, że rzuca mi wyzwanie. W normalnej sytuacji zlekceważyłbym je, obracając to w żart. Kiedy człowiek ma do czynienia z dzieciakami, nie powinien narzucać swojego autorytetu, bo jeśli to zrobi, powinien potem zapewnić sobie jego respektowanie. Rzadko jednak bywam w mniej żartobliwym nastroju niż w tym momencie. Mówię do niej: „Nie życzę sobie, żebyś tak robiła", i odwracam się z powrotem. Dziewczynka skacze do przodu i znowu mnie uderza. Jestem już naprawdę zły. Zauważyłem, że kiedy dzieci wyczuwają mój dobry nastrój, często mnie klepią w tyłek. Myślę, że w ten sposób wyrażają wesołość, ponieważ rozpoznają we mnie klauna, ale ja zawsze widzę w tym coś bezwzględnego, na zasadzie: „On jest słaby, dołóżmy mu!". Zwracam się do niej ponownie: „Nie rób tego więcej, bo to jest niegrzeczne i mnie złości". Mała znowu mnie uderza. Tym razem tak mocno, że prawdopodobnie zostawia mi na tyłku czerwony plan miasta. Nagle pojawia się jej mamusia. Mówię jej, że nie chcę, żeby mnie waliła w dupę, po czym natychmiast sobie uświadamiam, że właściwie naskarżyłem na małą jej mamie, i głos mi się robi piskliwy, po czym milknę.

Odchodząc, myślę sobie, że pogwałciłem jedną z podstawowych zasad opieki nad dziećmi: jeśli to tylko możliwe, pod żadnym pozorem nie wychodź z nimi z domu. Bo małe dzieci są jak puszczane bąki – kiedy są twoje własne, mogą sprawiać niespodziewaną przyjemność. Są częścią ciebie. Nie przeszkadzają ci, ukryte pod kołdrą. Cała sztuka polega na tym, żeby unikać cudzych, a jeśli się nie uda, to przynajmniej zadbaj o to, żeby mieć sporo wolnej przestrzeni.

Zasada 33
Posłuż się sprytem, żeby wygrać z rodziną

*Grudzień 2005, Muswell Hill.
Grace ma trzy lata, Cass – dwa*

Pokazuję nasz nowy dom Chrisowi, mojemu młodszemu bratu, i jego seksownej dziewczynie, Ali. Ona go pyta:
– Chris, dlaczego my takiego nie mamy?
Brat odpowiada:
– Skarbie, tak się dzieje, kiedy zaczynasz się zbliżać do czterdziestki – tracisz wygląd i zyskujesz sypialnię tylko dla siebie.
Kocham mojego brata, ale trochę martwi mnie to, że już mnie nie podziwia tak jak dawniej. Ali sprzedaje bilety wstępu na bramce w modnym londyńskim klubie, w którym Chris jest didżejem. Dziewczyna ma reputację laski, która łatwo ściąga ciuchy i baluje na parkiecie.
– Może zagramy w tenisa, Chris? – proponuję.
– Jeśli chcesz – odpowiada, wzdychając.
– Zagrajmy seta. Jeśli wygram, dasz mi CD Lemon Jelly.
– Jeśli ja wygram, dasz mi garnitur ojca, w którym wyjechał na miesiąc miodowy.
– Był szyty na miarę w 1959 roku! Jest znacznie cenniejszy niż płyty!
– Wyluzuj, brachu.
Drań. Próbuje mnie sprowokować, i w dodatku od razu

stwierdza, że mnie wkurzył. Zamierzam go rozłożyć na obie łopatki.

– Zaproponuj coś jeszcze – dodaje po chwili.

– Dobra. Jeśli wygram, będziesz musiał się położyć na podłodze i lizać moje stopy, a ja tymczasem będę lizać piersi twojej dziewczyny.

Jest oburzony.

– Jak długo miałoby to trwać? – pyta.

– Dwie sekundy. Każdy sutek po dwie.

– Stary! Ali nie jest żadnym trofeum!

Ali uśmiecha się do mnie.

– Uważasz, że cztery sekundy lizania moich piersi są warte tyle, co jedyny w swoim rodzaju garnitur? Spoko!

Zabieram go na publiczny kort. Po drodze rozmyślam o swoim problemie. Muszę wygrać, ale mój brat gra dużo lepiej ode mnie. Jedyna szansa, to znaleźć jego psychiczny słaby punkt, po czym zaatakować wszelkimi dostępnymi środkami. Proponuję także po kieliszku wódki przed rozgrywką. I udaję, że wypijam swój.

Zanim się zdążę połapać, wygrywa trzy pierwsze gemy. Uśmiecha się pogardliwie. Pewnie sobie myśli, że jestem do niczego. Być może jestem już za stary, ale mogę pokazać nużącą, nieustępliwą dokładność.

Ali pojawia się, kiedy Chris dwa razy z rzędu mocno serwuje. Obie piłki wychodzą na aut. Mamy zero-piętnaście. Serwuje ponownie. Ostentacyjnie stoję w miejscu i patrzę w niebo.

– Słyszałeś? – mówię. – Słowik. – Widzę, jak piłka przelatuje obok mnie.

– Chcesz, żeby mi się znowu nie udało? – pyta, już rozzłoszczony.

– Ależ skąd!

Znowu popełnia podwójny błąd serwisowy. Potem serwuje wolniej, a ja odpowiadam podkręcaną piłką na jego bekhend. To taki tenisowy odpowiednik „oślego podrzutu" w krykiecie. Psuje ją. Mój return, piłka zahacza o siatkę i opada tuż za nią.

– Nie zamierzasz przeprosić? – pyta.

– W żadnym wypadku. Możemy to powtórzyć.

Brat uświadamia sobie, że zaczynam wygrywać. Uderzam także w moralizatorski ton. Traci gema. Zaczyna grać z zaciętą furią, która hamuje jego wrodzony talent. Mam teraz dobrą passę. Przyśpieszam tempo. Serwuję od dołu. To objaw lekceważenia. Odwracam rakietę i uderzam piłkę rękojeścią. Przegrywa seta sześć do czterech.

Ściągam skarpetki.

– Kochani! – wołam. – Jestem gotowy do odbioru nagrody! – Klękam przed Ali.

Ciesząc się z chwili władzy nade mną, uśmiecha się i unosi koszulkę. Rozpina biustonosz. Piersi wysuwają się i opadają.

Nie jest to ten mit, jaki sobie wyobrażałem. W dotyku przypominają pleśniowy ser Stilton. Pod nimi odgniecione ślady od drutów biustonosza. A jej sutki są rozstawione na zewnątrz, jakby piersi były oczami patrzącymi na boki. Mimo wszystko jednak są wspaniałe. Wpycham duży palec od nogi w usta młodszego brata. Przygotowuję się do lizania. I nagle wyobrażam sobie, jak muszę wyglądać: klęczący na ziemi, śliniący się jak włóczęga, z piłkami tenisowymi w kieszeni maskującymi mój stan gwałtownego podniecenia. I przez głowę przelatuje mi myśl: wygrałem, ale nie mam pewności, czy aby zachowuję się jak zwycięzca.

Zasada 34
Zdobądź kontrolę nad zabawą

Styczeń 2006, Muswell Hill

Czwartkowe popołudnie. Odgrywamy *Kopciuszka*. Bawimy się w to codziennie. Moje córki wielbią Kopciuszka z żarliwością graniczącą z kretynizmem.

– **Ja będę Kopciuskiem** – mówi Cassady. Dzieci nie odstawiają fuszerki. Cassady wybrała siebie na reżysera. Jako reżyser wybrała siebie do głównej roli. – **Ty będzies bzydką siostrą** – zwraca się do Grace, dostrzegając nagle szansę częściowego wyrównania rachunków. (Na obecnym etapie Cassady sepleni, co staram się tu odtworzyć. Wytłuszczam także jej wypowiedzi, ponieważ ona właśnie tak mówi). – **Nie, ty będzies bzydką siostrą** – zmienia zdanie, wskazując na mnie. Po czym nagle wyrzuca ręce w górę, mówiąc: – **NIEEEEEE, ty nie mozes być bzydką siostrą, ty jesteś chłopcem!** – Zupełnie jakbym to ja sam zgłosił akces do tej roli.

Widzę, że zaczyna się denerwować. Przypominam sobie zdanie z książki: "Hipnotyzuj je uspokajającym językiem".

– Będę chłopcem – mówię spokojny jak seryjny morderca – który udaje, że jest brzydką siostrą, ponieważ jest zakochany w Kopciuszku, który jest dobrą i cichą dziewczynką.

Cassady przetrawia tę propozycję. Jako ojciec jestem zadowolony. Jako pisarz czuję, że znalazłem nowy zwrot akcji w starej opowieści. Ale nagle…

– NIEEEEEEE! – powtarza, krzycząc, rzucając się na podłogę i bijąc w nią piętami. – **Nie mozes być chłopcem udającym bzydką siostrę!**

W jednej sekundzie uświadamiam sobie moją straszliwą pomyłkę: ośmieliłem się poprawiać Kopciuszka, najświętszy ze wszystkich tekstów. Zaprzeczam zamysłom Wielkiego Stwórcy (Walta Disneya). Będzie miała pełne prawo posłać mnie za to do więzienia.

– **Ty mas być psystojnym królewicem! Nieeee!**

Przypomina mi się coś jeszcze z tego, co przeczytałem: "Wczuwaj się w ich uczucia. Wyartykułuj je".

– Kopciuszku – mówię. – Czy wszystko poszło źle?

– **Tak, wsystko posło źle** – odpowiada, rycząc. Jej łzy utworzyły sadzawkę na dywanie. – **WSYSTKO POSŁO ŹLE!**

Robię jedyne, co można zrobić w takiej sytuacji.

– Dziewczyny, kto chce oglądać *CBeebies*?

Cass natychmiast przestaje płakać.

Oglądamy więc *CBeebies*. I na krótko przerzucamy się na *Teletubisie*, tylko na tyle, żeby się uspokoić i rozweselić. Myślę o przesądnym Goranie Ivaniševiciu, który pewnie nie wyszedłby na korty Wimbledonu, dopóki by nie zobaczył uśmiechu Po z *Teletubisiów*. Rozumiem to, wszyscy pragniemy widzieć uśmiech u dziecka. Następnie oglądamy *Balamory*, całkiem przeciętny odcinek, ale na szczęście często się pokazuje Archie, a niezbyt często Miss Hoolie, która jest tak milusia, że, przyznam szczerze, doprowadza mnie do szału. Potem zaczyna się program *Story Makers*.

Wszyscy czekamy. Wszyscy mamy nadzieję. I wtedy zapowiadają...

– Dziś opowiada Błękitna Krowa!

Wszyscy się cieszymy. Uważamy, że Błękitna Krowa jest większą artystką niż Picasso. Nie pozwolimy zostać u nas nikomu, kto się z nami nie zgadza. Siedzę sobie z nimi i zastanawiam się, dlaczego tak bardzo lubię Błękitną Krowę. Normalne programy dla dzieci szczycą się dość dobrą animacją, natomiast Błękitna Krowa to wycięte z kartonu figurki narysowane przez dzieci. Poruszają się dzięki kijkom, do których są przymocowane na czubkach. Powodem, dla którego lubię ten program, jest wrażenie, że człowiek sam mógłby go stworzyć. To właśnie chcę zrobić. Jako mały chłopiec z przyjemnością zajmowałem się plastyką, ale przestałem to robić, ponieważ nie byłem w tym dobry. Teraz nadarza się okazja, żeby na powrót zabrać się do tego.

Następnego dnia odprowadzam dziewczynki do przedszkola, po czym udaję się do sklepu z artykułami dla plastyków. Postanawiam, że nie będziemy malować na makulaturze. Zamierzam kupić dla nas czyściuteńki blok rysunkowy. I nie groszowymi farbami z Woolwortha, które zostawiają grudkowate smugi, ale porządnymi prawdziwymi akwarelami.

Gdy tylko przynoszę je do domu, zabieramy się do pracy. Grace chce wypróbować wszystkie nowe farby. Maluje całą serię dziwacznych postaci. Proszę ją, żeby opowiedziała o każdej z nich, a w odpowiedzi słyszę wyjaśnienia mniej więcej w tym stylu:

– To jest czekoladowa dama z uśmiechem. Kiedy wstaje słońce, ona się roztapia, i bardzo to lubi.

Opisuję więc tymi słowami rysunek na odwrocie. Teraz więc ma swój album z pracami opisanymi jak należy.

Potem Cassady zabiera się do malowania. Jej prace są bardziej punkowe – tworzy serię księżniczek. Wykonanie każdej zajmuje jej około sześćdziesięciu sekund. Po każdej odrzuca pędzel i sięga po nowy.

Ale mnie to nie rusza. Wykonuję dwie książki obrazkowe, jedną pod tytułem *Cassady*, która jest o Cassady, a drugą zatytułowaną *Fajne Rzeczy, Które Można Robić*, w której próbuję opowiedzieć w języku dziecka, jak dziewczynki zmieniły moje życie. Malujemy przez całe popołudnie, a wieczorem czytamy świeżo napisane i narysowane książki. Niektóre rysunki są głupawe, ale moim dzieciom to nie przeszkadza. Uwielbiają te opowiastki, ponieważ od początku do końca są o nich.

Fajne Rzeczy, Które Można Robić

Pewnego dnia Mama powiedziała:

„Już czas na to, żebyśmy mieli dzieci". Pomyślałem, że jeśli będziemy mieć dzieci, to nie będę miał czasu na różne fajne rzeczy, na przykład na chodzenie do pubu.

Mama powiedziała: „Już pora na dzieci".

I mieliśmy dzieci, dwie dziewczynki.

Zamiast chodzić do pubu, chodziliśmy pod drzewo koło pubu i zbieraliśmy liście.

Moje córki lubią takie ciemnoczerwone liście z brązowymi żyłkami.

zbieranie liści jest fajne

sikawki też są fajne

tak samo dmuchanie w dmuchawce

tak samo stanie w wodzie

w kaloszach, ponieważ ma się uczucie, jakby Przyjazny Wodny Potwór ściskał ci stopy jeśli chcesz mieć fajny dzień, musisz mieć koronę, skrzydła wróżki i oczywiście musisz pomalować sobie twarz w tygrysa

jeśli widzisz pociąg, musisz pomachać

jeśli masz odpowiednio dużo szczęścia i uda ci się znaleźć łazienkę, w której światło zapala się sznureczkiem,

musisz za niego pociągnąć dwieście albo trzysta razy

a kiedy pijesz w upalny dzień, zawsze używaj kostek lodu, zawsze używaj słomek (najlepsze są słomki okrągłe w okrągłych szklankach),

a kiedy wypijesz pierwszy łyk, zawsze zawołaj: „ha!"

kiedy widzisz guzik, musisz go nacisnąć

kiedy widzisz tunel, wiadukt albo inne sklepienie, musisz coś zaśpiewać, żeby usłyszeć echo

jeśli się kąpiesz w wannie, to musisz:
1) użyć prysznica, żeby zrobić bąbelki
2) użyć szamponu do zrobienia zwariowanej fryzury
3) użyć pochyłego końca wanny jako zjeżdżalni

Musisz czytać tę samą książkę dwa razy. Za drugim razem musisz wszystkim nadać imiona.

słoń, który nazywa się Malcolm Bennet

robak, który nazywa się Maurice Clark

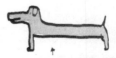

jamnik, który jest Profesorem Hamishem Cromptonem, największym ekspertem od hot dogów w całym West Midlands

Kiedyś czytałem książki o Rosjanach, którzy po długim, długim czasie odkryli, że ich życie jest złe.

Teraz czytam o owieczkach, które lubią się chować za krzakami.

Beee...

Można podnieść klapkę i znaleźć owieczkę. W innych książkach nigdy nie można podnieść klapki i znaleźć Rosjanina.

Oglądałem filmy, w których mężczyźni latali samolotami na wybuchające planety, żeby uratować panie z dużymi guzami na klatce piersiowej.

Teraz oglądam filmy o dziewczynkach, które się zaprzyjaźniają z rybami.

Te filmy są o wiele lepsze.

Moje córki mają rację. Samochód jest o wiele lepszy z księżniczkami poprzyklejanymi do szyb.

a kąpiel jest o wiele lepsza, jeśli w wannie są żaby, butelki do psikania i siuśki

Bez pomocy moich córek nigdy bym nie dostrzegł wspaniałości tego świata o godzinie 4.15 nad ranem

Moje dzieci są bardziej interesujące od balonów i dużo piękniejsze niż czerwone liście z brązowymi żyłkami.

I przypominają mi o czymś, o czym zapomniałem: że jest mnóstwo, ale to mnóstwo czasu i fajnych rzeczy, które można robić.

Zasada 35
Możesz zaprowadzić konia nad wodę, ale nie możesz go zmusić, żeby zatańczył (oraz wszystko, co musisz wiedzieć o organizowaniu przyjęć dla dzieci)

Styczeń 2006, Muswell Hill

Miałem bardzo surowy pogląd na temat przyjęć dla dzieci, głównie dlatego, że jako dziecko byłem gospodarzem tylko jednego. Najlepszą częścią tego przyjęcia był tort urodzinowy Oblężona Forteca, który upiekła dla mnie matka. W zasadzie był to zwykły okrągły biszkopt, oblany zielonym lukrem, ale ja go ozdobiłem żołnierzykami z plastiku, ustawionymi na wierzchu jak w samym środku bitwy. Miałem tam kilku wywijających szablami Turków, skradających się po obrzeżach, ale wyraźnie było widać, że nie pasowali do angielskich szeregowców z pierwszej wojny światowej, którzy stali na górze tortu z karabinami, tworząc obronny szpaler. Szeregowcy mieli również wsparcie – szwadron Indian, zgromadzonych w środku, gotowych w razie konieczności wyskoczyć na zewnątrz.

Dobra. Powiedzmy to sobie jasno i otwarcie. Obchodziliśmy moje czwarte urodziny. Mama postanowiła, że przyjęcie odbędzie się w sobotę, już po urodzinach. Od początku czułem, że jest to okazanie lekkiego braku szacunku dla faktów, więc mi się to nie podobało. Ale prawdziwe problemy pojawiły się wówczas, kiedy się okazało, że będę musiał dzielić to wydarzenie pospołu z moim bratem Jamesem, który miał dwa lata. Jego przyjaciele byli małymi berbeciami. Niektórzy z nich nawet nie potrafili stać bez przytrzymywania się mebli, i w ogóle nie rozumieli gier i zabaw. Przewidziałem ten problem kilka tygodni wcześniej i uprzedziłem matkę dość stanowczo o grożących nam niebezpieczeństwach. Ona jednak uparła się przy swoim. Ba, jeszcze lepiej – zaprosiła nawet dzieci z naszej rodziny.

Dobra. Nadszedł ten dzień. Pojawiły się dzieci. Przyniosły prezenty, chociaż, ku memu zakłopotaniu, nie wszystkie były dla mnie. Maluchy przyszły razem z rodzicami, tak więc cały salon był zapchany koślawymi nóżkami i rozmowami dorosłych. Było bardzo głośno. Salon pulsował energią. Niemal od razu zabraliśmy się do gier i zabaw. Ja wygrałem w „gorące krzesła". Bardzo sprawiedliwie. To było w końcu moje przyjęcie, a ja byłem nie do pobicia w tej grze. Zaraz potem zagraliśmy w „króliczki", i w tę grę także wygrałem. Ale wówczas moja matka, powodowana jakimś napuszonym, swoistym poczuciem egalitaryzmu, zdyskwalifikowała mnie za mruganie. Wygrał więc jakiś brzdąc, a ja absolutnie odmawiałem wycofania się ze swojej opinii, że ten maluch, szczerze mówiąc, miotał się po pokoju jak wariat. Kiedy zostałem zdyskwalifikowany, mój starszy brat, Robert, który także zaprosił dwóch swoich kolegów, zaczął ze mnie drwić. Popchnąłem go więc, całkiem mocno, a on, niby niechcący, wpadł na mój tort urodzinowy. Zareagowałem na to, zresztą słusznie, bardzo ostrym sprzeciwem. Wówczas matka powiedziała, że się popisuję. Czułem, i to bardzo żarliwie, że ponieważ to są moje urodziny, mam prawo się popisywać. Ale ona się z tym nie zgodziła. Odesłała mnie do łazienki, gdzie zostałem aż do końca przyjęcia.

Jestem teraz dorosły i zdążyłem już przebaczyć matce i młodszemu bratu, ale nie starszemu. Udaję, że tak, ale to nieprawda. Zrozumiałem, że namiętności na przyjęciach urodzinowych dla dzieci mogą wybuchać z ogromną siłą. Jestem nimi żywo zainteresowany aż po dziś dzień. Zawsze urządzamy przyjęcia i za każdym razem staramy się je ulepszać.

Rozwinęliśmy więc bardzo surowe zasady…

1. **Nie zapraszajcie rodziców.** Jeśli zapraszacie trzylatki, spotkacie się z jakąś mamą, która stwierdzi: „Nigdy nie zostawiam Stanleya samego". Oznacza to, że mama Stanleya jest neurotyczką, obdarzającą swoje dziecko nadmierną opiekuńczością i zaborczą miłością. Gdyby została, ten chłopiec właśnie by płakał. Rodzice są niczym alkohol – sprawiają, że goście zachowują się głośno i są skłonni do płaczu. Rodzice również giędzą na trzy Ogólnie Akceptowane Tematy Rozmowy: 1) szkoła, 2) wakacje, 3) przeróbka poddasza. Kłopot w tym, że to nudy na pudy. Niewybaczalne wręcz, gdy próbujesz prowadzić „gorące krzesła".

2. **Dobra, jeśli macie małego brzdąca, możecie zaprosić troje znajomych z dziećmi w tym samym wieku.** Ale nie oszukujcie się, robicie to tylko dlatego, że macie ochotę zaprosić kumpli, żeby się napić wina i zaśpiewać *Happy Birthday*. Niech wam będzie. Ale dziecko obchodzące swoje święto zobaczy w tych dzieciakach to, czym są dla niego naprawdę: rywali. Hałaśliwe marudy, które mogą mu ukraść zabawki!

3. **Jeśli macie trzyletnie dziecko, zaproście czwórkę jego kolegów z przedszkola.** Tak właśnie. Jasne, wiem, że macie cudownych przyjaciół, którzy mieszkają w Bedford i mają dwoje dzieci... Gdyby dzieci z Bedford przyjechały, stałyby się częścią rodziny, przyszywanymi krewnymi. Sami byliście dziećmi i pamiętacie, co to oznacza: nudne dziwadła, których mama lubi waszą mamę. Moją przyszywaną krewną była dziwna dziewczynka, Imogena Statesby, która przywiozła mi dwie wiktoriańskie lalki. Nawet nie pozwoliła mi ich spalić.

4. **Nie pozwalaj gościom sprowadzać rodzeństwa.** Ostatnio wpuściliśmy do domu sześcioletnią dziewczynkę (na przyjęcie Grace z okazji czwartych urodzin), która wcale nie była zaproszona, po prostu przyszła razem ze swoją siostrą. Krzyczała, jeśli nie wygrała jakiejś gry. Poprosiłem dzieci, żeby przedstawiły swoje kawałki, które przygotowały na przyjęcie. Małe dziewczynki wyspleniły piosenkę *Twinkle, Twinkle*. To było urocze. Wówczas sześciolatka odśpiewała to (od początku do samiusieńkiego końca, i w dodatku po francusku!), po czym wyraziła się brzydko o prezencie, który jej wręczyłem. Jej opinia o przyjęciu brzmiała następująco: „Mam nadzieję, że wasze następne przyjęcie będzie udane".

5. **Sami przygotujcie przyjęcie.** Nie mam absolutnie nic przeciw profesjonalnym organizatorom przyjęć, na odwrót, darzę ich szacunkiem. Potrafią zapanować nad grupą trzydzieściorga maluchów. Co więcej – potrafią nawet zapanować nad grupą trzydzieściorga rodziców, którzy wymieniają się opiniami na temat polskich ekip budowlanych. Organizatorzy jednak nie dopuszczają nikogo do wtrącania się.

Uważam, że to jest trochę sztywne podejście. Liv i ja zawsze robimy to po swojemu i wspólnie. Ona wkracza w momencie, w którym ja zaczynam zbytnio dokazywać. Kiedy dostrzega przestrach w małych oczkach, zarządza zabawę w ciuciubabkę albo herbatkę.

6. **Pamiętajcie, że ma być wesoło.** Popalcie sobie, jeśli to konieczne. Dostańcie głupawki. Bądźcie spontaniczni i żywiołowi. Nie ograniczajcie się do „gorących krzeseł". Ufundujcie nagrody za najbardziej szalony taniec. Tańczcie sami. Poczujecie się jak na ekstra imprezce wczesnym popołudniem, a przy tym wielcy i wspaniali. Kapitalni! Będzie to o wiele łatwiejsze, jeśli nie będzie się na was gapić mamusia, która właśnie omawia z kimś ceny nieruchomości we Francji. Albo jakiś szurnięty dziwak z Bedford.

7. **Nie róbcie zbyt wiele.** Od razu rozdzielcie wszystkim obowiązki (zrób koronę/różdżkę/urodzinowego dinozaura). Potem zarządźcie cztery gry („króliczki", „gorące krzesła", „ciuciubabka" i na koniec „ciepło, zimno" w poszukiwaniu czekoladowych słodkości). Potem podajcie herbatkę. Po niej, kiedy dzieci już się poczują związane i będą miały wysoki poziom cukru, wymyślą zabawy o wiele ciekawsze, niż wam by się kiedykolwiek udało. Patrzcie tylko. Podziwiajcie. Wtrącajcie się tylko wtedy, gdy jakieś dziecko znajdzie się na pograniczu śmierci. I tylko wtedy, jeśli przyniosło prezent.

8. **Na koniec przyjęcia każ rodzicom czekać przy drzwiach wejściowych. Dzieci przyprowadź do nich.** Dlaczego? Poczujesz się jak Supertata, opiekując się dzieckiem, które cichutko i spokojnie sprawdza zawartość swojej torebki z prezentami. Wprowadzenie któregoś z rodziców na

tym etapie byłoby niczym wprowadzenie dzikiego zwierza. Wzbudziłoby krzyk, panikę i byłoby nieopisanym barbarzyństwem.

9. **Oznacza to również, że przyjęcie musi się skończyć punktualnie.** Wasze własne dziecko może otworzyć prezenty. Wy możecie zjeść tort. Wszyscy są wygrani.

Zasada 36
Eksploatuj swoje dzieci

Styczeń 2006, Muswell Hill

Mamy styczeń, miesiąc deszczu i goryczy. Bawimy się w chowanego. Leżałem schowany za sofą przez godzinę. W pewnym momencie dziecko nawet zaczęło płakać, ale ja twardo tkwiłem tam i byłem cicho. Nie jestem głupi. Czytam artykuł o Danielu Gilbercie, profesorze psychologii z Harvardu, który twierdzi, że ma naukowy dowód na to, że dzieci nie czynią człowieka szczęśliwym. Nie mam pojęcia, jak to sprawdził. Przeglądam tylko gazety. Wystarczy mi, żeby się utwierdzić we wszystkich moich wcześniejszych przewidywaniach.

Czuję się stary i gruby. Powiedziałem to mojej rodzinie, kiedy ostatnio widziałem się z jej członkami, a oni wszyscy unisono zaczęli mnie zapewniać: „Nie, nie, nie, nic podobnego, wcale nie jesteś gruby". Nieważne, co twierdzą: czuję się gruby, mam coraz mniej włosów na głowie, i czuję się staro. Mam trzydzieści pięć lat, jestem w wieku, w którym piłkarze mówią, że są „kilka jardów bliżej szczytu". Ja nie jestem bliżej szczytu. Mam wypchany czekoladą żołądek. Głowę zapchaną zazdrością i niespełnionymi ambicjami.

Obwiniam za to moje dzieci. Jestem tak urażony, że mógłbym wnieść sprawę do sądu. Przedtem biegałem. Teraz sam nie wiem. Jeśli wyjdę na dwór, muszę zabrać dzieci.

Tak, tak, wiem, widujecie tych sztywniackich świrusów, którzy biegają, pchając przed sobą trzykołowe wózki, ale ja, jeśli mam pobiegać, potrzebuję zachęty. Nie mogę pchać pojazdu. Nie mogę się co chwila zatrzymywać, żeby zbierać misie. I nie ma takiej możliwości, żebym poszedł na siłownię. Nadal jestem wściekły, że LA Fitness każe mi płacić za siedem miesięcy, chociaż się przeprowadziłem do innej dzielnicy. Siłownie są jak dealerzy hery. Wykorzystują ludzi z niskim poczuciem własnej wartości. Dają chwilkę przyjemności, a potem całe miesiące nienawiści do samego siebie, i jeszcze każą za to płacić.

Dzieci rysują fryzury wizerunkom Charliego i Loli. Domagają się mojej pomocy, dość namolnie zresztą. Uważam, że Lauren Child dostatecznie dużo zarabia. Jeśli jej postacie wymagają nowego uczesania, sama powinna je narysować.

Dzieci zaczynają być nieprzyjemne. Wyciągam je więc do parku kultury i wypoczynku w lesie, i bawimy się w chowanego. Potem zasuwamy na plac zabaw, gdzie zwisamy z drabinek. Chcę je stamtąd zabrać, ale one tego nie chcą, muszę więc im obiecać, że jeśli pójdą ze mną na polanę, popodrzucam je w górę, każdą dziesięć razy.

Zostawiamy plac zabaw i idziemy na ogromną polanę w samym środku lasu. Podrzucam obie dziewczynki. Podrzucanie dzieci do góry jest jednym z najbardziej satysfakcjonujących zajęć, jakie można wykonywać. Jeśli robi się to nieprawidłowo, można uszkodzić kręgosłup albo upuścić dziecko. Ale jeśli robisz to dobrze, mogą poszybować w górę nawet do trzech metrów. Jest to zarazem intensywne ćwiczenie mięśni ud, pleców i barków.

Dziewczynki to uwielbiają. Ale potem obie płaczą. Wiem

dlaczego. Chcą, żebym je zaniósł do domu. Zwykle im odmawiam, ponieważ chcę, żeby ćwiczyły chodzenie. Ale dzisiaj to przebiega inaczej.

– O co chodzi? – pytam.

– Jesteśmy zmęczone, tatusiu – mówi Grace oskarżycielskim tonem. – Zmęczone!

Słońce zachodzi. To jeden z rzadkich słonecznych dni w zimie.

– Czy mam rozumieć, że chodzi o długą, bardzo długą drogę do domu?

– Tak, tatusiu – mówi Grace. Przygląda mi się podejrzliwie. Spodziewała się trochę silniejszego oporu.

– Czy mam rozumieć, że ta polana jest ogromną pustynią, i nigdy nie będziecie w stanie jej przemierzyć?

– Tak, tatusiu – potwierdza Grace, całkowicie przestając płakać. Nawet Cass przestaje.

– No więc? – zawieszam głos. – Co trzeba zrobić, jeśli się musi przemierzyć ogromną pustynię?

Obie myślą przez chwilkę. Grace przypomina sobie naszą zabawę z zeszłego lata w Norfolk, w której udawaliśmy, że mamy Magicznego Wielbłąda.

– Czy mamy wziąć Magicznego Wielbłąda? – pyta ostrożnie.

– No właśnie! Wezwijmy Wielbłąda, żeby was zawiózł do domu. Od razu! Kto umie zaśpiewać: „Dobra wróżko, pięknie wyglądasz, wyczaruj nam wielbłąda"?!

Obie zaczynają nucić: „Dobra wróżko, pięknie wyglądasz, wyczaruj nam wielbłąda"!

– Gdzie jest wielbłąd? – wołam, rozglądając się wokół. – Chyba powinnyście zaśpiewać głośniej!

– Pięknie wyglądasz, wyczaruj nam wielbłąda!

Robię minę wielbłąda i wydaję z siebie ten dziwaczny ryk, jaki wydają wielbłądy.

– Tatusiu! – woła Grace. – Ten wielbłąd to TY!

– Szybko! – pokrzykuję wielbłądzim głosem. – Wsiadajcie!

Sadzam Cass na barana, ponieważ lubi się rozglądać. Grace biorę na ręce, bo lubi sobie pogadać.

– Mogę być Błękitną Czarownicą – oświadcza Grace.

– **A ja jestem Księznicka Lawenda** – mówi Cass – **a ty jesteś wielbłądem.** – Chce się upewnić na sto procent. Powoli brniemy do domu. Cass rozgląda się za wiewiórkami. Grace i ja wymyślamy długą opowieść o księżniczce, która mieszka na pustyni.

Natychmiast po powrocie do domu Cass przynosi perukę z jasnymi włosami.

– **Juz nie jesteś wielbłądem** – uspokaja mnie. – **Jesteś Księznicką Welwet. I jesteś pięęęęęęękną panią i mas białe włosy.**

Podaje mi perukę. Wkładam ją. Natychmiast czuję się pociągający, zniewieściały i pięęęęęęękny.

– Jesteśmy najpiękniejszymi damami w całej Francji! – oznajmiam.

– Nie! – zaprzecza Księżniczka Lawenda. – **Jesteś moją mamą! I ja jestem ładniejsa od ciebie!**

– Jak śmiesz? – pytam. To niebywałe. Przeczytałem ze sto bajek. W żadnej się nie spotkałem z zazdrością wobec nikczemnej macochy.

– **Dobze!** – mówi Księżniczka Lawenda. – **To musis się umalować, i ja się musę umalować, i wtedy się dowiemy!**

Idziemy po farby do twarzy, po czym nakładamy sobie róż na policzki i kolorowe cienie na powieki. Teraz bardziej się wcielam w postać. Na każdej nodze mam dziecięcą spódniczkę baletową. Zdecydowałem również, że Księżniczka Welwet ma skłonność do popijania dżinu.

– Nadal jestem o wiele piękniejsza niż ty – oświadczam, lekko bełkocząc. Jestem wspaniały.

– **Dobze! W takim razie ja zatańcę i ty zatańcys, i pokazę ci, ze jestem duzo piękniejsa od ciebie, bo ty jesteś stara!** – stwierdza Księżniczka Lawenda.

– Przekonajmy się!

Włączamy muzykę. Zaczyna się konkurs tańca. Moje córki są ogromnymi fankami wczesnego Elvisa. „Pozwól mi być twoooooim misiem!"*. Taki sentymentalizm jest dla nich zrozumiały. Księżniczka Lawenda tańczy. Błękitna Czarownica tańczy. Potem puszczamy muzykę z Boba Budowniczego i po prostu podskakujemy. Następnie puszczamy kolędy i Lawenda wprowadza nas w taniec współczesny, który wymaga od nas wkładania głowy między nogi. Tak się daje ponieść własnej choreografii, że konkurs tańca w zasadzie zostaje zaniechany. Potem śpiewa Louis Prima, my zaś biegamy w kółko i pokrzykujemy. Gdybym miał powiedzieć rodzicom na całym świecie tylko jedno, byłoby to zdanie: zdobądźcie płytę *Original* Louisa Primy. Jej szalona żywiołowość idealnie współgra z energią pobudzonych dzieci. Nie da się słuchać *Just a Gigolo*, nie wykonując przy tym dzikich podrygów.

---

* (*Let Me Be Your*) *Teddy Bear* – piosenka Elvisa Presleya, wielki przebój z 1957 r.

Nadchodzi pora kąpieli, ale dziewczynki są zbyt rozdokazywane, żeby skończyć zabawę.

– Dobra – mówię. – Jeżeli się rozbierzecie, polecimy razem na górę.

Musztrę mają opanowaną doskonale. Obie się rozbierają w trymiga, stają na krzesłach i rozpościerają ramiona. Oferuję im zwyczajowy wybór:

– Czym jesteście? Aniołami, wróżkami czy samolotami?

Następnie czynię zwyczajowe przygotowania:

– Czujecie się lekkie?

– Tak, tatusiu!

– Wierzycie w to, że umiecie latać?

– Tak, tatusiu!

– No to wskakujcie w moje ramiona!

Grace jest wróżką, która szybuje pod sam sufit. Cass jest samolotem. Unoszę ją i biegam szybko po domu, po czym awaryjnie ląduje w wannie. Utrzymuje jednak, że źle to zrobiłem. Muszę z nią lecieć na dół i wrócić na górę.

Po tym wszystkim siadam i zabieram się do pisania. Potem sam idę się kąpać. Leżę sobie w wannie. Czuję się świetnie. Myślę sobie, że profesor Daniel Gilbert tylko w połowie ma rację. Dzieci niekoniecznie czynią człowieka szczęśliwym. Ale Louis Prima owszem. I taniec też. I dalej myślę, że facet samotnie tańczący w peruce i makijażu musi być niezłym świrem. To morderca z *Milczenia owiec*. Ale gość, który to robi ze swoimi córkami, jest po prostu Księżniczką Welwet. I powiem wam, że może to nie jest najpiękniejsza dama w całej Francji, ale ta stara kobitka miała dzisiaj ćwiczenia lepsze niż na siłowni.

Zasada 37
Naucz ją, że nie ma idealnych mężczyzn

Styczeń 2006, Muswell Hill

Niedziela. Kopię w ogrodzie warzywnym. Odrzucam na bok chudą marchewkę, którą mój border terrier chwyta w zęby i przeżuwa. A niech tam. Wygląda przy tym jak nadęty generał palący cygaro. A ja, prawdę mówiąc, wcale nie mam chęci na marchewkę. Właściwie nie dałbym głowy za to, że w tej chwili w całym tym kraju znajdzie się choć jedna osoba, która powie, że dałaby się posiekać za dobrą marchewkę. Lubię pić sok z marchwi, chociaż robienie go do pewnego stopnia przypomina mi seks – lubię to, ale bez zawracania sobie głowy przygotowaniami i całym tym myciem po wszystkim.

Pojawia się Liv.

– Czy mógłbyś obsadzić brzegi pozostałych grządek? – pyta.

– Po co?

– Będzie porządniej wyglądać. A poza tym wpadnie tu James.

– Kto to jest James?
– No wiesz... Ojciec Lizzie.
– Aha! Ten prawnik. Ten, który zawsze mówi: „Dzień dobry. Jak pan się miewa?".
– Nie widzę w tym nic złego.
– Ale przyznasz, że nie jest to zbyt luzackie?
– Nie chcę nikogo luzackiego. Chcę kogoś, kto się nie krzywi z samego rana.
– Ach tak. To znaczy, że on ci się podoba dlatego, że robi wszystko to, czego ja nie robię. A teraz chcesz, żebym ci obsadził ścieżki. Nie życzysz sobie, żeby ci tu kiełkowały jakieś szpetne chwasty.

Liv się śmieje.

– Dobra – mówi z szelmowskim uśmieszkiem. – Mogę z nim pogadać o jędrnych cukiniach, a potem schowamy się w komórce i ściągniemy kalosze i spodnie.

Teraz ja się śmieję. Moja kobieta bezczelnie zastanawia się nad popełnieniem cudzołóstwa, ale podnieca mnie to, że jest zabawna.

– Myślę, że to może być idealny mężczyzna – dodaje. – O uprawie roślin wie wszystko. Chcesz przecież ją zostawić.

Nawiązuje do mojej brukselki. Wysiałem ją natychmiast po tym, jak przydzielono nam ten ogród niedaleko domu. Większość nasion od razu wyjadły gołębie. Liv chciała wywalić to, co zostało, ale się sprzeciwiłem.

Zabrałem się do piłowania drewna.

– Liv, jaki jest według ciebie idealny mężczyzna? – zapytałem.

– Ma naprawdę dobrą pracę, która nie zabiera mu całego czasu. Jest silny, nigdy mnie nie lekceważy. Zgadza się z twierdzeniem, że mój tata to geniusz, ale kiedy się z nim sprzeczam, nigdy nie staje po jego stronie. Nigdy się nie krzywi. Wstaje o szóstej i pała żądzą przygotowania śniadania. Opuszcza klapę na deskę od sedesu, nie chlapie w łazience i zawsze wie, gdzie zostawiłam kluczyki od samochodu. Nie psuje powietrza, nie gada ciągle o piłce nożnej i nie próbuje wpychać palca w...

– Dobra. W porzo.

– A co robi według ciebie idealna kobieta?

– Potrzebuje dwóch minut na wyjście z domu. To wszystko.

Liv prycha i idzie do domu. Jest szósta po południu. Nie skończyłem jeszcze sadzenia bukszpanu, ale też już idę do domu. Liv natychmiast wychodzi, żeby się spotkać ze swoim gościem-dżentelmenem. Znajduję lornetkę i oglądam nasz ogród z okna na piętrze. Wygląda na to, że facet robi jej wykład, a Liv z determinacją kopie kartofle. Pojawia mi się tekst w dymku:

„Robi mi wykład o pestycydach. Błagam, ratuj mnie. Liv. Buziaczki".

Uważam, że pozwolę się jej trochę pomęczyć. Popijam sobie cydr. O ósmej Liv wraca z kilkoma ziemniakami i zabiera się do ich gotowania. Kilka kosmyków wysunęło jej się z końskiego ogona, opadły na policzek. Wygląda świeżo i soczyście.

– I jak poszło? – pytam.

– Był trochę upierdliwy, ale ułożył siatkę na twoich sadzonkach brukselki. Ma już listki.

Gotujemy kolację i siadamy do stołu. To wielka frajda zajadać własnoręcznie uprawiane ziemniaki. Kojarzą mi się z naszym małżeństwem. Skórka jest cienka i leciutko gorzkawa. Miąższ jest bardzo słodki.

Po jedzeniu wracam do ogrodu, żeby skończyć obramowanie grządek. Kiełki brukselki mają gotycki styl. Wznoszą listki ku niebu jak tancerz, unoszący ręce w górę. W kątach liści, jakby pod pachami tancerza, tworzą się małe wybrzuszenia, niczym guzy u chorych na dżumę. Trochę to obsceniczne, ale dla mnie piękne. Cieszę się, że daliśmy jej drugą szansę.

To jest Mama i ona jest duchem. Szuka czegoś, ale nie wie czego.

Zasada 38
Rób zakupy w Asda*.
To początek nowej przygody

Luty 2006, Muswell Hill

Moje dziewczynki mają obsesję na punkcie bajek dla dzieci. Dla nich *Kopciuszek*, *Królewna Śnieżka* i *Śpiąca królewna* to *Pisma Święte*. Ubranie ich zajmuje godzinę, odmawiają bowiem włożenia jakichkolwiek spodni, twierdząc, że Królewna Śnieżka nosi tylko rajstopy. Chcę zadzwonić do Disneya i wykrzyczeć: „Słuchajcie, narysujcie jakieś księżniczki w spodniach albo wam przyślę moje córki i sami sobie radźcie".

Potem jedziemy do Asdy i odkrywamy, że za trzy funty i dziewięćdziesiąt dziewięć pensów można kupić opakowanie pięciu par majtek z rysunkami Belli, Jaśminy i innych panienek z cielęcymi oczami. Grace pyta mnie, czy prawdziwe księżniczki noszą majtki, co uważam za świetne pytanie. Niestety, jesteśmy w Asda i na widoku nie ma żadnych księżniczek.

Następnego dnia Cassady jest tak podekscytowana nowymi majtkami, że chce się sama ubrać. Widzi możliwość pokazania swoich majtek całemu miastu. Wkłada dwie pary na głowę. W bibliotece jakieś starsze dziewczynki chichoczą ukradkiem, jak gdyby Cass była odrobinę niedorozwinięta.

---

* Asda – sieć supermarketów w Wielkiej Brytanii.

Wtedy ja również wkładam parę na głowę. Teraz ludzie już się otwarcie śmieją i wszyscy jesteśmy zadowoleni.

Surowi krytycy mogą mi wytykać, jak niewłaściwe jest zachowanie dorosłego faceta noszącego na głowie dziecięce majtki. Spójrzcie na to jednak z innej strony: samotny facet noszący dziecięce majtki na głowie jest najprawdopodobniej dziwakiem. Natomiast facet z dzieckiem robiący to samo jest świetnym ojcem. Ludzie się do niego uśmiechają. I nie obchodzi mnie, czy ktoś uważa mnie za dziwaka. Zabieram dziecko na trzygodzinną wyprawę na zakupy, a jemu podoba się każda chwila. To z pewnością jest warte tytułu szlacheckiego.

Kiedy wracamy do domu, Cass chce odegrać Wielkie Sceny z Historii Bajek. Jej ulubionymi scenami są:

Scena w *Śpiącej królewnie*, gdzie przystojny rycerz nadjeżdża i budzi królewnę pocałunkiem.

Scena w *Kopciuszku*, gdzie okrutne siostry krzyczą do Kopciuszka, żeby umył podłogę.

Scena w *Królewnie Śnieżce*, w której krasnoludki właśnie wyszły, a wiedźma przychodzi z zatrutym jabłkiem.

To są świetne scenki, przekazujące ważne informacje: jeśli spotkasz macochę, uciekaj, zanim cię otruje. Jeśli spotkasz krasnoludka, zacznij mu prowadzić dom. A jeśli spotkasz przystojnego księcia, połóż się i pozwól mu się ocalić. Po czym nastąpi ślub.

Pytam Cass, dlaczego lubi księżniczki. Nie owija niczego w bawełnę:

– **Są ładne** – mówi – **i rozkazują ludziom, co mają robić.**

Idzie i kładzie się na kanapie, krzycząc:

– **Potrzebuję księcia w drodze. Potrzebuję księcia w drodze.**

Wtedy muszę dosiąść swojego konia. Muszę zsiąść z głośnym rżeniem. Muszę nakarmić konia marchewką. To wszystko, tak w ogóle, jest nadzorowane. To, że jest Śpiącą królewną, nie oznacza, że nie może krytykować przedstawienia surowiej niż krytyk teatralny. Po poprawnym nakarmieniu konia muszę przyklęknąć na jedno kolano i oznajmić, że jechałem na koniu przez góry i doliny, ale to ona jest najpiękniejszą księżniczką, jaką kiedykolwiek spotkałem.

– **Teraz mnie pocałuj** – instruuje Śpiąca królewna.

I kiedy składam pocałunek na umazanej keczupem twarzy, nie jestem facetem po trzydziestce, który traci na wyglądzie i staje się dziwny – staję się przystojnym księciem, a moje pocałunki są magiczne.

Rysunki Cassady

To jest księżniczka, która nazywa się Killerlo

Księżniczka Pooberlilolay

Sługa z zazdrosnymi ustami

zazdrosne usta

Tatuś się uśmiecha bo ogląda piłkę nożną

piłka nożna

Zasada 39
Zaakceptuj wszystkie prezenty od życia

Marzec 2006, Muswell Hill

Przez pierwsze dwa dni w przedszkolu z nikim nie rozmawiałem. Obserwowałem. Zauważyłem, że najciekawszą osobą jest Gavin. Poczekałem, aż zostanie sam przy stoliku z klockami Lego. Wtedy uderzyłem. Podszedłem i skopiowałem wszystko, co zbudował – z jednym wyjątkiem – dodałem po kawałku na końcach skrzydeł.

– Silniki – powiedziałem.

W tym momecie on je skopiował. Wtedy zostaliśmy najlepszymi przyjaciółmi, głównie z tego powodu, że był najszybszym biegaczem w grupie. Czasami żartowaliśmy, że kiedyś się rozstaniemy. On mówił:

– Już nie robisz dla mnie silników.

A ja odkrzykiwałem:

– Jak nie biegasz dla mnie, to nie biegasz dla nikogo innego.

To nigdy nie nastąpiło. Teraz jesteśmy dorosłymi mężczyznami.

Gavin już nie jest szybki. Został bankierem i ma napięty harmonogram, co sprawia, że jest spięty, zrzędliwy i gruby. W zeszłym tygodniu zaprosiłem go na kolację. Nic w tym nadzwyczajnego. Co kilka miesięcy wysyłam mu e-mailem zaproszenie, a on postępuje jak każdy nowoczesny Brytyjczyk: odpisuje tylko wtedy, jeśli na pewno nie może przyjechać. W innym przypadku ignoruje mnie. Tym razem odpisuje, że przyjedzie. Mówię mu, żeby przyjechał o ósmej wieczorem w piątek.

Jest... 21.45, piątek. Stoję przed domem. Gavin pojawia się w wielkiej toyocie SUV z GPS-em, konsolą do gier i fotelikiem dla dziecka. Prawdziwy Pojazd Strachu. Kupił sobie wszystko z wyjątkiem szczęścia i nowego fiuta. Kiedy wychodzi z samochodu, czuję nagłą falę czułości. Wtedy on mówi:

– Stary, te twoje wskazówki były do bani.

– Wchodź – odpowiadam – kolacja gotowa.

Wchodzimy do domu i jemy podgrzewaną kolację. To znaczy my jemy. On wstaje, żeby wyjść i porozmawiać z żoną. Słyszę go w holu mówiącego błagalnym tonem: „Kochanie... kochanie...". Nazywam to głosem opakowanym w folię bąbelkową. To głos, który ma na celu zapobieganie potencjalnym szkodom.

Wraca. Pytam, co słychać. Mówi, że jest wykończony, bo codziennie wstaje o szóstej do pracy. Dodaje, że zatrudnił pięć różnych niań w ciągu ostatniego roku i wszystkie musiał zwolnić. Potem mówi, że już musi iść, bo rano cała rodzina jedzie na snowboarding. Chciałbym powiedzieć: „Może po prostu nie pojedziesz? Może się wyśpisz, potem wstaniesz i pobawisz się ze swoim dziećmi, jak gdyby to miał być ostatni dzień na ziemi", ale odpuszczam. Jestem jego najstarszym przyjacielem. Wolę komunikować się poprzez aluzje i sarkazm.

– No cóż, mam nadzieję, że będziesz dobrze się bawił na wyjeździe... Ja nienawidzę samolotów – mówię.

– Dlaczego? – pyta urażonym tonem. Jakby był rzecznikiem Urzędu Lotnictwa Cywilnego.

– Nienawidzę zanieczyszczania środowiska. Nienawidzę hałasu, kiedy przelatują nade mną. Nienawidzę nimi latać, ponieważ zawsze kończy się to odprawą o czwartej nad ranem z Liv, która mówi: „Po prostu idź na początek kolejki", a każdy się gapi na dzieci, jak gdyby były bombami, które na pewno wybuchną – odpowiadam.

Oczekuję, że Gavin sprosta wyzwaniu. Wie, że mam rację, ale przypuszczam, że zrobi to, co każdy nowoczesny Brytyjczyk, czyli skoncentruje się na udowadnianiu, że jestem hipokrytą. On jednak rozkłada się jak mokry zamek z piasku.

– Daj mi spokój, potrzebuję odetchnąć – mówi.

– Mam nadzieję, że będzie fajnie. Pozdrowienia dla całej rodziny – odpowiadam.

Ściskam go. Odjeżdża.

A na urodziny daje mi voucher linii Ryanair o wartości trzystu funtów i otwarte zaproszenie do swojego domku letniskowego w Portugalii. Świnia.

Zasada 40
Kochaj wszystkie stworzenia Boże

*Marzec 2006, Muswell Hill.
Grace ma cztery lata, Cass – dwa*

Kiedy idę ścieżką w ogrodzie, Grace otwiera mi z impetem drzwi.

– Tatusiu! – krzyczy szalenie podekscytowana. – Mam WSZY!

I wbiega do środka.

Wieszając płaszcz, czuję złość. Ta sytuacja jest podobna do tej, gdy dzieci mają katar: winą obarczam leniwych rodziców, którzy wysyłają swoje dzieci do szkoły z wielkimi zielonymi glutami pod nosem. Zresztą, teraz jest nawet znacznie gorzej niż z przeziębieniem. Moja piękna córka jest zawszona jak jakiś włóczęga.

Wchodzę do salonu, w którym Liv polewa głowy dziewczynkom jakimś płynem. Spoglądam na butelkę. Ma etykietkę „Nitty Gritty"*, czyli „Aromaterapeutyczny Środek na Wszy – wymyślony przez mamy". Czytam składniki. Mieszanka olejków – z winogron, kiełków pszenicy i lawendy.

– Czy to ma wytłuc wszy – pytam – czy zafundować im przyjemny masaż?

---
* Nitty Gritty (ang.) – sedno sprawy. Dwuznaczność polega na grze słów, gdzie słowo nitty odnosi się również do wszy, nit = wesz.

Potem daję buzi Liv. Nachylając się, zastanawiam się, czy one też je ma.

– Nie bądź cynikiem – szepcze – nie chcę, żeby Grace myślała, że to coś niedobrego.

Powinienem był się domyślić. Gdy tylko coś zaczyna się dziać w naszym domu, to zaraz staje się przedmiotem argumentów i kontrargumentów. W zeszłym tygodniu zdechł kot Val, ale my podobno umówiliśmy się, że kot „wyjechał pomieszkać nad morzem". Podczas śniadania Grace mnie zapytała, czy sądzę, że teraz kot będzie miał pod dostatkiem ryb.

– Jeśli tak jest – odpowiedziałem – to będzie raczej miał problem ze zjedzeniem ich, skoro jest martwy.

Przyznaję, to było mało taktowne i niezdarne, ale w tym samym czasie miałem do czynienia z Cassady, która jadła pełnoziarniste płatki, mówiąc mi, dlaczego chce „**tę MALUTKĄ łyżeczkę, a nie MAŁĄ łyżeczkę, tę MALUTKĄ, a poza tym to nalałeś mi ZA DUŻO MLEKA**".

– Czy chcesz, żebym sprawdził? – pytam Liv.

Odmawia. Mówi, że ma w nosie to, czy są ich tabuny – właśnie wydała czterdzieści funtów na swoją fryzurę, a jutro rano idzie do fotografa. Nagle czuję straszne swędzenie. Jestem niesamowicie psychosomatyczny – kiedy tylko słyszę o jakiejś przypadłości, to natychmiast ją mam. W zeszłym tygodniu miałem artretyzm, pleśniawki i lekki udar.

W chwili gdy Liv kończy zabiegi z dziećmi, proszę ją, by sprawdziła moje włosy. Patrzy na nie trzy sekundy.

– Nie możesz ich mieć – oznajmia – masz za rzadkie włosy.

To jest skandaliczne oszczerstwo. Moje włosy przypominają trochę fryzurę Jacka Nicholsona, ale wciąż mam ich dużo. A skóra na głowie naprawdę swędzi. Drapię się i natychmiast znajduję pod paznokciem małe stworzenie, które energicznie wymachuje do mnie, jakby chciało się zaprzyjaźnić.

– Patrz – mówię tryumfalnie – też mam jedną! Teraz ja poproszę twoją kurację.

No i dostaję. I muszę powiedzieć, że jest całkiem przyjemnie. Liv wciera mi we włosy olejek. Delikatnie czesze. Nawet odrobinę pociera skórę głowy. Rozumiem już, dlaczego małpy robią to codziennie. Czuję się zadbany. Zupełnie zmieniłem podejście do wszy. Jeśli jeszcze któraś wpadnie w odwiedziny, powitam ją z otwartymi ramionami. Poczęstuję je pełnoziarnistymi płatkami i będę zmieniał łyżki tak często, aż znajdę tę, którą lubią.

Pół włochatej Maryi. Brakuje jej połowy włosów, bo zjadły je wszy. Ale jest zadowolona, bo ma naprawdę fajny kapelusz.

Zasada 41
Jeśli wejdziesz między wrony*...
włóż okulary przeciwsłoneczne,
weź fiata i ruszaj na poszukiwanie toalet

Marzec 2006, Muswell Hill

Cassady ma prawie trzy lata. Kocham ją, ale dziecko doprowadza do spięć. Po części dlatego, że miała nianię przez sześć miesięcy, a Elsa zawsze ją na dobranoc kołysała. Cass nauczyła się, że nie zaśnie, dopóki ktoś nie ukołysze jej do snu. Teraz budzi się trzy razy w nocy, Liv wstaje i głaszcze ją po głowie, a ja leżę w łóżku i mówię:

– Jeśli będziesz głaskała ją po głowie, to ona wciąż będzie się budziła.

To prowadzi do napiętych stosunków.

Cass jest dobra w samotnym bawieniu się ze sobą. Ale ma również zdecydowanie prawniczy umysł i wybitny instynkt używany do zaznaczania momentu, w którym jej prawa zostają naruszone. Karą są spektakularne ataki złości. Kiedy dostaje lunch, mówi: **„ALE NIE dałeś mi mojego KUBKA Z FIMBUSIAMI"**. Sięgasz po kubek z Fimbusiami, a ona mówi: **„Ale ja nie chcę pomarańczy, chcę JABŁKO"**. Zdecydowanie potępia moje próby zachęcenia

---

* Dwuznaczność wynikająca z angielskiego przysłowia: *When in Rome, do as the Romans do*, co oznacza *Kiedy wejdziesz między wrony, musisz krakać jak i one*. W dosłownym tłumaczeniu: *Jeśli jesteś w Rzymie, rób tak jak Rzymianie*.

jej do zaprzyjaźnienia się z Jaz, która mieszka niedaleko. Usiłuję umówić ją z Jaz, bo uważam, że wygląda na taką w porzo, a ja chciałbym spędzić trochę czasu z jej rodzicami. Cass uważa to za zniewagę swojej wyimaginowanej przyjaciółki Tilly. Wie, że jeśli się zaprzyjaźni z Jaz, Tilly umrze.

Zatem... mamy wtorek wieczorem, godzina 23.15. Sypialnia.

– Jutro mam ważny dzień – mówi Liv. – Jeśli się dzisiaj obudzi, możesz do niej wstać?

– A może po prostu pozwolimy jej popłakać? – mówię.

– Wtedy wszyscy będziemy musieli tego słuchać, a ja muszę rano wstać do pracy.

– Ty musisz iść do pracy. My wszyscy musimy się wyspać. A ona musi nauczyć się spać sama. Chyba widzę rozwiązanie tego problemu. Przeniesiemy ją do innego pokoju, rozdzielając z Grace. Wszyscy włożymy zatyczki do uszu.

– Ale ja muszę pracować. Ktoś tu musi zarabiać pieniądze – odpowiada Liv.

Dopada mnie uczucie urażonej męskiej dumy. Trzaskam pokrywą od kosza na bieliznę.

– Do jasnej cholery!

– Dlaczego podnosisz głos? – pyta.

– To jedyny sposób na pozyskanie odrobiny współczucia w tym domu.

– Cassady krzyczy, bo nie umie mówić tak dobrze, jak jej siostra. I dlatego że wszyscy jej powtarzają, że jest niegrzeczną dziewczynką. I ponieważ jej własny tatuś nie poświęca jej uwagi.

Cisza.

Następnego dnia na placu zabaw jestem zdeterminowany, żeby pobawić się z Cass. Siedzi sama w żółtym drewnianym domku. Siadam obok. Mówi do mnie:

– **Idź sobie stąd, tatusiu.**

Odchodzę. Wciąż się jej trochę boję.

Na zewnątrz domku obserwuję dwóch chłopców na ściance do wspinaczki. Papugują się nawzajem. Przypomina mi to, jak ja się zaprzyjaźniłem z Gavinem. Decyduję, że poczekam, aż sama na mnie spojrzy. Potem patrzę jej prosto w oczy, powtarzam wszystko, co mówi, i papuguję wszystko, co robi.

Kilka minut później wychodzi z drewnianego domku. Wręcza mi swoją lalkę, Ledę.

– **Tatusiu** – mówi – **musisz potrzymać Ledę. Bo ona musi spać.**

– Jest bardzo zmęczoną lalką – odpowiadam i wkładam Ledę do kieszeni.

– Śpi – mówi Cassady.

– Chrapie – odpowiadam.

– **Robi o tak: hrrrrr śśśśśśś.**

– Hrrrrr śśśśśśś.

Chichocze. I ja chichoczę. Obydwoje chrapiemy jeszcze głośniej. Stajemy się bardzo energicznymi śpiącymi lalami. Potem biegamy dookoła, chrapiąc. Potem biegniemy do piaskownicy, wymachując w powietrzu nogami, jak śpiące lale na szalonej popijawie. Cassady patrzy mi w oczy i chichocze. Ja patrzę jej w oczy i ryczę ze śmiechu. Nie mogę powiedzieć, że to powstrzymało wszystkie kolejne napady złości, ale było zabawnie. I od tamtego czasu staliśmy się lepszymi przyjaciółmi. A ona zaczęła rozmawiać z Jaz.

Zasada 42
Zawsze bądź pozytywnie nastawiony

1976, Luksemburg.
Marzec 2006, Muswell Hill

Mam sześć lat. Oglądam z bratem *Co za nokaut!**. Tata siedzi na kanapie w drugim końcu pokoju. Mój starszy brat wymawia słowo, który uwłacza Francuzom. Nazywa ich „kretynami". Nagle ojciec podrywa się z kanapy i daje mu po głowie. Mocno.

– Nigdy więcej nie przeklinaj. Jesteś bardzo niegrzecznym chłopcem – mówi.

Zostaliśmy przyłapani. Nie sądziliśmy, że nazwanie ludzi „kretynami" jest aż tak niewłaściwe. Zwłaszcza gdy są: 1) w telewizji, 2) Francuzami. Założyliśmy, że po to się jest Francuzem: żeby być celem naszego rozwijającego się dowcipu. OK, samo słowo jest niewłaściwe, ale nie aż tak jak walenie kogoś po głowie. Najbardziej jednak dziwi nas to, że tata ruszył się z kanapy. Ta kanapa jest jego „okopem". Zwykle się z niej nie rusza.

Następnego dnia rozmawiam z nim.

– Kiedy miałem trzydzieści lat – mówi – omal nie wstąpiłem do Legii Cudzoziemskiej. Teraz byłbym generałem.

---

* *It's a knockout* – show, w którym w wymyślonych i często absurdalnych grach współzawodniczą drużyny z różnych miast ubrane w kostiumy piankowe.

Gapię się na niego. Przez chwilę nie odbieram go jako faceta stojącego przede mną i palącego silk cuta, faceta, który zaraz naleje sobie dżinu z tonikiem z butelki, w której przygotowałem dla niego drinka, używając syfonu z nabojami. Widzę go jako mężczyznę, którym mógł być: jeżdżącego na wielbłądzie, strzelającego z broni do wroga. Wolę tę drugą wersję.

– I co się stało, tato? – pytam.

– No więc... poznałem twoją matkę i potem przyszła na świat cała wasza gromadka.

Widzę, że to „cała wasza gromadka" jest nagrodą pocieszenia. Tak jak dostanie jogurtu w kolorze brzoskwini. Ja wiem, że nigdy nie popełnię tego błędu – nie poznam kobiety, w której się zakocham. Wstąpię w szeregi Legii Cudzoziemskiej. Mam sześć lat i uważam, że kobiety są dla pedałków. Potem tata opowiada mi, jak dorastał podczas wojny. Miał rodzinę zastępczą i był przekazywany z domu do domu. Z własnym ojcem mieszkał tylko rok i był często bity. Ta historia brzmi dość drastycznie.

Rozmyślam o tym teraz, gdy już zauważyłem, że jestem zaprogramowany do tego, by powtórzyć sposób wychowywania stosowany przez mojego ojca. Najgorszy moment całego tygodnia to 23.45 w piątek wieczorem. Wtedy Liv pyta: „Kto przygotowuje rano śniadanie?". Moją pierwszą myślą jest zawsze: jutro jest sobota. Moim zadaniem jest leżenie w łóżku do lunchu. Potem muszę się przenieść na kanapę, żeby zapalić. Ale nie mówię tego. Po prostu się marszczę. A ona pyta: „Czy możesz przestać się marszczyć?". Odpowiadam: „Czy możesz przestać mnie krytykować?". A ona: „Nie krytykuję". A ja mówię: „Krytykujesz. Traktujesz mnie protekcjonalnie.

Sądzisz, że jestem niedobrym chłopcem". A ona odpowiada: „O czym ty w ogóle mówisz?".

Zawsze w tym momencie, każdego tygodnia, zdaję sobie sprawę, że pamiętam o każdej nieprzyjemnej rzeczy, którą mi ktoś powiedział. Te wszystkie krytyczne słowa wpijają mi się w mózg jak drut kolczasty. Zdaję sobie również sprawę, że zbyt ostro zareagowałem. Dlatego w każdą sobotę próbuję to jakoś wynagrodzić: wstaję, przygotowuję śniadanie, dąsam się. Taki mam system.

Tej soboty Grace tworzy coś podczas śniadania: przyczepia słomki taśmą klejącą do arkusza folii. Może stworzyć dosłownie wszystko przy użyciu taśmy klejącej.

– To jest Spełniacz Życzeń – mówi. – Musisz pomyśleć życzenie, a potem wdmuchnąć je w słomkę. Kiedy papier zaszeleści, twoje życzenie się spełni.

Oczywiście mógłbym powiedzieć: „Hej, usiłuję wypić kawę. Czy możesz dać mi trzy minuty spokoju? Jesteś taka irytująca".

Ale mówię coś zupełnie innego:

– To jest piękne. Jesteś taka mądra.

Zawsze chciałem mieć swój własny Spełniacz Życzeń i wiem również, że to, co powiem, ona zapamięta na zawsze. To sprawia, że chcę być pozytywnie nastawiony. Biorę Spełniacz i myślę: chcę przestać złościć się na swojego ojca.

Natychmiast przypomina mi się następująca historia:

Pewnego dnia, kiedy miałem siedem lat, tata postanowił spędzić z nami trochę czasu. Zaplanowaliśmy spacer. Kiedy przechodziliśmy przez pole pełne krów, zorientowaliśmy się, że jesteśmy na polu podnieconych byków. Ruszyły ku nam pędem. A my biegiem w stronę płotu. Mój starszy brat przeskoczył przez płot i uniósł druty. Młodszy brat zaczął się pod nimi przeciskać. Ja padłem na kolana i czekałem na swoją kolej. Byłem przerażony. Czekałem na stratowanie.

Usłyszałem wtedy:

– Tylne szeregi stop!

Odwróciłem się. Ojciec stał na baczność.

– Ej, wy! Co to za okrycia z zamszu?! Jesteście plamą na honorze pułku. Padnij i sto pompek. Nie obchodzi mnie, że tam są osty!

Pięćdziesiąt byków stało dookoła oszołomionych charyzmą taty i jego rozkazem. W tym momencie był generałem. Generałem chroniącym swoje dzieci.

Zasada 43
Naucz swoje dzieci przebiegłości

Kwiecień 2006, Muswell Hill

Czytałem ostatnio Freuda, który napisał, że komedia „przypomina nam o wolności dzieciństwa", i zobrazował swoją teorię dwustoma stronami gier słownych o wiedeńskich bankierach. To sprawia, że człowiek zakłada, że Freud musiał mieć bardzo dziwne dzieciństwo. A jego matka musiała być nieprzyzwoitą suką. Do tego, jeśli humor jest dla dorosłych przypominaniem sobie dzieciństwa, człowiek zaczyna się zastanawiać, z czego śmieją się dzieci.

Malutkie dzieci śmieszy tylko jedno: moment, w którym nagle czyjaś twarz zbliża się do nich, a potem odjeżdża. Jeśli chcesz, żeby dziecko zadławiło się ze śmiechu, to połóż je na podłodze i rób pompki nad jego głową.

Po tym etapie dzieci są gotowe na kolejny: „nie-ma-nie-ma-jest". Zakładasz ręcznik na głowę, a one go ściągają. Myślą sobie: „NIE MA go... O jest... NIE MA go ZNOWU! O jeeest!!!... O mój Boże, czy istnieje cokolwiek LEPSZEGO niż to?".

Dzieci uwielbiają tę zabawę. I uwielbiają być podrzucane do góry. I uwielbiają, kiedy udajesz, że je puszczasz. Dzieci uwielbiają też bać się trochę. Bajka jest wyprawą w świat strachu; żart jest tym samym, tylko w wersji przyspieszonej.

Teraz, kiedy Grace skończyła cztery lata, stała się komikiem na miarę swoich możliwości i chce tego, czego chcą komicy, czyli żebym śmiał się z jej żartów. Rozmyślam o tym, zdzierając resztki jajecznicy z dna garnka. Zaczynam zdawać sobie sprawę, że czeka mnie jakiś figiel. Wskazówki są następujące:

Chichotanie.

Dźwięk skradającego się dziecka, które jest równie delikatne, jak nosorożec stąpający po folii bąbelkowej.

Fakt, że dwie minuty temu Grace powiedziała: "Tatusiu, zdejmij nakrętkę od mojego pistoletu na wodę, ale TATUSIU, musisz zapomnieć, że cię o to poprosiłam". Potem grozi mi palcem jak bardzo zła wiedźma i mówi: "Zapomnij, zapomnij, zapomnij".

Wreszcie napastnik dociera do mnie i zaczyna psikać wodą na moje stopy. Towarzyszą temu chichoty. Zgaduję, że to zabawa, w której moja córka wykazuje się podstępem, a ja muszę udawać, że niczego nie zauważyłem. Niestety, po chwili staje się bardziej przebiegła. Przyciska spluwę do moich pośladków. Opróżnia cały magazynek prosto na moje spodenki. Teraz czas, żebym coś zauważył.

Rozglądam się po pokoju oskarżycielsko.

– Chwileczkę – mówię – chyba zostałem postrzelony.

Grace wydaje z siebie stłumiony śmiech, który wchodzi w wysokie rejestry i jest piękny jak śpiew kosa. Bardzo się jej podoba to, że udaję, że jej nie zauważyłem. Wsuwam dłonie w szorty.

– Co?! Zostałem postrzelony i jestem mokry! I mam mokre spodenki!

Już nie może się powstrzymać. Wybucha śmiechem.

– Chwileczkę! – krzyczę. – Ty masz pistolet. Co?! Dobra, zaraz cię dopadnę.

Uciekam. Łapię poduszki. Pierwszą z nich rzucam w jej stronę. Drugą atakuję. Ona atakuje w odwecie. Jest drapieżna, próbując zadać mi cios.

Biegnę na górę, krzycząc. Goni mnie. Ta zabawa obudziła w niej dzikie żądze – usatysfakcjonuje ją wyłącznie dopadnięcie ofiary. Widzę, że zamieniła się w lwa, a ja jestem sarenką. I nie będzie miała z tego uciechy, jeśli nie będę kontratakował. Nagle wyłamuję się z tego schematu.

Staję się olbrzymem. Ogromnym i pełnym władzy.

– Kim jesteś?! – ryczę. – Masz pistolet? Będę z tobą walczył!

– A ja będę walczyła z tobą! – odkrzykuje srogim głosem, zaciskając drobne piąstki.

Pierwsze uderzenie trafia prosto w moje jądra. Na szczęście nie było zbyt mocne. Ale jęczę i padam na ziemię.

Jej siostra jest w pokoju obok. Zauważyła, że tatuś będzie pobity. Koniecznie chce się dołączyć do tej akcji. Obydwie skaczą na mnie i dostaję coś, co mógłbym tylko nazwać Porządnym Laniem. Skaczą po mnie i lądują tyłkami wprost na mojej klacie. Udaję, że jestem trupem.

Niestety, tu zabawa się kończy. A ja tak rozbuchałem zapał moich córek, że zaraz jedna z nich zacznie płakać. Potrzebuję dobrej alternatywy.

Schodzę na dół. Wyciągam farby i zdejmuję koszulkę.

– Wiecie, co byłoby zagraniem naprawdę nie w porządku? – pytam. – Gdybym zasnął, potem się obudził i zobaczył, że ktoś pomalował mi całe plecy.

Kładę głowę na stole i ucinam sobie drzemkę. Dziewczynki malują moje plecy. Jest cudownie. Mam wrażenie, że jestem masowany przez wróżki.

dostaję Porządne Lanie

Zasada 44
Nie bój się, wyrób w sobie lęk przestrzeni

Kwiecień 2006, Portugalia

No więc mamy te portugalskie wakacje za darmo, ale mam wrażenie, że będzie z tym i tak za dużo zachodu. Liv czyta katalog:

– „Usadowiona pośród pachnących wzgórz Algarve, Villa Portofino leży niedaleko plaży...". Pakowanie zajmie nam godzinę. Potem godzinę na Luton. Jeśli zostaniemy, ja będę pracować, a ty zajmiesz się dziećmi.

Zgadzam się na wyjazd. Tydzień później. Północ. Pakuję nas. Liv pyta:

– Masz prawo jazdy?

– O Boże – odpowiadam.

– Jeśli go nie znajdziesz, nasz wyjazd jest bez sensu.

Opróżniam szuflady. Sprawdzam kieszenie w torbach. Dwukrotnie odwiedzam strych.

Druga nad ranem. Jestem tak zmęczony, że zapomniałem, czego szukam. Mam wrażenie, że to jakby metafora mojego życia: nie szukam niczego i wiem, że nie zaznam spokoju, dopóki tego nie znajdę.

Trzecia nad ranem. Znajduję prawo jazdy.

Szósta. Włącza się alarm. Jedziemy na Luton.

Dziewiąta. Wciąż jedziemy. M1 jest zablokowana. Cassady twierdzi, że chipsy przylepiły jej się do nogi. Grace prosi mnie o opowiedzenie bajki o Księżniczce Wróżce. Liv mówi, że powinienem był zjechać na poprzednim skrzyżowaniu.

Jedenasta. Lecimy.

– Spójrzmy przez okno i zobaczmy, czy uda nam się znaleźć morze!

Niestety, jakiś facet zasłania całe okno swoim „Daily Mail". Czyta artykuł, który poleca inwestowanie w Bułgarii.

Czwarta po południu. Dojeżdżamy do naszego domku letniskowego. Pachnie pleśnią. Znajdujemy wilgotną układankę Arki Noego i odkrywamy, że brakuje czterech kawałków. Idziemy na plażę. Wzdłuż drogi ciągną się częściowo zbudowane wille z kawałkami metalu wystającymi z dachów. Morze jest zimne. Cassady nie podoba się to kłębiące się coś.

Siódma wieczorem. Idziemy na zakupy. Pierwszy sklep oferuje artykuły, których Brytyjczyk nigdy by nie kupił: portugalskie wino, czekoladę Ritter Sport, torebki z migdałami w cukrze. Nie jest dobrze. Następny sklep sprzedaje czekoladowe płatki śniadaniowe, fasolę w puszce i „Daily Express". Jeszcze gorzej.

Wracamy do domku. Rozwalam się na wilgotnej kanapie. Rzadko czuję się tak przygnębiony. Zauważam „Daily Mail", zabrane facetowi z samolotu. Trafiam na zdanie: „Na Malediwach znajdują się rafy koralowe otoczone mnóstwem kolorowych rybek". Dociera do mnie, że powinniśmy byli pojechać na Malediwy.

Wchodzi Cass.

– **Tatusiu** – pyta – **chcesz zabawić się w Marsz Pingwinów? OK, to możesz.**

Jestem lekko zaciekawiony.

– Jak się bawi w Marsz Pingwinów? – pytam.

Wychodzę na dwór. Obie dziewczynki mają na sobie kostiumy kąpielowe.

Cassady ustala zasady zabawy.

– **Ja będę Tatusiem Pingwinem. Grace, ty będziesz Mamusią Pingwinową. Tatusiu, ty się NIE BAWISZ, ty TYLKO OBSERWUJESZ.**

Kładzie ogromny kamień na swoich stopach i kołysze się jak kaczka w stronę Grace. Łączą się skrzydełkami. Pocierają szyjami. A potem Cass przetacza kamień ze swoich stóp na stopy Grace. Jestem pod wrażeniem. Zwykle się nie całują, chyba że podczas zabawy. A to jest doskonałe streszczenie filmu. Nie mam roli do odegrania w Marszu Pingwinów. Moim zadaniem jest oglądanie.

Zatem oglądam. I widzę, że moje dzieci wiedzą coś, o czym zapomniała większość dorosłych – oprócz tych, którzy piszą teksty do katalogów biur podróży – miejsca wypoczynku są atrakcyjne, jeśli się sprawi, że takie będą. Trzeba użyć trochę wyobraźni. A to można na dobrą sprawę robić również w domu.

Ja i Cass w Portugalii, po tym, jak już się rozchmurzyłem

Zasada 45
Zrelaksuj się

Lipiec 2006, Muswell Hill

Gazety, zawsze chętne do przekazywania złych wiadomości, informują mnie, że ryzyko posiadania dziecka z autyzmem zwiększyło się w ciągu ostatnich dwudziestu lat dziesięciokrotnie. Występuje znacznie częściej w rodzinach, w których ojciec ma ponad czterdzieści lat. Świetnie. Od lat kpimy z Nastoletnich Matek. To lato było okresem polowań na Starsze Matki (drenują zasoby publicznej służby zdrowia). Teraz czas na krytykę Starszych Tatusiów. Za długo im było dobrze. Zgodnie z tradycją, kobiety mogą rozmnażać się do czterdziestki, a faceci nawet i do dziewięćdziesiątki. Jak powiedział Johnny Vegas*: „Działam w show-biznesie. Jeśli dobrze rozegrałem swoje karty, to matka moich dzieci jeszcze się nie urodziła". Ale teraz wiemy lepiej. Starsi Tatusiowie mają niewłaściwy typ nasienia. To ten typ, który zatrzymuje się na zewnątrz jajeczka, żeby policzyć innych przepływających obok.

Współczuję autystykom. Nie mogą odczytywać emocji. To nie autyzm. To charakterystyka płci męskiej. Fiksują się na rytuałach, liczbach i wzorach – to powód, dla którego autystycy często są świetni w matematyce czy muzyce. Świat od-

---

* Johnny Vegas – brytyjski aktor i komik. Znany z charakterystycznej sylwetki i chrypliwego głosu.

bierają jako nieznośnie chaotyczny lub dezorientujący. No cóż, taki jest. I jeszcze się pogarsza. Wszędzie są informacje, reklamy, hałas. Autobusy i taksówki mają zainstalowane ekrany, które wyświetlają reklamy. Drogi są obstawione znakami. Cały świat wygląda tak, jakby był pensjonatem, w którym, gdziekolwiek spojrzysz, znajdują się informacje: „Nie palić", „Nie zostawiać ręczników na podłodze", „Śniadanie jest podawane między 6.00 a 6.15".

To jest niedobre zwłaszcza dla rodziców.

Każdego dnia budzę się rano i zawsze robię to samo: liczę dokładnie, ile minut przespałem. Potem idę na dół, gdzie odmierzam jedną filiżankę owsianki do miski i dwie łyżki kawy do dzbanka. I lubię rozpocząć każdy dzień od analizy programu telewizyjnego. Kiedy gramolę się z łóżka, samoloty huczą nad moją głową. W budynku obok robotnicy zaczynają wiercić. Jeśli należysz do klasy średniej, to istnieje szansa, że zawsze co najmniej jeden sąsiad będzie rozbudowywał swój dom.

Muszę się napić kawy, zanim ktokolwiek mnie poprosi o cokolwiek. Drzwi lodówki są pokryte rysunkami, Przydatnymi Numerami i wiadomościami przypominającymi mi o rzeczach, które miałem zrobić dwa tygodnie temu. Nadchodzi dziecko. Ma na sobie pieluszkę, skarpetkę i koronę.

– Tatusiu, czy możesz odwiązać moją skakankę, bo muszę ocalić swojego misia? – pyta.

Zanim zdążę odpowiedzieć, pojawia się kolejne dziecko. Jest nagie. Krzyczy:

– Ale ona nie pozwala mi użyć nożyczek!

Nie rozumiem nic z tego zdania. Ani tego, co jest potrzebne. Ktoś puka do drzwi. Facet o imieniu Brian mówi:

– Przyjechałem, żeby zmierzyć zasłony.

Dzwoni telefon. Jak idiota, odbieram. Ktoś mówi z amerykańskim akcentem:

– Hej, Andrew, czy Grace będzie wolna o czwartej?

Usiłuję sobie przypomnieć. Moja głowa jest jak przerwa na reklamy w Cartoon Network. Pełna wybuchów. Lalek Barbie. Ludzi mówiących z nieludzką prędkością. Usiłuję sobie jedynie przypomnieć, czy Grace będzie wolna o czwartej. Nadchodzi Liv i mówi:

– Czy mógłbyś nie zostawiać ściereczki do naczyń w zlewie, bo strasznie śmierdzi?

Dziecko krzyczy:

– Tato, mam cukierka w nosie!

Chcę odkrzyknąć: „Czy wszyscy mogliby się po prostu zamknąć?! Usiłuję się skoncentrować na liczbach!!!".

Nie krzyczę. To byłoby szalone. Zamiast tego zakrywam uszy i jęczę. Wysyłam podświadome wiadomości w dół do swoich jąder: „Jeśli produkujecie kogoś dzisiaj, wyprodukujcie trochę tych cichych egzemplarzy, które lubią siedzieć w białych pokojach, gapiąc się na ściany. Potrzebujemy ich więcej".

Tyle się nauczyłem: życie jest ciężkie, świat jest hałaśliwy, a nasze wanny są wypełnione plastikowymi przedmiotami. Nauczyłem się również, że nasze dzieci odmawiają logicznego mówienia lub mówienia pojedynczo. Dlatego trzeba je ignorować. Po pewnym czasie zaczynają wymyślać własne zajęcia. Tak, część z nich wydaje się raczej autystyczna. Przeglądają magazyny, wycinając tylko obrazki torebek. Porządkują swoje spinki według kolorów. Ale nie obchodzi mnie, czy są na pograniczu zespołu Aspergera. Myślę: zrelaksuj się, to jest nieuniknione – wszyscy na to cierpimy.

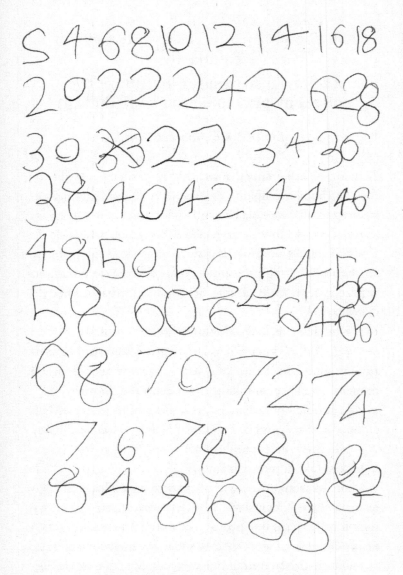

Grace to narysowała. Też tego nie rozumiem.

Zasada 46
Zachowaj swój autorytet (może być potrzebny przy unikaniu konfrontacji)

Lipiec 2006, Muswell Hill

W niedzielę zabieramy dziewczynki na garden party dla dorosłych. Jest letni upalny dzień. Gospodarze sugerują, żebyśmy zabrali basen dla dzieci. Doskonała sugestia. Jest tam jeszcze czwórka innych dzieciaków. Wszystkie pakują się do środka i moczą ubrania. Jest dużo zabawy. Nagle robi się szósta po południu i musimy szybko dotrzeć do domu, bo w przeciwnym razie zacznie się awantura. Mówię więc do dziewczynek:

– Kto chce biec nago do samochodu?

– Ja! – odkrzykują razem i wybiegają, tańcząc. Nie zrozumcie mnie źle. Samochód jest zaparkowany tuż przed domem. Nie każę im mknąć przez centralny Londyn.

Zatem obie opuszczają imprezę nagie, tańcząc, a dwóch chłopców zaczyna płakać. Jeden z nich w zasadzie chlipie:

– Nie pozwólcie im odjechać.

Jestem taki dumny. Co za wyjście!

Mam wrażenie, że stworzyłem wizerunek szczęśliwego beztroskiego dzieciństwa. Myślę: rodzicielstwo to nowy rock'n'roll. I jest takie proste. Pozwolisz im robić to, na co mają ochotę, a same wyrobią w sobie wyczucie towarzyskie.

Jednakże dzisiaj oprócz dziewczynek opiekuję się trzyletnim Samem. Sam jest uroczym chłopcem. Poznałem jego ojca czternaście lat temu. Mieszkał na Goa, tworząc tęczowe dekoracje na imprezy na plaży. Teraz mieszka w Finchley i sprzedaje ekologiczne warzywa. Sam uwielbia do nas wpadać po to, żeby dwie ładne dziewczynki mogły go musztrować. Cass zabiera pięć minut przekonanie go do tego, by się rozebrał. Może nie potrzebuje zachęty? W każdym razie rozbiera się do rosołu.

– Nie zmarzniesz? – pytam go.

Rzuca we mnie klockami Lego.

– Nie rzucaj we mnie – mówię.

Cass również rzuca we mnie Lego. Znikają na górze.

Odkąd urodziły mi się córki, ludzie pytają:

– Jak to będzie, gdy chłopcy zaczną znikać na górze z twoimi córkami?

Przygotowałem sobie odpowiedź. Wyobrażam sobie siebie jako Pana Miłego Ojca, któremu każdy się zwierza. Będę miał maksimum szans, żeby im to wyperswadować. Jeśli ta metoda zawiedzie, to zawsze Liv może im pogrozić. Nikt mnie nie pytał, co zamierzam zrobić w przypadku, gdy trzylatki zaczną rozbierać się przy moich córkach.

Dedukuję, że nikt nie zajdzie w ciążę. Ignoruję ich. Ale po godzinie idę sprawdzić, jak wyglądają sprawy. Otwieram drzwi. Moja córka ma na sobie strój księżniczki; a chłopiec jest wciąż nagi. Układają na łóżku misie, rozmawiając głosem piratów.

– A niech to dunder świśnie – mówią oboje kilka razy.

Chłopiec niedbale pociąga kilka razy swojego siusiaka. A raczej naciąga jak strunę. Trochę tak, jakby naciągać balon przez nadmuchaniem go. Nie sądzę, żeby to była jakaś seksualna czynność. Pewnie dopiero odkrył, że dotykanie tych rejonów wywołuje przyjemne uczucie. W porządku. To jest coś, co robimy wszyscy. Tyle że nie publicznie. Lub wkrótce po poznaniu naszych gospodarzy. I nie w momencie, w którym tatusiowie kręcą się w drzwiach.

Przeszkadza mi to, że najpierw szturcha się w czubek siusiaka, a potem szturcha nasze misie.

Cassady spogląda na mnie.

– **On jest piratem** – mówi. – **A ja księżniczką. Ty bądź królem.**

Myślę: nie ma mowy. Nie wezmę udziału w zabawie z małym golasem. Gdyby ktoś nagle zajrzał przez okno, zobaczyłby mnie z czyimś nagim dzieckim. To nie jest mój wizerunek, który chcę promować.

– Nie zmarzłeś za bardzo? – pytam go.

– Nie – odpowiada.

– Kapitanie Bez Brody, zamierzam ubrać cię w te brązowe pirackie spodnie i dać ci przepaskę na oko – mówię.

– Lubię być nago – odpowiada.

Ja na to:

– Piraci nigdy nie byli nadzy. Mieliby za dużo drzazg w nogach.

Krzyczy na mnie:

– JA LUBIĘ BYĆ NAGO!

Obydwoje rzucają we mnie klockami Lego. Mam przed sobą nagą rewolucję.

Wychodzę i dzwonię do żony. Jest na spotkaniu z prezesem dużej firmy. Prowadzimy jedną z tych rozmów, kiedy jedna strona musi wykonać całą pracę, a druga udaje, że to jest ważny telefon biznesowy.

– Jestem na spotkaniu. Czy jest jakiś problem? – pyta Liv.

– Tak. Gość Cassady. Jest cały nagi i szturcha nasze misie.

– Odezwę się przed końcem dnia.

– Nie wytrzymam tak długo. Nie sądzę, żeby i on wytrzymał. Tak za niego ciągnie, że wygląda na to, że może się oderwać. Do tego rzuca klockami Lego.

– Sądzi pan, że firma powinna zmienić się od dołu?

– Tak uważam.

– Nie mogę zbyt wiele zdziałać w tej kwestii. Ale powiedziałabym... proszę się uspokoić. To jest absolutnie naturalne.

– No tak, ale jest takie... obleśne. Nie chcę tego w domu.

Odwiedzam dzieci pół godziny później. Wykorzystuję pretekst podania drugiego śniadania. Daję im plasterki ogórka. Sam zjada jeden. Jeśli chodzi o drugi, to decyduje się na założenie go na fiutka jako obrączki.

– Nie możesz brać jedzenia, jeśli go nie jesz – mówię.

Rzuca we mnie ogórkiem. Jestem dość wkurzony. Wychodzę z pokoju i robię kilka głębokich wdechów. Problemem nie jest nagość, dochodzę do wniosku. Problemem jest to, że cały czas we mnie czymś rzuca, a ja się waham narzucić swój autorytet. Wiem, że zachowuję się trochę jak ojciec Sama, który jest jednym z tych ojców stojących w drzwiach i proszących:

– Sam... czas już iiiiść... Saaaammmm... czas już odłożyć zabawki.

A potem przypominam sobie, co powiedziała Cassady, gdy po raz pierwszy wszedłem do pokoju.

Powiedziała:

– **Tatusiu, ty bądź królem.**

Jestem jedną z tych osób, które spędzają całe życie na unikaniu bycia autorytatywnym, bo nie chcą, żeby inni ludzie ich znielubili. Decyduję, że to musi się skończyć. W tej chwili.

Maszeruję z powrotem do pokoju jak król.

– Dobra, powiedziałem ci, żebyś we mnie niczym nie rzucał. Wkładam ci teraz ciuchy, a potem pójdziesz do kąta.

Biorę go na ręce, schodzę na dół i wkładam mu ciuchy. Rozważa przez moment rozpłakanie się, ale widzi, że jestem jak Clint Eastwood: Nic mnie nie ruszy, nic mnie nie przekona.

Stawiam go do kąta, a potem wycofuję się do kuchni i obserwuję przez drzwi. Jestem dużo spokojniejszy po tym, jak zademonstrowałem swój autorytet. Ciekawe, że on też.

On decyduje się na włożenie drugiego plasterka jako obrączki na fiutka.

Zasada 47
Nie dawaj przedmiotów, tylko poświęcaj uwagę

Boże Narodzenie 1978, Luksemburg
Sierpień 2006, Muswell Hill

Na moje ósme Boże Narodzenie moi bracia i ja dostajemy największy prezent, jaki w życiu widzieliśmy. Zostawiamy go na sam koniec. Każdy po kolei zdziera taśmę klejącą. I kiedy go otwieramy, nie możemy uwierzyć, jaki jest fajny – to ogromny zestaw kolejki z mostami, sygnalizacją i wszystkim.

– Mamo, potrzebujemy do tego wtyczek – mówimy.
– Poproście tatę. Ja sprzątam po obiedzie – odpowiada.
– Zrobię to jutro – mówi tata.

Następnego dnia prosimy znowu. Odpowiada:

– Przecież śpię.

Dwadzieścia lat później pomagam rodzicom w przeprowadzce. W piwnicy znajduję ten zestaw kolejki. Wciąż bez wtyczek. I składam obietnicę, że jeśli kiedykolwiek będę miał dzieci, to nie będę dawał im przedmiotów, tylko poświęcał uwagę.

I to jest zasadniczo dobra obietnica. Ale za każdym razem, gdy występujesz przeciwko swoim rodzicom, stwarzasz inne problemy. Można by w ten sposób od nowa napisać Wilde'a. Kiedy facet dorasta, ocenia swoich rodziców. To ich nieszczęście. Wtedy facet występuje przeciwko nim.

To jego nieszczęście. Odkryłem, że jeśli bawisz się ciągle z dziećmi, to zaczynają polegać na tobie jako źródle rozrywki. Tak naprawdę powinno być odwrotnie.

Prawda jest taka, że mam dość zajmowania się dziećmi i nie mam ochoty zawracać sobie nimi głowy. Minęły już dwa dni od czasu, kiedy zadzwonił Nick, żeby mi powiedzieć, że Lou Gish zmarła. Usiłuję o tym nie myśleć. Wyleguję się w łóżku, czytając *Chłopca z latawcem*, który jest naprawdę dobrą książką. Pojawia się Grace.

– Tatusiu, pomożesz mi zrobić żółwia? – pyta.

Pokazuje mi jakieś części kartki, którą powinno się pociąć i pozlepiać razem. Chcę jej powiedzieć, że żółw tak naprawdę nie jest zabawką: dotarł tu z innego kraju z jej butami. Chcę jej powiedzieć, że sama musi rozwijać swoją kreatywność. Chcę jej powiedzieć, że nie znoszę większości jej zabawek. Są plastikowe, bez uroku i zajmują tyle miejsca, że nie pozwalają nam się bawić. Mam ochotę wywalić je wszystkie.

– Mam taśmę klejącą – mówi.

– Ty zajmujesz się wycinaniem. Ja zajmuję się przyklejaniem – mówię.

– OK – odpowiada i zaczynamy pracować.

Szybko odkrywamy, że kartka nie jest pocięta odpowiednio, a instrukcje są niedokładne. Mam ochotę to przerwać, ale wiem, że choć uważam, że wszystko jest trudne, to chcę, żeby ona myślała, że wszystko jest łatwe. Dalej wycina. Naprawdę chce zrobić tego głupiego żółwia. Podczas wycinania pyta mnie:

– Tatusiu, czy ty się na mnie kiedykolwiek złościsz?

– Nigdy się na ciebie nie złoszczę.

– Złościsz się, jak się kłócę z Cassady.
– To prawda. Co Cassady teraz robi?
– Ułożyła swoje misie na podłodze i karmi je zupą.
– Czego używa jako zupy?
– Skarpetek! – odpowiada.

Obydwoje się śmiejemy. Nagle odpada głowa żółwia. Nogi mu się uginają, jakby był pijany. Przykleiliśmy jedną w poprzek, bo nie mogliśmy wpaść na to, jak zrobić to inaczej. Chcę już to przerwać.

– Czy sądzisz, że to będzie twoja ulubiona zabawka? – pytam.
– Tak. Moglibyśmy zaprosić Naomi, żeby się nią pobawić.

Naomi jest jej najlepszą przyjaciółką. Dzisiaj się dowiedziałem, że Naomi wkrótce wraca do Ameryki. Ale nie mówię jej tego.

Pojawia się Cassady. Niesie dwanaście misiów w poszewce na poduszki. Wyjmuje Misia Lucynkę.

– **Powiedzcie hip hip dla Misia Lucynki** – zarządza.
– Hip hip – mówimy.

Cassady wykrzykuje: „Nico!"*, i rzuca Lucynkę na podłogę. Potem robi to samo ze wszystkimi misiami. Nie wiem, co usiłuje osiągnąć poprzez tę czynność, ale wiem, że jest to na pewno coś. Satyra na sławę? Kto wie? To odwraca uwagę Grace. Wyciąga zestaw małego doktora i ratuje misia, każdego po kolei. W efekcie muszę skończyć składanie żółwia sam. Nie wiem, co usiłuję osiągnąć przez tę czynność, ale wiem, że jest to na pewno coś.

---

* Oryg. *Nuffink* – słowo stworzone przez Cassady, które fonetycznie przypomina wymowę *nothing*, czyli *nic*.

Pozbywanie się zabawek.
Metoda pierwsza: sprawianie,
że Barbie wzleci w powietrze.

Zasada 48
Pamiętaj – prawdziwych przyjaciół poznaje się po tym, czy dzwonią

Sierpień 2006, Muswell Hill / Hampstead Heath

Nie wiem co, do cholery, stało się z moimi przyjaciółmi. Nie mam już żadnych. Tak, często widuję Marka, który para się różnymi zajęciami, więc jest zawsze mile widziany. Lubię Lucy, z którą się śmiejemy, pchając nasze wózki przez sąsiedni szpital dla umysłowo chorych w drodze powrotnej ze szkoły, ale nie mogę sprawić, żeby nasze dzieci się zaprzyjaźniły. Lubię Emmę – mamę, która mi się podoba. Oblewamy się rumieńcem, wieszając płaszcze naszych dzieci. Znajdujemy wymówki, żeby dotykać swoich ramion. Tyle że jest mały problem – jej dzieciak jest jęcząco-zawodzącym koszmarem, który wciąż korzysta ze smoczka, więc z nią coś musi być nie tak.

Niestety nie spotykam się już ze swoimi starymi przyjaciółmi. Tymi, których naprawdę kocham. Już nie widuję się z Davidem Walliamsem. Łatwiej było nam się przyjaźnić, kiedy obaj byliśmy bez grosza i żebraliśmy o forsę od siebie nawzajem. Utrzymanie przyjaźni teraz, gdy słyszę go w show Jonathana Rossa[*], wymaga ode mnie lojalności, jakiej nie

---

[*] Jonathan Ross – brytyjski dziennikarz radiowy i telewizyjny. Do 2010 roku prowadził *Friday Night with Jonathan Ross* w BBC – talk-show z zapraszanymi celebrytami. Miał również swój program w BBC Radio 2.

mam. Nie było trudno. Kilku moich przyjaciół zyskało sławę i zawsze następował ten sam scenariusz: najpierw mnie prosili, żebym nie rozmawiał z mediami, a potem przestawali dzwonić.

Większość moich przyjaciół po prostu mieszka za daleko. Dzwonią do mnie czasem i mówią:

– Czemu wszyscy nie przyjedziecie do nas? Przygotujemy dla was smaczny lunch.

Chcę odpowiedzieć:

– Mieszkacie godzinę drogi stąd. Będę potrzebował czegoś więcej niż lunch. Będę potrzebował masażu i będziecie musieli dla mnie zatańczyć.

W weekend czasami zapraszamy całe rodziny, żeby się razem pobawić, ale kiedy spotkają się dwie rodziny, zawsze znajdą się dwie osoby, które się nie lubią. A w większości moi przyjaciele są albo samotnymi rodzicami, albo pracują cały tydzień, albo czują się zbyt winni, żeby odmówić swojemu potomstwu. Zatem ich dzieciak stoi na środku naszego salonu i krzyczy:

– Mamusiu! Musisz popatrzeć, jak tańczę!

I moi przyjaciele przestają ze mną rozmawiać. Rozmawiają wtedy ze swoimi dziećmi. I zawsze znajdzie się ktoś, kto będzie płakał, a ja spędzę cały czas na podawaniu drinków. A potem, jeśli już znajdę chwilę, żeby wyjść i zapalić – nikt z moich przyjaciół już nie pali – to ostatnie, co chcę widzieć, jest czyjeś upaćkane dżemem dziecko, które mnie prosi, żebym je gonił. Chcę, żeby te dzieci odbiegły w siną dal. I nie mam zamiaru ich gonić. Mają stać się plamką na horyzoncie, zanim poruszę dowolną kończyną.

Tak naprawdę bardzo lubię Gary'ego, który jest ciągle zaskakujący i śmieszny. Jest typem osoby, która mówi: „Czuję się pełen energii i nowych inspiracji" – w momencie, gdy leży na plecach ze złamanymi żebrami. Gary dopiero ostatnio zaczął znowu chodzić. Kupił sobie bungalow w brazylijskiej dżungli. Uczcił to, spadając z ponad czterometrowego balkonu. Wierzy również w odbieranie wszystkich wiadomości, jakie wysyła mu świat. W zeszłym tygodniu poszedł na imprezę, na której jakiś facet namawiał go, żeby wypróbował stronę internetową, przez którą szuka się ludzi chcących uprawiać seks. Gary spróbował. On i jego chłopak skontaktowali się z facetem, który chciał być wykorzystany seksualnie. Zaprosili go do siebie. Facet przyjechał przebrany za pokrakę*. Gary uznał, że pokraka jest tak sexy jak skarpetki bankowca. Zdał sobie sprawę, że musi natychmiast odesłać pokrakę. Odesłał. Pokraka nie miał nic przeciwko temu. Sądził, że to taka zabawa. Pewnie wciąż czeka przy telefonie.

W poniedziałek śle do mnie SMS-a: „Marzy mi się spacer w tę sobotę. 9–11. Jesteś wolny?".

Wiem, że byłoby to egoistyczne z mojej strony, żeby znikać w weekend, ale sądzę, że kiedy robi się plany, to należy wziąć pod uwagę potrzeby wszystkich – dzieci, mamy, taty. Kto jest najbardziej potrzebującym członkiem rodziny? W tej chwili uważam, że ja. Sprawdzam kalendarz i widzę, że nie mam nic zaplanowanego. Moje córki jednakże mają trzy towarzyskie wydarzenia, trzy imprezy. Odpisuję: „Będę o 9".

---

* Oryg. *Gimp* – oprócz znaczenia pokraka, ciapa, ciota – to również osoba biorąca udział w sadomasochistycznym seksie, która przybiera rolę ofiary gotowej do wykorzystania.

I naprawdę robię wszystko, żeby się tam pojawić. W piątek wieczorem ustawiam alarm. W sobotę rano wyskakuję z łóżka o 7.30. To żałosne, jak bardzo jestem podekscytowany dwiema godzinami w towarzystwie, które mnie czekają. O 8.40 jestem gotowy. Płaszcz gotowy. Włosy ułożone. Trochę śmiesznych historii przygotowanych. Dzieci zjadły śniadanie. No powiedzmy. Włączam telewizję, żeby odwrócić ich uwagę. Muszę tylko zanieść owsiankę Liv, która wciąż leży w łóżku.

Podaję jej owsiankę i mówię:

– Wychodzę spotkać się z Garym. Idziemy na spacer do parku.

– Pójdziemy wszyscy! Będzie fajnie! Pójdziemy na nowy plac zabaw – odpowiada.

Staję jak wbity w ziemię. Nagle zdaję sobie sprawę, że to jest moje jedyne wydarzenie towarzyskie całego tygodnia. Ma trwać dwie godziny maksimum. Jeśli wszyscy do mnie dołączą, to miną wieki, zanim się wybierzemy. Jednak nie mogę powiedzieć: „Nie możecie pójść ze mną. Nie możecie mieć z tego żadnej zabawy. Nie możecie zobaczyć nowego placu zabaw".

To znaczy... mogę. Ale nie mam żadnych pieniędzy. I nie mam władzy. Najmniejszy sprzeciw zostanie odnotowany. Odpowiadam:

– Wychodzimy za dziesięć minut. Ubiorę dzieci.

Widzę, że muszę się sprężać. Będę musiał im pomóc zepsuć moje wydarzenie towarzyskie.

Biegnę na dół. Dziewczynki oglądają na DVD bajkę *Charlie i Lola*. Uwielbiają Charliego i Lolę. Wszyscy ich uwielbiamy. Lauren Child jest współczesnym geniuszem naszej epoki. Wszyscy uwielbiamy ten radosno-smutny dźwięk trąbki „tramta ta ta tata ta ta…". Problem polega na tym, że dziewczynki oglądają telewizję dopiero od siedmiu minut. Telewizja dla dziecka jest jak kokaina dla dorosłych. Jak już trochę spróbujesz, będziesz potrzebował więcej. Co najmniej pół godziny. Jeśli pobierzesz tylko siedem minut, będziesz czuł niedobór i pewien brak.

Naprawdę będę musiał to umiejętnie rozegrać.

– Wszyscy idziemy biegać po parku! – mówię. – A wy dziewczynki musicie zrobić wyścig na górę!

Grace daje nogę. Cassady daje nogę. Szybko wyłączam telewizor. Udało się.

Ale potem Cass widzi, że nie ma szans na wygranie wyścigu, więc zmienia taktykę: wybucha płaczem.

Nadchodzi Liv.

– Cass naprawdę płacze – mówi. – Zjadła coś?

– Tak! – odpowiadam.

– Co?

– No więc… zjadła garść shreddies, ale potem wszystkie namokły.

– Czyli niczym jej nie nakarmiłeś? – pyta.

Nagle staje się dla mnie oczywiste, co jest największym problemem w naszym domu – Cassady ma atak złości, a Liv poświęca temu uwagę. Również dla Liv staje się oczywiste, co jest największym problemem w naszym domu: Cassady jest głodna, a ja jej nie nakarmiłem. Liv sądzi, że Cassady płacze, bo ją zignorowałem, dlatego że chcę iść wypalić trawkę w parku.

Livy przygotowuje grzanki dla Cassady. Ja biegam dookoła, zbierając ciuchy.

Biję światowy rekord. Ubieram dziewczynki w dziesięć minut. Nawet znalazłem papierowe korony, które obydwie chcą włożyć. Wszyscy wsiadamy do samochodu, co jest cudem. Zwykle zajmuje to pół godziny. Ale nigdzie nie ma śladu Livy. Czekam pięć minut. Trąbię.

Mijają kolejne trzy minuty. Znowu trąbię. Jest już 9.15. Teraz w mojej głowie eksplodują bomby. Widzę, co tak naprawdę jest problemem w naszym domu: nie wolno spotkać mi się z przyjacielem.

Trąbię przeciągle. Pojawia się Liv.

– Zaczekaj chwilkę – mówi.

Wraca do domu po ciasteczko dla Cassady. I w końcu o 9.30 docieramy do domu Gary'ego. Dzwonię do drzwi kilka razy. W końcu drzwi się otwierają. To Lee, nowy chłopak Gary'ego. Wygląda na bardzo przystojnego i odrobinę okrutnego.

– Na Boga – mówi – imprezowaliśmy do siódmej rano. Jest sobota. Nie planowaliśmy wstawać aż do popołudnia.

Odchodzę. Czuję się tak, jakbym próbował wpaść na imprezę bez zaproszenia i nie został wpuszczony do środka. Spadamy do parku. Na szczęście, dzień jest piękny, słońce świeci przez liście, a mnie zaczyna się poprawiać humor. Córki biegną na nowy plac zabaw. Obie docierają do konstrukcji z drabinek i zaczynają się bawić, udając, że są piratami wspinającymi się na olinowanie.

Liv i ja obserwujemy je. Liv ostatnio zaczęła nosić kolor turkusowy, który doskonale komponuje się z kolorem jej oczu.

– Przykro mi, że Gary zaspał – mówi, wkładając rękę w moją kieszeń. – I dzięki za przygotowanie ich do wyjścia.

– Nie ma sprawy – odpowiadam. Przyjmuję jej przeprosiny, ale robię to zranionym głosem, usiłując dać jej do zrozumienia, że jest mi coś winna.

Liv ściska moją rękę.

– Andrew, może się pobierzemy?

Myślę: ty przebiegła wiedźmo. Podnosisz tę kwestię tylko teraz, bo rozwaliłaś moją randkę.

Potem myślę: mój Boże, ta piękna kobieta właśnie mi się oświadczyła.

Patrzę na nią.

– Hm... – odpowiadam – ale ślub kosztuje przeciętnie dwadzieścia pięć kawałków?

– Zrobimy to szybko i tanio. Powiedzmy, za cztery tygodnie.

– Ale to wtedy i tak będzie kosztowało dużo i nie będzie aż takiej zabawy.

– Czemu ma nie być fajnie?

– Bo śluby powinny świadczyć o miłości. A sprowadzają się zwykle do ciotek i pastorów mówiących: „Nie potrwa to długo" i ludzi szepczących: „Podoba mi się twoja sukienka. Gdzie ją kupiłaś?". A potem dzieci zawsze płaczą podczas składania przysięgi i ich mamy muszą je podnieść, chodząc w swoich dizajnerskich ubraniach, co jest równie subtelne jak erekcja w saunie.

– Ślub nie dotyczyłby dzieci. Chodziłoby tylko o nas. Zatrudnilibyśmy opiekunkę do dzieci na ten czas.

– Dobrze, bo nie znoszę, gdy druhny odwracają czyjąś uwagę. Nie chcę, żeby ktokolwiek wyglądał ładniej niż ja. Z wyjątkiem ciebie oczywiście.

– Czy to oznacza „tak"?

- Oczywiście! Chociaż będzie trochę do pozałatwiania.
- W porządku – mówi – już zaczęłam.

Nagle czuję się, jakbym był w filmie. W filmach, gdy bohater ucieka z płonącego budynku, zawsze mówi do swojej kobiety: „Kocham cię. Nie mogłbym żyć bez ciebie".

Publika uwielbia tę kwestię, bo nie jest jej dane słyszeć jej w domu. Zdaję sobie sprawę, że to prawda. Zdaję sobie sprawę, że Gary ponownie zapomniał o naszej randce, mimo że sam ją zaproponował. A Liv jest tutaj razem ze mną. Jest moją randką.

- Dziękuję, Livy – mówię. – Będę zaszczycony, poślubiając cię.

Liv i Grace

Zasada 49
Bądź dżentelmenem –
dbaj o swoich przyjaciół

Wrzesień 2006, Dorset

Niestety sam muszę zorganizować swój wieczór kawalerski. Próbuję wrobić w to Gary'ego, ale jest na północy Anglii, kręcąc zdjęcia do *Little Miss Jocelyn**. Kiedy już uda się nam spotkać, połowę czasu spędzam na wysłuchiwaniu, jaki jest zajęty. I zwykle esemesuje, żeby odwołać spotkanie. Dziwne, że ja jeszcze próbuję odnieść sukces: nie cierpię, kiedy to się przytrafia moim przyjaciołom.

Byłem już na wielu wieczorach kawalerskich i wyciągnąłem następujące wnioski: faceci uwielbiają spotykać się bez kobiet. Tak naprawdę to nie chcą striptizerek. Chcą zrobić bałagan bez nikogo obok, kto by ich zaraz za to ochrzanił. „Weekendowe wieczory kawalerskie" zawsze odbywają się w wynajętym domku na wsi, który zostaje udekorowany przez dwudziestu uczestników puszkami po piwie i zużytymi skarpetkami. To jest w zasadzie to, czego ja chcę, z wyjątkiem tego, że potrzebuję tylko dziewięciu przyjaciół. Chcę spokojnego, prawie poetyckiego weekendowego wieczoru kawalerskiego. Chcę, żeby trwał trzy dni. Chcę, żeby ludzie chodzili na spacery i spędzali czas, śmiejąc się

---

* *Little Miss Jocelyn* – brytyjski serial telewizyjny napisany przez Jocelyn Jee Esien, która gra tam główną rolę. Serial jest pewną formą skeczu, w którym angażowane są przypadkowe osoby filmowane z ukrycia.

w ogrodzie. No i nie lubię pić. To po części dlatego, że nie znoszę tego całego podejścia macho „wszystko do dna". To po części dlatego, że wolę palić.

Zakładam, że nie będzie problemu z zebraniem wszystkich do kupy. To mój wieczór kawalerski. Odpowiednik dyscypliny partyjnej. Ale daję im znać dwa tygodnie wcześniej, a moi przyjaciele mają żony, które nie chcą, żeby zniknęli na trzy dni. Zaczynają do mnie dzwonić i mówić, że może uda im się wpaść w piątek. Gary dzwoni, żeby zapytać, czy jego chłopak może też wpaść. Ostatnio widziałem tego faceta, jak mnie pogonił z domu Gary'ego jakbym był psem z wścieklizną. Odpowiadam, że nie ma już wolnych miejsc. On odpisuje, że w takim razie nie da rady przyjść.

Zaczynam czuć się upokorzony. Dotarłem do wieku trzydziestu pięciu lat i nie mogę zebrać razem dziewięciu przyjaciół. Nawet mój świadek nie przyjedzie. Na szczęście jestem jednym z czterech braci. Moja rodzina jest jak z żartu Boba Hope'a: „Kiedy byliśmy dziećmi, wszyscy dzieliliśmy razem łóżko. Kiedy mówiliśmy mamie, że nam zimno, po prostu dorzucała kolejnego brata". Zwykle uwielbiam krytykować swoich braci. Nigdy dotąd nie czułem się bardziej wdzięczny, że ich mam.

Zatem wszyscy się zjeżdżają. Moi bracia przygotowują kolację. Po tym zakładam, że będziemy palić trawkę w fajkach i nabijać się ze wszystkiego. Ale to jest Wieczór Kawalerski, gdzie wszystko toczy się własnym torem. Nie mija minuta, a już ktoś daje mi kokainę, która jest moim najmniej ulubionym narkotykiem. Nie do końca rozumiem sens narkotyku, po którym zawsze będziesz wcześniej czy później zawiedziony – kiedy przestanie działać. Tak zwykle wygląda życie, a ja wolałbym być podniesiony na duchu.

Jednakże trudno się oprzeć, gdy ktoś inny za to płaci. Nie trwa to długo, a jestem kompletnie nawalony, wtedy ktoś otwiera tequilę, wszyscy walą w stół i krzyczą: „Do dna!".

Następny dzień spędzam na gwałtownym rzyganiu i większość uczestników rozjeżdża się do domów.

Ostatniego dnia nie ma już nikogo poza Nickiem Rowe'em. Nick wie doskonale, co najbardziej lubię robić. Upalamy się razem. Leżymy na plecach i się zaśmiewamy. Potem wymyślamy mnóstwo głupich wierszyków. Stajemy na zboczu górki i tworzymy piękne piosenki o Lou Gish. Ponownie zauważam, jak wciąż ogromnie ją kocha. Zdaję sobie sprawę, że mam szczęście kochać kobietę, która żyje. Która żyje i organizuje całą ceremonię.

Teraz jestem gotowy, żeby wziąć ślub.

Zasada 50
Znajdź jakieś anioły

Wrzesień 2006, Camden

Decydujemy się pobrać w kościele w Camden, tuż obok zoo. Nie zapraszamy żadnych ciotek ani dzieci. Sporządzam listę i dochodzę do wniosku, że jest sto dwadzieścia sześć osób, które naprawdę lubię. Dochodzimy do wniosku, że stać nas tylko na sześćdziesiąt osób, więc będę mógł zaprosić tylko te, które naprawdę, naprawdę lubię. Chcę poprosić Patricka Malone'a, żeby udzielił nam ślubu. Jest moim przyjacielem, który przygotowuje się do duchowieństwa.

Wygląda jak Owen Wilson. Kiedyś był aktorem. Teraz przygotowuje się do zostania pastorem. Sądzę, że tym sposobem będzie miał więcej zajęć. Kiedyś razem robiliśmy film i przez trzy miesiące dzieliliśmy przyczepę. Trochę człowiekowi odbija, gdy się spędza tyle czasu z jedną osobą w przyczepie. Pewnego razu stoczyliśmy bójkę. Zablokował mnie jak w rugby, co było częścią naszych męskich wygłupów, raniąc mnie przy tym w kostki. Pogoniłem za nim i tak mocno kopnąłem go w tyłek, że uszkodziłem sobie stopę.

Dzwonię do Patricka i proszę go, by udzielił nam ślubu.

– A dlaczego akurat ja? – pyta.

– Niewielu panów młodych może się przechwalać tym, że pobiło się z pastorem.

– Nigdy dotąd nie udzielałem ślubu – mówi. – Byłbym strasznie zdenerwowany.

– Dlatego chcę ciebie. Bo ty po raz pierwszy będziesz wypowiadał słowa przysięgi. Większość pastorów nie mówi szczerze, tylko tak, jakby odwalali kolejną robotę.

– Wiem, co masz na myśli – mówi Patrick. – Ale w małżeństwie obowiązek szczerości spada raczej na małżonków. Czy naprawdę tego chcesz?

– Tak – odpowiadam. – Bardzo.

– No to super. Zrobię to dla ciebie z dużą przyjemnością.

– OK – mówię. – Porozmawiajmy o gościach.

– Co masz na myśli?

– Nie chcę, żeby gadali o swoich strojach.

– A czego chcesz?

– Najwyższej podniosłości. Z mojego punktu widzenia to te dranie mają raczej ważne zadanie do spełnienia. My składamy przysięgę, a oni stają się swego rodzaju klejem, wierząc, że nam się uda. Nie mam ochoty, żeby gadali o swoich wakacjach.

– Co chcesz, żebym zrobił? Może zaintonuję modlitwę przez rozpoczęciem?

– To by było idealne. Jak długo może trwać?

– Minutę.

– Wolę pięć.

– Pięć minut ciszy?

– No. To powinno załatwić sprawę. A potem, jak już się zacznie, czy obiecujesz dać z siebie wszystko?

Patrick odpowiada ze śmiechem:

– Już teraz żałuję, że zgodziłem się na ten występ.

– Patrick, dasz sobie radę. Ale jeśli będziesz się wygłupiał, wejdę na ołtarz i dam ci kopa w tyłek.

Trzy tygodnie później znajdujemy się przed kościoem w Camden. W środku wszyscy przeżywają pięć minut ciszy. Rzucam okiem. Jeśli ktoś będzie gadał, poproszę Patricka, żeby go wywalił. Ale Patrick wygląda przejmująco świątobliwie, roztaczając dookoła cześć i chwałę. Nadchodzi Livy. Jest ubrana w czerwoną sukienkę, na głowie ma małe przybranie ze złotych liści. Wygląda ślicznie. Jesteśmy sami. Uśmiecha się od ucha do ucha i całuje mnie. Całując, lekko wciąga powietrze, jak gdyby chciała uwiecznić chwilę. A potem nisko mruczy „hmmm", jak gdyby chciała przekazać miłosny pomruk poprzez moje usta.

Przygotowujemy się do wejścia. Liv nie chciała być wprowadzona przez swojego ojca. Kocha go, ale nie uważa się za jego własność do przekazania. Wchodzimy razem. Trzymamy się za ręce. Idziemy przez nawę, a wszyscy się odwracają i uśmiechają. Nie zwracam na nich większej uwagi. Nie chcę ich rozpraszać.

Patrick rozpoczyna show. Jest natchniony przez Pana i opętany przez Święty Ogień. Zaczyna psalmem, a potem od razu przechodzi do przysięgi. Wpatruję się w oczy Liv i wyobrażam sobie to wszystko, o co pyta mnie Patrick: „Czy będziesz ją kochał? Czy będziecie razem aż do śmierci?". O rany! To długo. Skąd mam wiedzieć? Spoglądam na Liv. Widzę studentkę, w której się zakochałem, i nie wierzę, że spotkałem ją na swoje drodze. „Tak", odpowiadam.

Patrick dalej podgrzewa atmosferę. Przenosi swoje Święte Spojrzenie na Livy. Teraz naprawdę roztacza swoją magię, dobijając dobrego targu w moim imieniu. Livy musi mnie kochać i być ze mną w zdrowiu i w chorobie, opuszczając wszystkich innych. Nawet gdy będę chory, biedny i nudny, musi wciąż ze mną być. A Patrick jej to umiejętnie sprzedaje. Nie widzę ani krzty wahania w jej oczach. „Tak", mówi.

Potem nadchodzi moment kulminacyjny. Patrick podkręca wszystko jeszcze bardziej jak kaznodzieja baptystów. Wymachuje rękami i intonuje niewiarygodnym głosem: „Ogłaszam was mężem... i ŻONĄ!".

Udało się! Czuję, że się udało. Rany, jestem z niego taki dumny. Daję mu całusa. Potem zaraz zdaję sobie sprawę, że właśnie zostaliśmy ogłoszeni mężem i żoną, a ja pocałowałem pastora.

A potem mój tata wstaje, żeby odczytać fragment z Marka Aureliusza, poprzedzony pięciominutowym wykładem o mitologii rzymskiej. Bardzo mi się podoba. A potem tata Liv gra solówkę na oboju.

Na koniec idziemy nawą i kiedy przechodzimy pośród naszych sześćdziesięciorga przyjaciół, każdy odwraca się do nas i uśmiecha swoim najbardziej uroczym uśmiechem. Ich miłość rozbija się o nas jak podwójna fala.

A potem udajemy się na przyjęcie. Komik Phil Kay odmawia modlitwę dziękczynną, improwizując na gitarze. Gary wygłasza przemowę, która jest bardzo nie na miejscu, o tym, jak kiedyś jechaliśmy przeprowadzić wywiad z Terrym Gilliamem*, a ja mu oznajmiłem, że zażyłem grzybki. Mnie się podoba, ale babcie wiercą się na krzesłach. Wygłaszam przemowę o Liv. Konkuruję z przemową świadka pana młodego. Przyznałem sobie pierwsze miejsce na afiszu, a co! Wszyscy się śmieją, a na koniec płaczą.

---

* Terry Gilliam – amerykański reżyser i scenarzysta, jeden z członków Monty Pythona.

Potem włączamy naszą ulubioną muzykę: *Lone Star State of Mind* wykonywaną przez Nanci Griffith, potem Greka Zorbę, potem Elvisa na przemian z Louisem Primą. Liv i ja włazimy na krzesła i tańczymy w rytm Elvisowskiej *An American Trilogy*. Nasi przyjaciele dopingują nas, jakbyśmy byli Elvisem. Pragną przekazać nam jeszcze więcej miłości. Chcę powiedzieć: „W porządku. Już nie ma takiej potrzeby. Naprawdę wystarczy". Ale nie mówię nic. Tańczymy dalej.

A potem lecimy do Sieny na pięciodniowy miesiąc miodowy na wzgórzach Montepulciano w środkowych Włoszech. Liv trochę psuje zabawę, chlipiąc i mówiąc, że tęskni za dziewczynkami. Chcę odpowiedzieć: „Mogę ci chyba sam wystarczać przez pięć dni? A tak w ogóle to nie powinniśmy się kochać w którymś momencie?". Ale nie mówię tego. Mówię:

– Jesteś bardzo zmęczona. Idź się prześpij.

Zawsze chciałem pojechać do Sieny, odkąd Gary mi powiedział, że to jest jedyne miejsce, w którym widział anioła. Też jestem zdeterminowany, żeby zobaczyć jakiegoś. Wychodzę z hotelu wcześnie na szybkie rozpoznanie okolicy. Nie widzę nawet najlżejszego powiewu anielskiego. Ani nawet aureolki. Ani pół skrzydła skąpanego w złotym świetle. Nic. Stoję w kawiarence, kiedy zdaję sobie sprawę, że jestem zawiedziony. Moja żona musi się rozchmurzyć i zacząć świntuszyć. A te cholerne anioły mają przestać się czaić i mają się w końcu pojawić. Chyba wzięły sobie jakiś urlop. To ma się natychmiast skończyć.

Nadchodzi Liv z uśmiechem na twarzy.

– Cześć – mówi. – Czuję się znacznie lepiej.

Zamykam oczy, gdy się całujemy, i wdycham zapach kawy. Gdy otwieram oczy, dostrzegam ściany kawiarenki, które są pokryte plakatami Ducio z aniołami o złotych aureolach. I zauważam, że Livy wygląda niezwykle kusząco. Jestem otoczony aniołami. Są wszędzie. Trzeba tylko wiedzieć, gdzie ich szukać.

To jest anioł.

Ma złotą koronę z niebieskimi gwiazdkami.

Nie widać rąk. Są schowane pod sukienką. Nie wiem, co robi z rękami, bo nigdy nie zaglądałem aniołowi pod sukienkę.

Zasada 51
Naucz je, jak być głupkiem

Sierpień 2006, Norfolk.
Wrzesień 2006, Muswell Hill

Tego lata Grace zaczepia jakieś dziewczynki na plaży.
– Chcecie zobaczyć śmieszny taniec? – pyta.
Nie odpowiadają. Zaczyna wykonywać taniec Szalonych Stóp – to taniec, podczas którego wymachuje szaleńczo stopami, udając, że przewraca się do tyłu. Uwielbiam ten taniec. Dopinguję ją, kiedy go wykonuje. Ale Dziewczynki z Plaży odchodzą. Mają cztery lata. Już umieją rozpoznać głupka. Przemyka mi przez głowę bolesna myśl: nauczyłem ją rzeczy, które mogą ją zranić.

W tym tygodniu idzie po raz pierwszy do szkoły. To jest ten niezwykły dzień, na który czekają wszyscy rodzice: dzień, w którym Zaczyna się Dziać Lepiej. Przed wyjściem pytam, czy ma jakieś obawy.

– Że się przewrócę na placu zabaw – mówi. – Nie chcę sobie skaleczyć kolan.

To jest pewne zmartwienie. Jest bardzo wysoka. Same kolana i łokcie. Ma więcej wypadków niż przeciętny klaun.

– Baw się obok drewnianego pociągu – mówię. – Tam jest gumowa podłoga.

Uśmiecha się. Rozumie, że przegoniłem wszelkie jej lęki dotyczące edukacji. W końcu czas iść.

– Jestem gotowa – mówi i biegnie.

Szkoła jest oddalona o niecałe sto metrów. Dociera do niej, w nic nie uderzając. Na placu zabaw widzi Naomi, którą zna z przedszkola. Podchodzi do niej. Siedzę niedaleko, czując się zarazem trochę dumny i trochę porzucony. Grace mnie woła. Naomi to już stara wyga. Jest w szkole od trzech dni.

– Co fajnego jest w szkole? – pytam Naomi.

– Miesza się niebieską farbę z bąbelkującą mieszanką – mówi. – A potem dostaje się rurkę i się w nią dmucha. A potem kładzie się papier nad miską i wychodzi wzorek.

– OK. A jest... się czym martwić?

– Tak! – odkrzykuje Naomi. – Gdy się wciągnie powietrze tą rurką!

Wchodzimy do klasy. Grace wybiera białą suknię à la panna młoda z pudełka ze strojami do przebierania się. Prosi, abym pomógł jej się ubrać. Mam wrażenie, że to niedobra decyzja. Zaraz pozna swoich kolegów i koleżanki z klasy. Może jednak niekoniecznie powinna wystąpić w białej sukni ślubnej. Mimo to pomagam jej. Podczas pierwszego poranka w szkole wolno mi zostać na miejscu. Mam dylemat: nie chcę się wtrącać. Ale też nie chcę plątać się pod nogami jak idiota.

Bawię się więc plasteliną. Merle pokazuje mi, jak się ją rozpłaszcza. Lily daje mi przycinaczkę. Leo wsadza mi plastelinę do nosa. Nie przeszkadza mi to. Ale czuję, że... jestem w szkole: musi być jakaś zasada dotycząca dzieci wkładających ci plastelinę do nosa. Wyjmuję ją i mówię, że pachnie pomarańczą. Rozpuszczam plotkę, że pani Popadopolis wcisnęła pomarańczę do mikstury. Wszyscy się pokładają ze śmiechu. Obawiam się, że jeszcze jeden żart w tym stylu i zostanę wywalony. Ale dobrze mi z tym. Już mam trzech nowych przyjaciół, chociaż to jeden z nich wsadził mi plastelinę do nosa.

Rzucam okiem na Grace. Bawi się wodą – ma na sobie suknię ślubną i taką minę, jakby właśnie się dowiedziała, że zdechł jej pies, ale mimo to chce być dzielna. Mam ochotę zabrać ją stąd. Chcę cofnąć czas, tak żeby znowu była tygodniowym noworodkiem i żebyśmy mogli wszystko zacząć od początku.

Podchodzi do niej chłopiec, tnąc powietrze plastikowym nożem. Wygląda na złośliwego. Zatrzymuje się na wprost niej.

– Jak masz na imię? – pyta Grace.

– Alfie – odpowiada chłopiec zadziwiająco przyjacielskim głosem.

Cisza.

– Alfie – mówi Grace. – Chcesz zobaczyć śmieszny taniec?

– OK.

Grace rozpoczyna taniec Fikuśnego Kurczaka. Następuje machanie skrzydłami. Potem gwałtowne ruchy głowy. Prezentuje cały zestaw. Wygląda jak długonogi pająk pod strumieniem gorącego powietrza suszarki do włosów. Obawiam się, że zaraz rozwali sobie łokcie. Mogłaby kogoś skaleczyć. Mogłaby narazić się na kpinę. Kończy. Alfie patrzy na nią. Potem zaczyna się śmiać. Widzę, że Grace da sobie radę.

To jest Potraf Pracodomowy,
czyli ktoś, kto potrafi odrabiać lekcje.

Zasada 52
Rób, co każe Dahl

Październik 2006, Great Missenden

Niedziela. Jedziemy do Muzeum Roalda Dahla*. Ja prowadzę i kontroluję sytuację. Liv chce spróbować „bardziej widokowego przejazdu". Nie zgadzam się. Mam wrażenie, że krytykuje moje zdolności nawigacyjne, ona jednak obstaje przy swoim. Godzinę później okazuje się, że ta bardziej widokowa trasa wyprowadziła nas w pole. Na tylnym siedzeniu dziewczynki się kłócą.

– A właśnie, że tak! – Grace warczy groźnie.

– **Nieprawda!** – odkrzykuje Cassady.

– A właśnie, że tak!

– **Wcale nie! Wcale nie!**

– A właśnie, że tak! I tak umrzesz!

– Andrew, powiedz Cassady, że nie umrze – mówi Liv.

– Czy możesz mi powiedzieć, dokąd, do cholery, mam jechać? – pytam.

Na szczęście filozoficzne umysły dziewczynek wchodzą na teren lżejszych zagadek.

– **Tatusiu** – pyta Cassady – **skąd się biorą dzieci?**

– Aaa – mówi Grace swoim ważnym głosem.

Wydaje jej się, że wie wszystko. Dostaje tyle naklejek w na-

---

* Roald Dahl (1916–1990) – brytyjski pisarz, autor książek dla dzieci, m.in. *Charlie i fabryka czekolady*, *Matylda*, *Fantastyczny pan Lis* (także film animowany).

grodę od swoich nauczycieli, że wraca do domu udekorowana jak płaszcz patchworkowy. Jestem z niej dumny, ale jej edukacja sprawia, że zaczyna być logiczna do bólu. Wczoraj spojrzała mi prosto w oczy i powiedziała stanowczo:

– Tatusiu, wróżki nie istnieją.

W jednym zgadzam się ze Spikiem Milliganem*: zawsze trzeba mieszkać w domu, w którym ktoś wierzy we wróżki.

– Zwykle dzieje się to tak – wyjaśnia Grace – że mama i tata muszą się rozebrać i potem tak jakby trącają się razem, i potem tatuś tak jakby sika, i potem wychodzi tak jakby kijanka.

– Co?! – krzyczy Cassady, rozwścieczona. – **No to tatuś nie może koło mnie sikać! NIE lubię dzieci.**

– Uwielbiasz dzieci – mówi Liv.

– **Nienawidzę ich i wyrzucam je przez okno.**

Wracamy na drogę. Przejeżdżam koło budynku, który jest farmą Boggisa, i wskazuję drzewo, na którym z pewnością chowa się Fantastyczny pan Lis, planując jakąś sławną intrygę. Dziewczyni uciszają się. Zaklęcie Roalda Dahla działa.

Dojeżdżamy do muzeum. To cudowne miejsce, oddające żartobliwego ducha twórczości Dahla. Wejście jest popsikane czekoladowym zapachem. Są też kostiumy do przebierania się. Są również słowa, z których można stworzyć zdania i które są później wyświetlane na ścianie. Ośmioletni chłopiec napisał: „Śmierdzący Olbrzym Katapultował Tłustą Mysz Do Toalety".

Śmieję się.

– Świetne – mówię.

---

* Spike Milligan – irlandzki komik, pisarz, muzyk i poeta.

– Rupercie – mówi jego matka – zetrzyj to!

Można usiąść w fotelu samego Roalda Dahla, żeby wymyślać bajki. Liv rusza w stronę fotela. Rozsiada się, mając na sobie głowę Fantastycznego pana Lisa. Wymyśla historyjkę o pszczółce, która uszkodziła sobie skrzydełko, bo chciała iść do bzytala*. Kiedy Liv kończy, nadchodzi ojciec Ruperta. Rozgląda się zawiedziony.

– To tylko jakiś cholerny fotel – mamrocze.

Dedukuję, że można doprowadzić do wodopoju konia, ale nie do bzytala. No, chyba że się zna odpowiednią drogę.

Siadam w fotelu Dahla. Zamykam oczy.

– Dahl – mówię. – Jak się dostać do bzytala?

Słyszę jego głos w mojej głowie. Jest rozgrzewający jak kakao mojej babci.

– Doskonałe pytanie – stwierdza. – Odpowiem wierszem. Hm, hm.

Na głowę śmieszny kapelusz włóż.
Na mym dużym fotelu klapnij.
A gdy żona będzie naga już,
Trącajcie się razem i we włosy jej sapnij.

W drodze do domu sugeruję Liv, żebyśmy się jeszcze raz trochę potrącali.

– Nie mam nic przeciw kolejnemu dziecku – mówi – ale nie jestem pewna, czy mogę stawić czoło kolejnej ciąży. Nie mam siły na noszenie kolejnego dziecka w brzuchu. A ty byś nie mógł?

---

* Bzytal – gra słów z połączenia „bzz" i „szpital". W oryginale: *waspital* – *wasp* – osa i *hospital* – szpital.

Zasada 53
Strzeż się: twoje nowe umiejętności sprawią, że staniesz się atrakcyjny

Październik 2006, Muswell Hill

Przez całe moje dzieciństwo mój tata przeprowadzał cichą kampanię przeciwko gościom. Jego strategią było zabarykadowanie się przed nimi książkami, pudełkami i ponurym nastrojem. Gdy już nawet ktoś wszedł do naszego domu, zwykle ojciec patrzył na niego wilkiem znad gazety.

Rozmyślam o tym teraz, bo od jakiegoś czasu ciągle nas ktoś odwiedza. Inni rodzice dzwonią do nas, bo chcą, żeby ich dzieci bawiły się z naszymi. Zwykle ich rodzice włóczą się bez celu, pytając: „Nie sądzicie, że rodzice rywalizują między sobą o dzieci?". A ja zwykle chcę odpowiedzieć: „Ja nie rywalizuję o wasze dzieci. Nie jestem nimi zainteresowany nawet w najmniejszym stopniu. Muszę je nawet w pewnym sensie izolować, bo w innym przypadku nie miałbym żadnego życia towarzyskiego". Oczywiście nie mówię tego, bo jeszcze nie zwariowałem.

Mamy też dużo gości singli, którzy wpadają, gdy zostali porzuceni lub gdy kogoś poznali, i chcą się dowiedzieć, czy powinni zadzwonić. Piją wino i opowiadają mi o różnych typach żałosnych facetów... Facetów, którzy boją się deklaracji i stałych związków. Facetów, których powinno się zamknąć w szpitalach psychiatrycznych. Facetów, którzy noszą żel na włosach, co wygląda, jakby je wysmarowali smalcem. Po raz pierwszy od lat znajduję się w niebezpieczeństwie bycia popularnym. To chyba dlatego, że nauczyłem się słuchać. Spędziłem całe życie, próbując być dowcipnym. Teraz wiem, że ludzie tego nie znoszą. Chcą, żeby ich traktować jak dzieci. Chcą, żeby ktoś im powiedział: „Co?" i „Co się dalej stało", i „Ty biedaku... zrobić ci jajecznicę?".

W porządku. Ale to wszystko jest trochę takie udomowione. Dlatego właśnie ostatnio strasznie chciałem zobaczyć się ze swoim przyjacielem Sedleyem. Pamiętacie, jak w filmie *To wspaniałe życie* Jimmy Stewart ma zamiar objechać świat i przeżyć trochę przygód, gdy popełnia błąd – zakochuje się i zakłada rodzinę? Sedley jest natomiast tym facetem, który ruszył w świat. Spędził rok w górach w Peru, przebywając z terrorystami i pisząc wiersze. Następnie pojechał do Nowego Jorku, gdzie grał w zespole. Potem pojechał na Malediwy, gdzie założył szkołę nurkowania. Zawsze jednak powtarza, że najlepiej się bawił, gdy byliśmy w college'u i dzieliliśmy razem mieszkanie.

Możecie więc sobie wyobrazić, jaki jestem podekscytowany, kiedy dzwoni, żeby powiedzieć, że przyjedzie z Malediwów. Chce wpaść i spędzić z nami trochę czasu. Jestem w siódmym niebie. Pierwszej nocy nigdzie nie wychodzimy i oglądamy cztery odcinki *24 godziny*. Uwielbiam *24 godziny*. W ciągu jednej godziny Jack Bauer zabija trzech opryszków, udaremnia zamach nuklearny i tłucze swojego brata na kwaśne jabłko – coś, o czym wszyscy marzymy od czasu do czasu. Mnie podczas jednego dnia nie udaje się nawet znaleźć opiekunki do dziecka. Kiedy dostanę trzy odmowy, poddaję się. Chowam się pod kołdrą i jęczę.

Następnego wieczoru idziemy do klubu. Tańczę, ale łapię się na tym, że tańczę w stylu jive'a, jak mój ojciec na weselu. Jakaś dziewczyna trochę mnie podrywa, więc czuję się winny i wychodzę, żeby zadzwonić do domu. W końcu ląduję przed toaletą, usiłując pogadać z gościem o imieniu Mike. Krzyczy do mnie:

– Więc gdzie mieszkasz?!
– Muswell Hill! – odkrzykuję.
– Co?! – krzyczy.
– Muswell Hill! – wołam.
– Co?!!! – drze się.
– Muswell Hill!!! – wrzeszczę i nagle gotuję się z nienawiści do samego siebie.

Odnajduję Sedleya i mówię mu, że chcę już iść do domu. Krzyczy mi prosto w ucho:

– Zdobyłem trochę tabletek extasy! Nie chcesz jednej?!
– Nie! – krzyczę do niego.
– Nie lubisz extasy?! – woła znowu.

Chcę odkrzyknąć: „Nic nie mam przeciwko nim! Nic nie mam przeciwko tańczeniu! Tylko uważam, że to wszystko powinno się dziać podczas dnia! Jest trzecia nad ranem, do jasnej cholery!". Ale nie mówię tego. Okropne jest spędzanie czasu z kimś, kto jest totalnym buntownikiem w stylu rock'n'rolla. To automatycznie sprawia, że to ty musisz być tym rozsądnym.

Następnego dnia jestem zbyt zmęczony, żeby pracować albo zajmować się dziećmi. Mimo to muszę posprzątać. Kanapa została przeprojektowana przez Tracy Emin. Jest otoczona zużytymi skarpetkami, męskimi magazynami i wyschniętymi miskami po płatkach. Uprzątam wszystko i zdaję sobie sprawę, że stało się coś dziwnego. Stałem się rodzicem i teraz ludzie zakładają, że jestem ich rodzicem. Kiedy wchodzę do pokoju, Sedley siedzi, udając, że gra na gitarze jak Jeff Buckley. Do tego jeszcze pali.

– Sedley! Dobrze się wczoraj bawiłeś?
– Totalnie. Odlotowo. A ty jak? Jak praca?

Chcę mu powiedzieć: „Do jasnej cholery! Nie pracowałem ani chwili, bo się tobą opiekowałem. Możesz spać na kanapie, jeśli chcesz, ale to ja sprzątam twoje miski po płatkach. Teraz wynoś się z mojego domu, ty bezsensowna dziecinna strato czasu!".

Ale oczywiście tego nie mówię. Jestem uprzejmy. Biorę do ręki gazetę. Siadam. I patrzę wilkiem. To działa. Niedługo później Sedley się zmywa, wschodzi słońce, więc dziewczynki i ja wychodzimy na dwór i gramolimy się do basenu dla dzieci.

– Dobra! Ile paluszków u stóp znajduje się w tym basenie? – pyta Grace.

Nareszcie pytanie, na które znam odpowiedź. Zadowoleni zaczynamy liczyć paluszki. Nie potrzebuję przyjaciół. Spłodziłem dwie towarzyszki, które są idealne.

Mój tata witający gości.

Zasada 54
Okaż miłość, ale nie oczekuj jej w zamian (hojność jest nagrodą samą w sobie, zwłaszcza jeśli dzielisz się syfilisem)

Grudzień 2006, Muswell Hill

Mam babcię, która ma dziewięćdziesiąt jeden lat i jest nie do zdarcia. Siedem lat temu wciąż organizowała Posiłki na kółkach*. Pewnego dnia skręciła sobie rękę w stawie. Skończyła rozwożenie posiłków, a potem sama zawiozła się do szpitala. Jeśli nastąpiłby wybuch nuklearny, moja babcia wynurzyłaby się ze zgliszczy, trzymając w ręku obrzydliwy sweter, który właśnie wydziergała na drutach. Rozejrzałaby się po zburzonych budynkach i wygłosiła swoją standardową opinię: „Ale szkoda!".

Dziesięć lat temu wybrała się z nami do Kornwalii. Zabrała ze sobą dwie deski surfingowe. To znaczy ona je nazywała deskami surfingowymi. Tak naprawdę to były zwykłe drewniane dechy, które walały się po jej szopie.

– Babciu – powiedziałem do niej – ty chyba surfowanie masz już za sobą?

Ale ona była zdeterminowana. Następnego dnia wyruszyła na plażę z jedną z desek pod pachą. Miała na sobie kostium kąpielowy w kwiatki i gumowy czepek. Surferzy zwykle tego

---
* Posiłki na kółkach – społeczny program, w ramach którego wolontariusze dostarczają posiłki starszym lub schorowanym osobom niebędącym w stanie przygotować ich samodzielnie.

nie noszą. Zasadniczo również nie mają chybotliwych kolan i plastikowych bioder. Byłem trochę zaniepokojony, ale i pod wrażeniem, obserwując, jak zmierza w stronę linii horyzontu. Wyjący wiatr rzucał nią na boki. Weszła do morza i rzuciła się ku największej fali przybrzeżnej, na jaką natrafiła. Potem zniknęła. Jej kończyny nie dawały sobie rady z wodą. Była jak mokry pająk znikający w odpływie. Pobiegłem do niej sprintem. W momencie, gdy do niej dotarłem, oddychała pomiędzy jedną a drugą falą.

Z jakiegoś powodu rozmyślam o tym, włączając telefon. Dostaję SMS-a: „Babcia umarła dziesięć minut temu. Mama". Został wysłany dziewięćdziesiąt minut temu. Dzwonię do Livy. Mówię jej o tym.

– Więc Val jest w domu z dziewczynkami? – pyta.

– Tak.

– A ty co robisz?

– Jadę do Gary'ego.

– Czemu wciąż do niego jeździsz?

Dobre pytanie. Bo jest moim przyjacielem i wykorzystuję każdą okazję, żeby go zobaczyć. Bo jakiś obleśny gość zostawił torebkę zioła po imprezie, a Gary mi ją zaproponował.

– Muszę odebrać kilka rzeczy związanych z pracą.

– Powinieneś teraz być ze swoją mamą, żeby ją pocieszyć – mówi Liv. – Jesteś taki egoistyczny.

„Ty też. Ale ty się tylko martwisz o dziewczynki", mam niemal na końcu języka. Ale nie mówię tego. W małżeństwie atak nigdy nie jest najlepszą formą obrony.

Gary otwiera drzwi. Ściskamy się na powitanie. Skręcam jointa.

– Moja babcia właśnie zmarła – mówię.
– Czy byliście ze sobą blisko? – pyta.
– Nikt nie był z nią blisko. Nawet moja mama, a odwiedzała ją raz w tygodniu. Mama mówiła, że babcia nigdy jej nie kochała, tylko zawsze krytykowała. I była już tak stara, że jej organy rozpoczęły życie w ciele kogoś innego. Usiłowała umrzeć przez ostatnie sześć lat.
– To faktycznie już na nią pora – odpowiada Gary i wybucha płaczem.

On również przeżył stratę dwa tygodnie temu: zdechł mu pies. Irlandzki spaniel dowodny. Miał guza mózgu i nagle zdechł. Gary płacze od tygodnia. Wszyscy wzięliśmy udział w fantastycznym pogrzebie psa. Poszliśmy na Hampstead Heath, niosąc biodegradowalną urnę z prochami psa. Śpiewaliśmy piosenki i tańczyliśmy. Gary padł na kolana jak jaskiniowiec i rozgrzebując ziemię gołymi rękami, pochował swojego psa pod gigantyczną sosną. To było piękne wydarzenie. Nie mogę się doczekać, aż zdechnie kolejny pies. Mam ochotę przeżyć to wszystko jeszcze raz.

Ściskam mojego przyjaciela. Mówię mu, że nie chcę wracać do domu, bo moja mama będzie płakać, a ja będę musiał ją przytulić.
– Wiem – odpowiada. – Tak będzie.

Kiedy wracam do domu, idę prosto do pokoju dziewczynek. Moja mama czyta im bajki. Dawno nie widziałem jej tak pogodnej. Kończę czytać dziewczynkom bajki, potem daję całusa na dobranoc i schodzę na dół, akurat w Tym Momencie, gdy mama dzwoni do swojego brata Grahama. Dwukrotnie rozwiedzionego księgowego, który był oczkiem w głowie babci. Podobno to jemu wszystko zapisała.

– Mama zmarła – mówi moja mama. – Szpital jest zainteresowany tylko rogówkami.

Jej matka dopiero co zmarła! A już omawiamy recykling ciała. OK, babcia nienawidziła, gdy się coś marnowało, ale to wydaje się dość zdumiewające. Mama kontynuuje:

– Dom powinien zostać natychmiast wystawiony na sprzedaż...

Zastanawiam się, co na to Graham. Nachylam się do telefonu.

– Nie sądzisz, że kuchnia może zniechęcić potencjalnego kupca? – odpowiada Graham.

Wychodzę na dwór. Palę trawkę. Zamykam oczy, mówię: „Babciu", a ona pojawia się pod moimi powiekami. Ma podkrążone oczy, ale wygląda na zadowoloną.

– Uwielbiałem cię odwiedzać, kiedy byliśmy mali. Wnuczek zawsze cię zaczepiał, a ty się odwracałaś, żeby przygotować kakao.

– No cóż – mówi moja babcia. – Pozwalałam mu gadać. Był śmieszny.

Nagle zaczynam płakać.

– Dziękuję – odpowiadam i całuję ją w pomięte białe włosy. – Do widzenia.

Wracam do środka i ściskam mamę, co ją dezorientuje, i proponuję lampkę wina, co z kolei doskonale rozumie.

– Za babcię – proponuję. – Z gratulacjami za skuteczną ucieczkę.

Moja mama lubi się śmiać. Kiedy jest w dobrym humorze, potrafię ją tak rozśmieszyć, że aż spada z krzesła i tarza się po podłodze.

– Więc – mówię – Philip Larkin powiedział: „Jedyne, co po nas zostanie, to miłość".

Gdyby poznał babcię, prawdopodobnie powiedziałby: „Jedyne, co po nas zostanie, to bungalow z dużą ilością jedzenia dla kota. I rogówki, których nikt nie chce".

Moja mama się śmieje, ale nie spada z krzesła.

Ostatni raz, gdy moja babcia poszła surfować

Zasada 55
Stań się mężczyzną

Grudzień 2006, Norfolk i Muswell Hill

Budzę się. Sprawdzam telefon: 7.20. Spałem sześć godzin i czterdzieści dwie minuty. Widzę informację: „Śniadanie jest «serwowane» między 7.00 a 9.00". Zastanawiam się, czemu „serwowane" jest w cudzysłowie. Czy śniadanie jest dystrybuowane przez rurę? Łączę kawałki układanki w całość. Jestem w tanim pensjonacie w Norfolk. Wczoraj wieczorem miałem występ: dwie godziny nowego materiału. Dobrze poszło. W ostatnim czasie udaję, że publika to dzieci, a jej to pasuje.

Dzwoni telefon. Słyszę rozzłoszczony głos:

– Tu Robin Dingley.

Nie mam pojęcia, kim jest Robin.

– Przed twoim domem są ludzie rozkładający rusztowanie.

– Super – odpowiadam.

Dedukuję, że Robin to kierownik budowy, nadzorujący przebudowę naszego loftu, która rozpoczyna się jutro.

– Przyjechali o siódmej rano w niedzielę! To zdecydowanie nie jest super! – mówi Robin Dingley, ewidentnie wkurzony.

Zdaję sobie nagle sprawę, że to mój sąsiad Robin. Ten od Robin i Sue. Odwiedziłem ich wczoraj, żeby ich przekonać, że zrobimy wszystko, co w naszej mocy, żeby prace budowlane były tak ciche, jak to tylko możliwe. Mniej niż dwadzieścia cztery godziny później Robin został obudzony przez jakiegoś młodego chuligana, który krzyczał:

– Rzuć mi klucz nasadowy, ty zaspana cipo!

Zapewniam Robina Dingleya, że kontroluję sytuację. Wyłączam telefon i idę na śniadanie. Popijając kawę, czytam o zerowym remisie Anglii z Izraelem. Dlaczego Steve McClaren prowadzi angielską reprezentację? Przecież powiedziałem, że Martin O'Neill jest jedynym słusznym wyborem. I przewidziałem, co się zdarzy. Oczywiście powiedziałem to żonie. Niestety ona nie ma znajomości w Związku Piłki Nożnej i albo nie wie, albo nie obchodzi jej, kim jest Martin O'Neill. Wyjaśniłem jej, kim jest Martin O'Neill, ale jednocześnie zauważyłem to jej zamglone spojrzenie, które sugerowało, że pakuje mentalnie Martina do dużej torby podpisanej „Rzeczy, O Których Nie Muszę Myśleć".

Kiedy znowu włączam telefon, widzę, że Robin Dingley dzwonił jeszcze trzy razy, informując mnie, że „Dzwonił do rady dzielnicy" i że „Przeprowadzanie prac budowlanych w niedzielę jest w zasadzie niezgodne z prawem". Mieszkam na obrzeżach miasta. Tam się nie przeklina, ale wymienia się bardzo stanowcze wiadomości, w których nawiązuje się do kroków prawnych. Próbuję zadzwonić do Liv, ale jest u swojej mamy. Ma wyłączony telefon. A telefon domowy nie działa.

Wracam do Londynu. Otwieram drzwi wejściowe. Nadchodzi Liv.

– Hej – mówi – występ się udał?

– Tak.

– W porządku. Musisz teraz opróżnić strych. Pomogę ci.
– Czy mógłbym najpierw coś zjeść?
– Musimy zdążyć do piątej. Val wpadnie na kolację.

Idę na górę i otwieram właz na strych. Rozklekotana drabina piszczącym piskiem zsuwa się na dół *pisk-pisk*. Wchodzimy na górę. Strych jest wypełniony różnymi rzeczami. Łapiemy za koniec jakiegoś karnisza i podnosimy go. To znaczy, ja podnoszę.

– Oooo, zaczekaj sekundę... zaczekaj... Połóż na ziemi – mówi Liv.

Już widzę, co zamierza. Traktuje mnie jak menedżera projektu opróżniania strychu i usiłuje pokazać, że jest niewspółpracującym pracownikiem, który powinien być zwolniony.

– Po prostu... Dobrze, już ja to zrobię – mówię gburowato.

Przejmuję zadanie.

W ciągu dwóch godzin przerobiłem jakieś trzy czwarte. Jestem zakurzony. I spocony. Testosteron szaleje w moim ciele. Jestem rozzłoszczony i czuję się wybitnie męsko. Znoszę na dół dziesięć nieodpakowanych półek z Ikei, o których powiedziałem rok temu, że na pewno nigdy nie będziemy ich potrzebowali. Znoszę zasikany materac dziecięcy, który powinien zostać dawno wyrzucony. OK, bez komentarza, proszę. Znoszę również na dół swoje filmy wideo, z którymi miałem zrobić porządek ubiegłego lata. Nienawidzę wszystkich rzeczy ze strychu. Kiedy jakiś przedmiot jest odkładany na przechowanie, to tak, jak ze skazańcami idącymi do celi śmierci. Czasami ktoś zostaje ułaskawiony, ale większość nigdy więcej nie ujrzy światła dziennego. Nienawidzę strychu. Przypomina mi dom moich rodziców, którego nie znoszę. Moi rodzice mają korytarze, które są wyłożone z obydwu stron książkami. Mają pokoje z drzwiami, których nie da się otworzyć, bo są zablokowane stertami starych mebli, gazetami „Sunday Times" z 1993 roku i biustonoszami do karmienia, które należały do mojej babci. Mój tata zawsze pali silk cuty, których dym wypełnia powietrze mdłym chemicznym zapachem. A moja mama zawsze wywija mocno rozgrzanym półmiskiem z jedzeniem, jednocześnie mówiąc coś w stylu: „O–naprawdę–nie–spodziewałam–się–was–tak–szybko–DLACZEGO–nie–jechaliście–przez–Birmingham–ależ–WEJDŹCIE–oczywiście–mam–dla–was–trochę–naturalnego–jogurtu!".

Schodzę po rozklekotanej drabinie, niosąc jakieś zasłony, których nigdy nie powiesiliśmy, a których ja nie cierpiałem. Naprawdę trudno wyobrazić sobie bardziej irytującą sytuację. Słyszę w telewizji dżingiel z programu *Kucharz Duży, Kucharz Mały*, w którym fałszują bezlitośnie o posiadaniu najczystszej kuchni w mieście. Nienawidzę tego utworu. Chcę odwiedzić tę ich superczystą kuchnię i napełnić ją cementem. Pojawia się pies. Śledzi mnie, usiłując mnie przekonać, żebym go nakarmił. W tym momencie otwiera mi się pudło i cała jego zawartość eksploduje.

Przeklinam dość siarczyście. Słyszy to Livy. Przeklinanie jest jedną z rzeczy, na którą nie pozwala. Dla niej to gorsze niż zdrada. W zasadzie pewnie nawet wybaczyłaby mi zdradę, pod warunkiem że nie opisałbym jej po fakcie.

– Czy przestaniesz w końcu się złościć? – pyta.

Schodzę na sam dół drabiny, ale moja ścieżka jest zablokowana wilgotnym kartonem. Energicznym kopniakiem usuwam go z drogi. Nie dodam oczywiście, że zachowuję się przy tym w dystyngowany sposób. Ale jest różnica pomiędzy kopnięciem pudełka i trafieniem w kogoś a kopnięciem pudełka do pustego pokoju, kiedy usiłuje się je usunąć z drogi.

– Zachowujesz się zupełnie jak twój ojciec! – mówi Liv.

To surowa ocena. Nie zachowuję się zupełnie jak mój ojciec. Zachowuję się... no, może trochę jak on. A poza tym, on ma kilka naprawdę złotych cech. Są co prawda schowane za zaduchem dymu papierosowego i wściekłością, ale na pewno istnieją. Bardzo mnie kusi, żeby wykrzyczeć: „Czy naprawdę nie możesz zostawić mnie w spokoju, gdy jestem wściekły?! To w końcu ja przenoszę te cholerne pudełka!".

Ale nic nie mówię. Kasuję Livy ze swojego mentalnego monitora. Podnoszę półki z Ikei i wynoszę przed dom. Dziewczynki bawią się na chodniku w wyścig.

– Tatusiu – mówi Cassady – ona nie pozwala mi wygrać!

– Ale to WYŚCIG, tatusiu. Powiedz jej – odpowiada Grace.

Obydwie na mnie patrzą. Widzę, że zostałem wplątany w minisąd jako sędzia.

– Powiedz jej, tatusiu – znowu mówi Grace. – To wyścig, więc nie może po prostu sprawić, że przegram.

Cassady patrzy podejrzliwie. Wie, że sprawa wymyka jej się spod kontroli. Nie jest w stanie wygrać ze zgrabnymi retorycznymi umiejętnościami swojej siostry. Zaczyna krzyczeć.

W tym momencie Grace zauważa, że wywaliłem jej niebieskie plastikowe organki. Te, które moja mama kupiła za trzydzieści cztery funty i dziewięćdziesiąt dziewięć pensów u Woolwortha. Te z żółtym plastikowym guzikiem, który

Cassady zawsze naciska i wiecznie słyszymy te same cztery dźwięki. Dziewczynki uwielbiają te organki.

– A co to tutaj robi? – pyta Grace.

Nagle dochodzę do przerażającego wniosku. Widzę, że gen zbieraczy ominął jedno pokolenie. Moi rodzice obydwoje są zbieraczami. Więc ja hołubię minimalizm, a z kolei moje dziewczynki stały się zbieraczami.

– Nie mam pojęcia, czemu to się tu znajduje – mówię i ostrożnie podnoszę organki.

Liv wychodzi z domu. Widzi, że Cassady wciąż się drze. A ja nic nie robię w tej sprawie. Muszę rozwiązać sytuację, zanim do nas dotrze.

– Cassady – mówię swoim najbardziej stanowczym głosem. – Uspokój się. Przestań krzyczeć. Weź mnie za rękę. Idziemy do domu.

Cassady natychmiast milknie. Liv widzi, że rozwiązałem problem.

– Przygotowałam podwieczorek. Może wejdziecie do domu – mówi.

Stało się coś dziwnego. Wyczuwa moją nową męskość i odpowiada na nią całą swoją kobiecością.

– Kupiłam kwiaty dla sąsiadów – dodaje.

– Dobrze – odpowiadam.

Wygląda bardzo ładnie i ma bardzo niebieskie oczy. Chcę powiedzieć coś w stylu: „Dobrze, Moja Królowo".

Jeśli tak powiem, uzna, że jestem upalony. A nie jestem. Nie upaliłem się od tygodni.

Docieramy do drzwi wejściowych, gdy pojawia się niebieski saab. To moja mama. Wysiada. Jej pies gna do naszych drzwi. Mój pies przechwytuje go i funduje mu niezłe lanie.

– Hej, mamo – mówię.

– Co wy wszyscy robicie na zewnątrz? – pyta. – No więc, możecie to oddać, jeśli tego nie chcecie...

Wyciąga z bagażnika coś, co wygląda na plastikowe meble ogrodowe.

– To stół! – mówi. – Jeśli go nie chcecie, to po prostu od razu mi powiedzcie.

Patrzę na moją mamę. Mam ochotę wziąć ten plastikowy mebel ogrodowy i przerzucić go przez płot do sąsiadów. Chcę na nią nakrzyczeć. Denerwuje mnie, że nawet się nie przywitała i nie pocałowała mnie. Stop. Nie chcę żadnych sugestii implikujących, że nastąpił tu jakiś freudowski proces. Naprawdę nie mam ochoty na seksualne zaloty własnej matki. Po prostu chcę, żeby się przywitała. I chcę, żeby przestała nam przywozić głupie plastikowe przedmioty.

– Hej, mamo – mówię, całując ją. Odwraca się w ostatniej chwili i trafiam w jej usta. Czuję tę wilgoć. – To bardzo miło z twojej strony, ale nie możemy się zgodzić na przyjęcie tego stołu.

– Nie ma problemu – mówi.

Odwraca się. Jest głęboko zraniona, że odmówiłem przyjęcia prezentu. Ściska i całuje obydwie dziewczynki, a potem wyciąga jakieś plastikowe torby z tylnego siedzenia.

– Przywiozłam wam coś – mówi i daje każdej plastikową torbę.

Dla Grace przywiozła książkę z opowieścią o słoniu Babarze. A Cassady dostała bajkowy zamek, który można poskładać z drewnianych klocków. Obydwa prezenty są znakomite. Dziewczynki są tak podekscytowane, że nie są w stanie nic powiedzieć.

Zostawiam je oglądające swoje prezenty. Idę na górę. Sprawdzam strych. Zrzucam kilka ostatnich toreb. Znajduję pudełko z opowiadaniami, które napisałem, mając osiem lat. Pierwsze nosi tytuł *Jack, czyli Dzielny Pies Policyjny*. Jack był wszystkim tym, czym ja chciałem być, kiedy miałem osiem lat. Był detektywem. Pracował dla policji. Był psem. Jego słynne powitanie brzmiało: „Hej ho, a to co to? Hau!". Cieszę się, że to się zachowało.

Nadchodzi Liv.

– Przygotowałam ci kąpiel – mówi.

Wiem, co ma na myśli, i sam się domyślam, jak chciałaby, żebym na to odpowiedział.

– Dzięki – mówię i całuję ją dość energicznie w usta. Idę na górę. Kąpiel faktycznie gotowa. Po raz ostatni zamykam ten irytujący piszczący właz. Widzę, że zadanie zostało wykonane. Wchodzę do wanny.

Zasada 56
Zostaw dzieci w spokoju.
Po prostu je obserwuj

Grudzień 2006, Muswell Hill

Po prostu nie zachowuję się po chrześcijańsku. Wiem, że niektórzy ludzie chodzą do kościoła, ale da się zauważyć, że mieszkają poza rejonem obejmującym porządne szkoły. Moje dziewczynki mają zdecydowanie bardziej otwarty umysł. Uwielbiają Jezusa. Wolą Królewnę Śnieżkę, ale uwielbiają Jezusa. Jezus ma osiołki, a Królewna Śnieżka krasnoludki.

Szósta po południu. Pracuję. Nadchodzi Cass.

– **Chcesz poczytać moją książkę OK możesz** – mówi.

Prezentuje zeszyt wypełniony zapiskami i rysunkami w stylu trzylatka – uśmiechnięci ludzie z rękoma wyrastającymi z głów.

– **To hanioł** – mówi – **co do Maryi mówi urodzisz i się będzie nazywał Dziecięjezus.**

Przewraca kartkę.

– **A mama anioła mówi: „Idźcie do Betlejem, żeby się policzyć'.**

Przewraca kartkę.

– **I żołnierz ich liczy: „jeden, dwa, trzy…".**

Zawsze panikuję, kiedy dzieci zaczynają liczyć. Nigdy nie wiadomo, kiedy skończą. Na szczęście dociera do czternastki i nie daje rady policzyć dalej. W tym momencie nie ma już czym oddychać.

– **Czternaście, czternaście DOBRZE WIĘC było DWADZIEŚCIA ludzi w Betlejem** – mówi.

Nadchodzi Grace, która uważa się za eksperta teologicznego, występuje bowiem w jasełkach jako renifer. Ćwiczymy to już od tygodni. Jeśli któryś z reniferów zachoruje, ja natychmiast wskakuję na jego miejsce. To by była moja pierwsza aktorska rola od miesięcy.

– W Betlejem – mówi Grace – już NIE MA miejsca w żadnym pensjonacie.

Dzieci zawsze pamiętają ten szczegół: miejsce noclegu. Założenie jest takie, że kiedy Dzieciejezus kładzie malutką głowę w stajence, wszyscy inni znajdują się w gospodzie Trust House Forte*, gdzie pod ręką mają herbatę, herbatniki oraz minimagiel do prasowania spodni.

Kładę wszystkich do łóżka. Jutro rano przedstawienie.

Popełniam błąd, zażywając leki w nocy. To jedna z tych okropnych nocy, podczas której budzę się o 3.00 i biorę nytol co godzinę, aż w końcu odpadam o siódmej. Livy budzi mnie o 9.30. Przedstawienie zaczyna się za 10 minut. Lecimy biegiem.

Wita nas dyrektorka.

– Każdy musi pozostać na swoim miejscu – mówi – w innym wypadku dzieci was zobaczą i zaczną płakać.

Sześćdziesięcioro rodziców przytakuje posłusznie.

Dyrektorka – uspokojona – wpuszcza dzieci. Słychać szuranie krzeseł, kiedy dwudziestu tatusiów wstaje, celując swoimi kamerami w nadchodzącą procesję owieczek, aniołów i reniferów. To trochę tak, jak oglądanie Wayne'a Roo-

---

* Trust House Forte – nazwa hotelu należącego do dużej sieci, prowadzącej hotele różnej klasy.

neya przygotowującego się do gola. Zbyt ekscytujące. Nie możemy usiedzieć na miejscach. Żeby jeszcze pogorszyć sytuację, mamusie zaczynają machać, a renifery, bez krzty szacunku dla czwartej ściany*, odmachują. Potem zauważam nauczycieli ukrytych pośród obsady. Ich zadaniem jest dyrygowanie śpiewem – trochę w stylu tych kibiców na meczach, którzy przez cały mecz krzyczą: „No... śpiewamy... *Jesteśmy armią Arsena Wengera***...".

Dopiero teraz dostrzegam Grace. W nocy dostała strasznego ataku zapalenia spojówek.

Inne renifery ją prowadzą. Przy oku trzyma chusteczkę, a łzy płyną jej po policzkach. Mimo to jest bardzo profesjonalna. Chlipiąc, śpiewa wszystkie słowa, które ćwiczyliśmy. Wykonuje wszystkie ruchy. Reaguje na podpowiedź i wypowiada kwestię.

Tak, ma zamknięte oczy, jak Chris Martin śpiewający smutny kawałek, który jednak brzmi ładnie i donośnie.

Niestety, potem gdzieś gubi chusteczkę. Płacze, ale w ciszy.

Jasełka są same w sobie bolesnym przeżyciem. To trochę tak, jakby oglądać własne dzieci przez okno przedszkola: można je obserwować, ale nie można ich dotknąć. To sprawia, że człowiek staje się jeszcze bardziej świadomym swojej miłości do nich. Ten tragiczny widok jest wybitnie poruszający. Grace wygląda na taką małą i bezradną, a ja czuję do niej taki ogrom miłości, że to aż boli. Przypuszczam więc, że to wszystko jest raczej i tak dość chrześcijańskie.

---

* Czwarta ściana (ang. *Fourth Wall*) – to symboliczna granica między widzami a aktorami w teatrze, która ma na celu odizolowanie aktorów, by mogli się skupić całkowicie na swojej grze.

** Nawiązanie do jednej z piosenek klubu Arsenal, którego trenerem i menedżerem jest Arsene Wenger.

Święty Mikołaj
już jedzie i pada śnieg,
ale my śpimy w łóżkach.

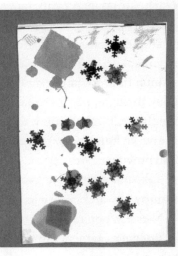

Zasada 57
Nie bądź sztywniakiem.
Po prostu spędź trochę czasu z rodziną

Boże Narodzenie 2006, mała wioska niedaleko Plymouth

Dla większości brytyjskich par tematem wywołującym najczęściej kłótnie są pieniądze. Dla nas tym tematem są święta. Przez ostatnie trzy lata jeździliśmy do rodziny Liv. Moja rodzina jest bardzo męska. Jest pełna postawnych mężczyzn, którzy nie kładą się spać przed czwartą nad ranem, w tym czasie jedząc, robiąc bałagan i nabijając się z siebie nawzajem. Zwykle w którymś momencie kłócimy się o to, co chcemy oglądać w telewizji – wtedy mój starszy brat mnie bije, co sprawia, że ignorujemy się przez cały kolejny rok.

Rodzina Liv jest bardzo kobieca, co jest bardziej uspokajające. Zgrabnie zapakowane prezenty są rozdawane po jednym, a każdy z nich jest oklaskiwany i podziwiany. W domu panuje ład i porządek. Każdy jest znacznie lepszy w odczuwaniu empatii, więc rozdawane prezenty są fantastyczne, bo ten, kto daje, zwykle jest w stanie wyobrazić sobie, co dana osoba chciałaby dostać. W mojej rodzinie wszyscy kupujemy sobie prezenty, które sami chcielibyśmy dostać, a potem przekazujemy je dalej, gdy już się na nie napatrzymy. Jedyny problem z rodziną Liv jest taki, że skoro jest to bardzo kobieca rodzina, to wszyscy są cholernie wrażliwi. Nigdy nie nabijają się z siebie nawzajem.

W zamian każdy z członków rodziny rozpoczyna agresywną wojnę na podteksty, żeby skupić na sobie całe współczucie. Zwykle w którymś momencie Liv zaczyna płakać, a jej starsza siostra czuje się na tyle urażona, że zaczyna atakować. Siostra Liv jest byłą modelką o wzroście metr osiemdziesiąt, która teraz zarządza działem reklamy w dużym wydawnictwie. W tym roku urodziła bliźniaki. Nie śmiem zbliżyć się do niej na mniej niż jakieś osiemdziesiąt kilometrów.

W tym roku Liv zaczyna targować się dość wcześnie. Proponuje, że spędzimy tydzień Bożego Narodzenia z jej rodziną i „może spróbujemy" odwiedzić moją rodzinę jesienią. Odpowiadam, że powinniśmy się rozstać na Boże Narodzenie albo nawet bezterminowo, bo ja jadę do mojego rodzinnego domu.

– To mogą być ostatnie święta mojego tatuśka – mówię, prawie płacząc.

– Mówisz tak co roku – odpowiada. – Tatusiek będzie wśród nas i za dziesięć lat. Na pewno jeszcze spędzimy z nim święta. Będzie się wtedy zachowywał jak wół, którego użądliła osa.

Potem moja mama ogłasza, że ona i tatusiek wynajęli duży dom wakacyjny i ma nadzieję, że do nich dołączymy. To przesądza sprawę, więc jedziemy do nich.

Wszyscy przerzucają się pomysłami na prezenty. Mój młodszy brat sugeruje jakiś porządny pakiet zabiegów upiększających dla mamy; wszyscy inni też się wtrącają. Odpowiadam, że mama nie lubi zabiegów upiększających – jest z tego pokolenia, które wstydzi się faktu, że ktoś patrzy mu na stopy. Lubi za to teatr. Mówię, że planuję zakupić jedenaście biletów na *Spamalot** – i mam nadzieję, że wszyscy będą mogli pójść. Mój starszy brat wysyła mi e-mailem dwie strony obelg i wyzwisk: „Ooo... nie podoba ci się nasz pomysł... Ty słuchasz tylko kogoś, kto jest gejem/twoim nowym przyjacielem/albo kimś z telewizji".

W każdej rodzinie to zwykle najstarszy członek rodzeństwa jest rozzłoszczonym Prawowitym Spadkobiercą, który nie lubi, by cokolwiek działo się bez jego kontroli. Już mam mu odpisać, kiedy dopada mnie smutek i uczucie chłodu. Zaczynam sobie zdawać sprawę, że mój brat mnie nienawidzi. Potem stwierdzam, że oni wszyscy mnie nienawidzą. Ale może jeśli wyślę e-mailem bardzo pokorne przeprosiny, szala współczucia przechyli się na moją stronę?

Na szczęście mój wielki brat pisze, że spędzi święta ze swoją żoną i dziećmi. Jadą na Kubę. To ułatwia sprawę, ale ja wciąż wyczekuję świąt, jak jakiś włóczęga wyczekujący swojego corocznego zabiegu dezynfekującego niczym jakiegoś wybuchu. Czekam na wybuch zimnej krytyki, która, jak już wiem z doświadczenia, w końcu przyniesie mi jakiś pożytek.

W końcu nadchodzi 23 grudnia. Wszyscy jedziemy do Plymouth. Kończy mi się benzyna niecały kilometr przed celem. Mój młodszy brat przychodzi nam z odsieczą. Owszem, wykazuje się pewnym miłosierdziem, ale dużo przy tym posapuje. Chce, żebym wiedział, że wyświadcza mi przysługę, a ja będę mu dłużny.

Wchodzimy do domku. Totalna katastrofa. Osiem sypialni wystawionych na przeciągi i skoncentrowanych wokół dwóch łazienek w kolorze awokado. Na zewnątrz

---

* Musical stworzony na podstawie filmu *Monty Python i Święty Graal*.

malutkiej kuchni WC bez okna, śmierdzące chlorem do dezynfekcji. W kuchni krzesła skrobią o kamienną podłogę; dostrzegam też wiejską kuchenkę gazową, która jest niemiłosiernie rozgrzana i wydaje z siebie dużo gorąca. Nie trzeba być Laurence'em Llewellyn-Bowenem*, żeby wiedzieć, że kuchnia jest słabym punktem tego domu.

Okazuje się też, że mamy kolejny problem. Ten świąteczny tydzień jest dla mojej mamy najważniejszym punktem całego roku. W odpowiedzi na to wydarzenie postanowiła oszaleć. Jest spięta do granic możliwości. Jakby wstrzykiwała sobię dożylnie kawę. Dowiedziała się o naszej kłótni e-mailowej. Jest absolutnie zażenowana, że to się stało z jej powodu. Teraz jest zdeterminowana, żeby mnie nie faworyzować, skoro wszyscy wiedzą, że i tak pomaga nam przy dzieciach, i sądzą, że nie płacę jej za to wystarczająco dużo.

Dzieci dostają piętrowe łóżka, które znajdują się obok pokoju z telewizorem. Mnie i Liv przydziela malutki pokój, do którego można wejść tylko przez pokój Chrisa. Chris to mój najmłodszy brat i przyjedzie dopiero następnego dnia. Jest didżejem. Jego ulubionym zajęciem jest palenie podczas oglądania telewizji do późnych godzin nocnych. Liv uważa, że mój brat powinien spać koło telewizora, a nasza czwórka powinna mieć pokoje przylegające do siebie. Chce, żebym to powiedział wszystkim, ale upiera się, żeby sprzedać to jako mój pomysł.

W kuchni proponuję nowy układ. Mama doznaje czegoś w stylu ataku katatonicznego.

---

* Popularny projektant wnętrz w Wielkiej Brytanii, często występujący w programach telewizyjnych o tej tematyce.

– No cóż, będziesz musiał porozmawiać z Chrisem – odpowiada.

Wigilia. Przyjeżdża Chris. Ściskam go na powitanie i od razu pytam. Mówię mu, że Liv jest w ciąży. Nikomu jeszcze nie powiedzieliśmy. Nie było potrzeby. Mówię mu, że w zamian zrobię wszystko. Kładę się do łóżka.

Boże Narodzenie. Dzieci wstają o szóstej. Zajmuję się nimi przez trzy godziny, ale potem Liv zaczyna płakać. To ten czas. Nic nie może na to poradzić. Boli ją głowa, ale nie wolno jej nic wziąć. Włączam wideo i zajmuję się nią. W rezultacie mój brat zostaje obudzony. Jest wściekły.

W ciągu kilku chwil cała rodzina zbiera się w malutkiej kuchni jak stado rozdrażnionych bizonów.

– Powiedziałeś, że w zamian zrobisz wszystko – mówi mój brat, którego zawsze cechuje wysokie poczucie moralności.

Przepraszam go. Czuję się okropnie. Idę na górę do Liv.

– Wyjedźmy jutro, czyli w drugi dzień świąt z samego rana – mówi. – To dzień tradycyjnych świątecznych wyjazdów. Drugi dzień świąt zawsze budzi się przy ryku włączanych silników.

Zabieram dziewczynki na spacer. Moja siostra idzie z nami, bo ma ochotę na kąpiel nago w morzu. Docieramy do morza. Cassady zauważa małe jeziorko z głazem, które, jak oznajmia, jest dokładnie tym samym miejscem, z którego Mała Syrenka dostrzegła swojego Przystojnego Księcia. Ja dostaję do odegrania rolę księcia. Potem moja siostra rozbiera się i wbiega do morza. Jest przy tym trochę skrępowana, bo uważa, że ma dwanaście kilo nadwagi. Mieszka w Szkocji, gdzie od dawna hołubi dietę złożoną z piwa i frytek. Jest jak obraz Beryl Cook, który nagle ożył. Wszyscy kibicujemy pupie mojej siostry, która jest najbardziej satysfakcjonującą rzeczą, jaką widziałem od dawna.

Potem moja siostra ubiera się i bierze Grace i Cass za ręce. Idą do domu. A ja wracam sam. Rozmyślam o swoim ósmym Bożym Narodzeniu, kiedy mój starszy brat powiedział, że jestem jak czubek jumbo jeta – mając na myśli kształt mojego fiutka, co ja uznałem za dogłębnie obraźliwe, chociaż nie do końca rozumiałem, co tak naprawdę oznaczało. Przeniosłem się wtedy na ziemię niczyją i zbudowałem swój fort. Mój brat zbudował swój niedaleko mojego. Zabawa przemieniła się bardziej w oblężenie niż wojnę. Dużo czasu poświęciliśmy na przebudowywanie swoich fortyfikacji, od czasu do czasu wyzywając się. Potem mama uznała, że już czas na lunch i poszliśmy do domu. To jest właśnie prawdziwy obraz rodzinnych działań wojennych: spędzasz dużo czasu na przebudowywaniu swoich umocnień obronnych, ale atak nigdy nie jest tak zły, jak zakładasz.

W domu mówię Chrisowi, że chyba wyjedziemy rano, bo trudno jest być jedynymi rodzicami w domu, gdzie są sami dorośli. On odpowiada, że nie lubi być budzonym, ale że jeśli wyjedziemy, to będzie naprawdę wściekły. Ściskamy się. A potem idziemy na dwór i wypalamy coś, co moja mama nazywa Dużym Świątecznym Skrętem. Niestety ona sama nie chce spróbować. Potem Chris i ja odkrywamy stół do ping-ponga w garażu. Zaczynamy grać. Prowadzę 8:6 aż do przerwy na obiad.

Idziemy jeść, a dzieci są dumne, że mogą siedzieć przy dużym stole. Mój młodszy brat włącza muzykę – piosenkę świąteczną Johna Lennona – tę, w której Yoko Ono piszczy jak palący się kot. Jeśli muzyka jest pokarmem miłości, to Yoko Ono jest jej sardelą.

– Nie mam nic przeciwko temu chłamowi, jeśli chcecie go słuchać. Ja po prostu zjem w kuchni – mówi mój tata.

Wszyscy się śmieją. Wyłączamy muzykę. Wznosimy toast za kucharza. Zjadamy obiad.

A później otwieramy prezenty. Moja mama zawsze szaleje w tej kwestii. Zdecydowanie uwielbia te dobre-bo-tanie artykuły, zwłaszcza gdy trafi na wyprzedaż. Wszystkim podarowała mnóstwo rzeczy, z których każda ma naklejkę „50% zniżki". Zapakowała bokserki, krem do golenia i kilka paczek spaghetti. Podarowała naszym dzieciom wielkie torby załadowane upominkami. Nie ma tu nic z taktownego umiarkowania rodziny Livy. Nie czekamy długo na to, by cały pokój został zarzucony papierem i tanimi plastikowymi przedmiotami. Moja mama popija potrójny dżin z tonikiem i nawet tata się uśmiecha. Wszyscy doskonale się bawimy.

Od lewej do prawej: ja, uśmiechający się pogodnie podczas próby wypchnięcia mojego brata z kadru; James, mój brat, który jest młodszy ode mnie o dwadzieścia trzy miesiące – teraz jest chirurgiem; nie mam pojęcia, kim jest to dziecko z kręconymi włosami, ale mam nadzieję, że doszło do siebie po tym, jak mój brat ścisnął je w kroku; mój starszy brat, który teraz jest bankowcem.

Zasada 58
Zrozum, że twoje życie jest bajką

Luty 2007, Muswell Hill

Nienawidzę, kiedy ludzie mówią: "Ślub był piękny. Jak z bajki!". Ludzie nic nie wiedzą o bajkach. W bajkach nie ma sztucznej opalenizny, bollingera ani ludzi ubranych u Gucciego zażywających kokainę w toalecie.

Jeśli się przeczytało odpowiednią liczbę bajek, człowiek zdaje sobie sprawę, że jest w jednej, bo bajki są przenośniami tego, jak naprawdę wygląda życie. Bajki zawsze rozpoczynają się chaosem: "Królowa nie żyje. Król się ponownie ożenił. Świat jest bez sensu". Wszyscy czujemy to samo. George Bush rządzi, a Al Gore jest odstawiony na boczny tor. I my sami jesteśmy odstawieni na boczny tor. Powinniśmy być królami. A nie jesteśmy. Myjemy podłogi, a Okrutne Siostry Kopciuszka rządzą. Wszyscy mamy swoje Okrutne Siostry. Moimi są Jimy Carr, Graham Norton i każdy, kto zarabia sześć milionów rocznie, podczas gdy mnie utrzymuje żona.

Nie mam okrutnej macochy. Mam tylko żonę. Owszem, nie jest okrutna, ale jestem nastawiony, żeby tak o niej myśleć. Bo tak naprawdę w bajce opowieść nie ma początku aż do momentu, w którym atakuje wiedźma.

Czyli podczas śniadania. Tak się akurat składa.

– Zapomniałam ci wczoraj powiedzieć. Dzwonił twój agent. Masz casting – mówi Liv.

– Kolejny?

Dwa tygodnie temu poszedłem na przesłuchanie do miniserialu o tytule *Sadie Wolverine*, będącego tak jakby kalką serialu *Buffy*, w którym ja miałbym naśladować Anthony'ego Heada*. Typowy tekst: „Niewątpliwie rozwijasz swoje moce". Nie mogłem tego nie powiedzieć bez podtekstów. Czułem się jak nauczyciel łaciny z erekcją. Nie mam za grosz pewności siebie podczas castingów. Zawsze mam ochotę powiedzieć: „Wiem, że tak naprawdę chcecie Ewana McGregora. Więc ułatwię wam sprawę, bo nie nauczyłem się tekstu".

– To tylko casting do reklamy – mówi Liv. – Masz być tańczącym piratem.

Nigdy nie dostaję ról w reklamach, bo nigdy nie mogę się uśmiechnąć, gdy czuję się skrępowany. Poza tym, dzisiaj muszę pisać.

– Co piszesz?

– Ósmą wersję *Brudnych Aniołów*.

– Czemu znowu ją przerabiasz?

– Chcę sprawić, żeby czytelnicy nie mogli się oderwać i byli dosłownie przygwożdżeni do lektury.

– Posłuchaj. Musisz spróbować. Idź na casting. Kto wie, co się wydarzy? Możesz nawet zarobić jakieś pieniądze!

– Moja powieść też może przynieść jakiś dochód. A ja wolę spędzić dzień na pisaniu.

– O Chryste Panie!

– Czy ty nie wierzysz – mówię wzniośle – że mogę zarobić pieniądze na pisaniu?

---

* Anthony Head – brytyjski aktor występujący m.in. w serialu *Buffy: Postrach wampirów* oraz w *Małej Brytanii* i w *Doktorze Who*.

– Nie, nie wierzę! – mówi Liv, nagle się wkurzając, a ja zaczynam panikować.

Moja żona we mnie nie wierzy. Gorzej, bo atakuje coś, co kocham najbardziej, czyli pisanie. W tym momencie czuję się jak Królewna Śnieżka. Liv jest okrutną macochą mówiącą myśliwemu, żeby wyciął serce. Czuję powiew wiatru, kiedy wykonuje zamach nożem nad moją klatką piersiową.

W bajkach główna postać ucieka do lasu, gdzie znajduje krasnoludki, wróżki lub gadające myszy. Ja idę do ogrodu i zapalam papierosa. Wtedy przybywa moja wróżka. To Grace.

– Czemu palisz? – pyta.

– Jestem zirytowany.

– Czemu?

– Bo mama mnie zmusza, żebym pojechał do miasta, gdzie musiałbym zagrać pirata.

Grace patrzy na mnie z namysłem i mówi:

– Zawsze mógłbyś zrobić sobie wąsy pirata.

Daję jej buziaka. Zauważam, jaki mam zarost. Nie goliłem się od tygodnia. Golę się i zostawiam wąsy i kozią bródkę. Wyglądam jak pirat-głupek, który kiedyś chodził do szkoły z Francisem Drakiem. Nagle chcę iść na casting.

Niestety dotarcie tam staje się niemożliwe. Dojeżdżając do szkoły Grace, przewracam się na rowerze. Przelatuję przez kierownicę. Koziołkuję na chodnik i oglądam się za siebie. Błotnik zablokował mi przednie koło. Wiem, co muszę zrobić: muszę walić rowerem, aż się wyprostuje. Właśnie zamierzałem zacząć, gdy zauważam, że mam widownię. Zawsze, kiedy przejeżdżam koło szkoły Grace, dzieciaki ustawiają się przy ogrodzeniu i krzyczą: „Hej, tato

Grace!". I wtedy wszyscy zaczynamy się śmiać. Tym razem myśleli, że to był popis kaskaderski specjalnie dla nich. Chłopcy chcą, żebym zrobił to jeszcze raz.

Grace za to orientuje się w sytuacji.

– Zrobiłeś sobie krzywdę? – pyta.

– Nie, w porządku. Ale rower do niczego się nie nadaje, a ja muszę jechać do miasta.

– Będziesz musiał jechać pociągiem.

– Wiem. Dzięki, kochanie.

Wracam do domu i rzucam rowerem o ścianę. Idę dwanaście minut do metra. W okienku mówią: „Karta została odrzucona". Karta wygląda tak, jak ja się czuję: podrapana, bez podpisu, bo się wytarł. Biegnę do domu. Znajduję kartę do starego konta. Biegnę z powrotem. Jestem juz spóźniony i spięty. Przy okienku stoi kobieta i szuka czegoś w torbie. Podsuwam kartę do okienka.

– Bilet poproszę.

– Czy tu się, kurwa, nie stoi w kolejce? – mówi kobieta.

Unoszę głowę i widzę Złą Wiedźmę w płaszczu od Nicole Fahri.

– Przepraszam – bąkam. – Myślałem, że pani już skończyła.

– Niech pan tutaj nie stoi. Proszę stanąć za mną.

Staję za nią. Jestem roztrzęsiony. Wali mi serce. Czuję zapach przypalanej zawartości kotła.

W końcu kobieta odchodzi. Daję kasjerowi starą kartę. Mówi mi, żebym wbił PIN. Wstukuję, ale nie mam pewności, że go pamiętam i że są tam jakiekolwiek pieniądze.

– Przeszło – mówi.

A ja słyszę dobrą wróżkę rozsypującą czarodziejski pył.

– Super – mówię do niego. – Teraz biegiem na bal.
– Jedzie pan na bal? – pyta.
– Właściwie to na casting do reklamy.

W metrze wciąż rozmyślam o bajkach. Wiem, że Kopciuszek dociera na bal, ale w pożyczonej sukni i karecie zrobionej z dyni. Wysiadam przy Soho Square i wypalam fajkę. Teraz na pewno uda mi się uśmiechnąć.

W recepcji widzę czterech innych piratów. Wszyscy mają po 25 lat. Wypełniam formularz. Piszę, że mam 28 lat. Mam 36.

Potem wchodzę na salę balową, czyli na przesłuchanie. Książę z Bajki, czyli reżyser, wsuwa kanapkę z paluszkami krabowymi.

– Czy może pan zdjąć koszulę? – pyta.

W trakcie rozbierania się zauważam kępki włosów na swoich ramionach. Zaczynają kręcić. Gra muzyka. Tańczę jak facet desperacko potrzebujący pieniędzy. Przez 10 sekund.

– Dziękuję – mówi.
– To ja dziękuję – odpowiadam.

Gdy się ubieram, Książę z Bajki rozmawia z kamerzystą o *Małej Brytanii*.

Kiedy wychodzę, dopada mnie myśl, która na pewno nie pojawiła się wcześniej w żadnej z bajek: moje hemoroidy nie dadzą rady już nigdzie pójść. Esemesuję do Liv, żeby odebrała mnie ze stacji. Potem przypominam sobie, że nie ma jej w domu.

Gdy wychodzę ze stacji, pada. Przewalam torbę w poszukiwaniu peleryny. Ktoś stuka mnie w ramię. To Liv.

– Dzwonił twój agent. Chcą cię w *Sadie*. Mówi, że będziesz zarabiał co najmniej trzy tysiące tygodniowo. Chcą, żebyś poleciał do Kanady poznać wszystkich.

– Ooooo… wspaniale – odpowiadam.

Zawsze podchodzę z rezerwą do dobrych wiadomości. Nie chcę, żeby to wyglądało, że się chwalę – bo zaraz mam wrażenie, że ktoś mnie zaatakuje.

– Gratuluję – mówi. – Jestem z ciebie bardzo dumna.

Całuje mnie w usta, a ja budzę się ze stuletniego snu.

– Jest tylko jeden problem: będziesz musiał się przeprowadzić do Vancouver na dwa lata.

– OK, pogadamy o tym później. Gdzie są nasze wróżki?

– O czym tym mówisz?

– O dziewczynkach.

– Są w samochodzie.

Wtedy je zauważam. Przyklejają naklejki z księżniczkami na szybie. Widzą mnie. Krzyczą i machają. Wsiadam do samochodu.

– To jak, dziewczynki, co mówimy? – mówi Liv.

– Hip, hip, hurra dla taty! – wykrzykują obydwie. Tylko że Cass mówi: „**Urra dla taty**", co brzmi jakby opowiadała mi o mężczyźnie o imieniu Urra, który się we mnie zakochał.

Potem jedziemy do domu.

Nie mogę, niestety, powiedzieć: „A potem żyli długo i szczęśliwie". Ale przynajmniej przygotowujemy jajka na kolację.

Wiedźma udająca Mamę. Jej nietoperz zamienił się w różową torebkę.

Zasada 59
Pojawiaj się

Marzec 2007, Muswell Hill

Palę w garażu. Wpada Liv.
– Miałeś czytać bajki klasie Grace! Masz tam być za pięć minut!
Żołądek podchodzi mi do gardła, jak gdybym właśnie wypadł z samolotu. Biegnę na górę i przeglądam książki. Wiem, co chcę przeczytać: ilustrowaną książeczkę, którą zrobiłem kilka miesięcy temu.

Tytuł tej książeczki to *Księżniczka wróżka*. Jest o misiu, który ląduje w świecie wróżek, gdzie kaczki zjadają wszystkie jeżyny, upijają się i biegając w kółko, krzyczą, jakby właśnie wygrały mecz piłkarski: „Mamy Zielone Łebki! / Mamy Żółte Dzioby! / JESTEŚMY KACZKAMI! / I mamy w du...żym poważaniu to, że nas nie znosicie, bo robimy dużo hałasu! / JESTEŚMY KACZKAMI! / Jesteśmy zielonogłowymi chłopakami!".

Gdy czytam tę książkę z dziewczynkami, robimy całe przedstawienie o kaczkach i uważamy, że jesteśmy śmieszniejsi od kota występującego w *Ukrytej kamerze*, który wpadł tyłem do basenu. Problem polega na tym, że wiem, że sama bajka jest zbyt skomplikowana. Ale tchórzostwem byłoby nie spróbować. Biorę książkę i biegnę.
– Dzieci, słuchajcie, to jest tata Grace. Przyszedł, żeby

nam poczytać. Może pan zaczynać. Billy, usiądź i przestań
dłubać w nosie – mówi nauczyciel.

Myślę: jeśli mam podtrzymać zainteresowanie, to lepiej,
żebym zastosował techniki panowania nad tłumem. Wpadają jacyś szóstoklasiści.

– A to kto? – pytam. – Chyba są trochę za duzi, żeby tu być.

Dzieciaki się śmieją. Myślę: OK. Trochę się powygłupiam
i będzie zabawa.

– Tata, ZACZYNAJ – mówi Grace.

Zaczynam czytać. Dzieciaki chcą zobaczyć obrazki, które
są małe i słabe. Sam je narysowałem flamastrami. Mam
ochotę porzucić książkę i po prostu odegrać historyjkę.
Wstaję. Nauczyciele patrzą na mnie jak na szalejącego nosorożca. Próbuję zachować się delikatnie i nie stwarzać zagrożenia. Czuję się pretensjonalnie. Dzieciaki z szóstej klasy
zaczynają szeptać. Na pewno mówią: „Ten to jest totalnym
gejem".

– Tato, usiądź – mówi Grace.

Siadam. Zaczynam się denerwować. Czytam o kaczkach. Zaczynam śpiewać. Wszyscy się gapią. Grace wydaje najbardziej rozpaczliwe dźwięki, jakie kiedykolwiek
słyszałem: zaczyna się śmiać nieszczerze, żeby mi pochlebić. W ten sposób próbuje zasygnalizować wszystkim, że
ma być śmiesznie. W pełni zdaje sobie sprawę, że tatuś
kona powolną śmiercią. Już sobie wyobrażam rozmowę
nauczycieli: „Przyszedł tata Grace i był tak zadufany
w sobie, że przyniósł własną bajkę – co za prostak". Zawodzę na całej linii jako gawędziarz, komik i ojciec. To

moje trzy podstawowe umiejętności. Nie jest dobrze. Ale następuje koniec.

– Doskonale – mówi nauczyciel tonem zachowawczym, jak gdyby mówił do dziecka, które właśnie narysowało swoją nagą matkę.

Nie mogę nawet spojrzeć na moją córkę, tak mi wstyd. Ale ona łapie mnie za rękę i zaczyna podskakiwać, idąc w stronę domu. Jest zadowolona. Nie obchodzi jej, że dałem ciała. Jest dumna ze mnie, że w ogóle przyszedłem.

Zasada 60
Zaakceptuj śmierć

Marzec 2007, Andover i Muswell Hill

Czwartek, piąta po południu. Pakuję się. Jutro wieczorem wylatuję, żeby poznać scenarzystów, producentów i kostiumologów do *Sadie*. Mają zacząć przygotowywać mój kostium wilkołaka. Wygląda na to, że będę miał szare pasy na wilkołaczej głowie, trochę jak borsuk. Usiłuję uporządkować trzy podstawowe fakty dotyczące *Sadie Wolverine*.
1. Muszę się przeprowadzić do Vancouver, a Liv nie chce ze mną jechać. Dziewczynki właśnie idą do szkoły. Liv nie chce rezygnować z pracy, gdyż przez długi czas była jedyną osobą w całej rodzinie ze stałym dochodem. Ale jeśli pojadę sam, mogę wdać się w romans. Umowa jest na dwa lata. To długi okres jak na rozłąkę z rodziną.
2. Livy urodzi dziecko, gdy mnie nie będzie. Po raz pierwszy będziemy mieli jakieś pieniądze, więc będzie nas stać na wynajęcie niani. Taki współczesny system: możesz zapłacić komuś, żeby opiekował się twoimi dziećmi, sprzątał twój dom, wyprowadzał psa, masował twoją żonę. Ale znacznie przyjemniej robić to samemu.
3. *Jaja ze stali* w porównaniu do *Sadie Wolverine* to rozrywka wysokiej klasy. Wolałbym zostać w Anglii i pisać, nawet jeśli nic nie zarobię.

Ale wiem, że muszę jechać. Przez osiem ostatnich lat patrzyłem na moją dogorywającą karierę aktorską, jak szczeniak topiący się w wiaderku, a teraz właśnie ma nastąpić przełom. Kończę pakowanie i jadę do Andover na mój ostatni występ komediowy.

Doskonały występ, żeby przypominać mi o wszystkim, za czym nie będę tęsknił. Przed sceną stoi słup. Obsługa za barem nie przestaje gadać. Mam być gwoździem programu, ale przez przypadek mój występ trwa tylko dwanaście minut. Przepraszam organizatorów. Odmawiam przyjęcia honorarium. O północy jeżdżę dookoła czterdziestu dziewięciu rond w Andover, gotując się z nienawiści do samego siebie. Dochodzę do wniosku, że jako artysta sceniczny jestem skończony.

Poranek, dziesiąta, piątek. Budzę się z poczuciem wstydu doskwierającym bardziej niż największy kac. Nie mogę sobie wybić z głowy nieudanego występu. Wszyscy wybierają się do lasu, ale ja mam zajętą głowę. Nawet w najlepszych czasach trochę zajmowało mi wczucie się w rolę, a nie zawsze można powiedzieć: „Sorry, tatuś jest zmęczony". Jednakże dzisiejszy poranek jest skazany na niepowodzenie, gdyż jest to mój ostatni dzień przed wylotem do Kanady.

– Idźcie – mówię do Liv. – Muszę zadzwonić na lotnisko.

Potem schodzę do garażu i zapalam fajkę, która pomaga spalić wstyd. Wygładza nierówności tego świata. Sprawia, że jestem gotowy do zabawy.

Doganiam je, gdy wchodzą do lasu. Grace biegnie do mnie.

– Tatusiu! – krzyczy. – Zaczynajmy!

– OK – odpowiadam moim Głosem do Zabawy, który jest głośniejszy niż na co dzień. – W co się bawimy?
– W piratów!
– Ekstra! Kim jesteś?
Odpowiedź jest klasyczna.
– Jestem Panem Ognista Broda – oznajmia.
Jestem tak zachwycony, że daję jej buziaka. Pan Ognista Broda ma czerwone kalosze, czerwoną budrysówkę i błyszczącą spinkę.
– A ty kim jesteś, Cass?
– **Ja jestem żeglarzem** – odpowiada Cass – **ale nie mam imienia.**
– Jesteś Bezimiennym Żeglarzem!
Jest zachwycona. Moje dzieci nie są aktorami. Nie zmieniają głosów. Ale ich ulubionym momentem w całej zabawie jest sam casting. Moment, w którym wyobrażają sobie, że są kimś innym. To jest najlepszy moment. Reszta to tylko podkładka.
– A kim ja jestem?
– Ty jesteś okropnym piratem, którego nie znosimy – mówi Grace.
– **Jesteś Księciem** – mówi Cass. – **Nazywasz się Didi Lokomakio.**
Przeczytałem *Impro* Keitha Johnstone'a[*], więc znam tajniki zabawy:
Odzwierciedlaj osobę, z którą grasz.
Jeśli macie dwa pomysły, połączcie je.
Zgadzaj się na wszystkie propozycje. Wszystkie są genialne.

---
[*] Keith Johnstone – uczy w zakresie teatru improwizacji.

Nie próbuj wpaść na genialny pomysł. Załóż, że twój partner już wpadł na doskonały pomysł. Dowiedz się jaki.

– Jestem Didi Lokomakio, czyli pirat, który tak naprawdę jest księciem.

Kocham swoją rolę. Czuję się jak Erol Flynn.

– Kim jest mama?! – krzyczę.

– **Jest księżniczką, którą kochasz** – mówi Żeglarz.

Jest i owszem. Kocham tę kobietę.

– Doskonale. Zaczynaaaaaamy!

Księżniczka znajduje patyki, których używamy jako broni. Biegamy. Strzelamy. Wykrzykujemy obelgi pod adresem piratów: „Nienawidzę cię, Ognista Brodo. Wycieram sobie smarki o twoją ognistą brodę". Ognista Broda chce pomścić moje obelgi, przywiązując mnie do drzewa. Uciekam. Potem chowam się za odpowiednim drzewem, wystawiając smycz. Ognista Broda, chichocząc, obwiązuje mnie smyczą i oznajmia, że muszę być spalony na stosie. Pomagam w wiązaniu supłów.

– **Chwila moment** – krzyczy Żeglarz, biegnąc w moją stronę. – **Ja cię uratuję!**

Niestety Żeglarzowi zaplątuje się sukienka w kalosze. Żeglarz się przewraca. Żeglarz brudzi sobie kolana błotem. Żeglarz rozważa rozpłakanie się. Żeglarz jednak wstaje, ratuje mnie w chwale i uciekamy razem, przyrzekając sobie dozgonną przyjaźń. Potem Ognista Broda powala mnie śmiertelnym strzałem. *Bum!*

– Żeglarzu – występkuję – biegnij po Księżniczkę, muszę ją pocałować, zanim umrę.

Księżniczka przybywa. Całuje mnie i szepcze: „Kafejka

za dziesięć minut". Umieram. Zastanawiam się, czemu zawsze muszę umierać w tych wszystkich zabawach?

– **Jestem Małym Wilkołakiem!** – krzyczy Cass. – **A ty jesteś Tatą Wilkołakiem.**

Myślę: o rany, nowa zabawa właśnie się zaczęła. Czy nie możemy jeszcze poopłakiwać Didi Lokomakio? Cass myśli: Didi Lokomakio nie żyje. Wielka sprawa. Może musiał umrzeć, żeby zamienić się w wilkołaka?

Dostaję SMS-a od Jeffa, który załatwił występ w Andover. Pisze: „Chcesz wystąpić w Bognor dziś wieczorem?". Odpisuję: „Chrzanić Bognor". Dziwne uczucie – odrzucić propozycję pracy. Zwykle tego nie robię. Potem dopada mnie myśl, że może mógłbym odrzucić wyjazd do Vancouver. Może nie muszę jechać do Kanady, żeby być wilkołakiem. Doganiam Liv.

Trzyma Cass za rękę i wygląda na zrelaksowaną i wyluzowaną.

– Liv – pytam – czy chcesz, żebym pojechał do Kanady?

– Nie. Ale nie chcę hamować twojej kariery.

– A nie potrzebujemy pieniędzy?

– Wolałabym, żebyśmy byli szczęśliwi a nie bogaci. Pieniądze tak naprawdę nie mają znaczenia. Coś gdzieś zawsze znajdziemy. Zawsze myślałam, że będzie z ciebie świetna męska prostytutka.

– Hmm, dzięki, ale nie jestem pewien, czy ci wierzę. Przez cały nasz związek pieniądze były naszym największym problemem. Nie mogę odrzucić okazji zarobienia trochę więcej.

Patrzy na mnie długo i przeciągle.

– OK – odpowiada.

Grace: To jest serduszko z deszczem w środku.

Ja: Dlaczego w serduszku jest deszcz?

Grace: Bo była w nim szczelina i dlatego, że padało.

Zasada 61
Nie uprawiaj seksu z nieznajomymi
(ludzie, którzy są rozwiąźli, mając trzydzieści
lat, byli zazwyczaj brzydcy jako nastolatkowie)

Marzec 2007, lotnisko Gatwick

Sobotni poranek. Jestem na lotnisku Gatwick w drodze do Kanady. Obserwuję jakiegoś tatę wychodzącego z sali przylotów. Podbiega dziewczynka. Tata całuje dziewczynkę. Podbiega chłopiec. Tata rozpromienia się i podnosi chłopca. Nadchodzi mama. Tata daje jej przelotnego całusa. Odchodzą. Myślę: NIEEE, ty głupcze! Pocałuj ją najpierw. Ewidentnie nie jest tak urocza jak oni: DLATEGO musisz ją pocałować najpierw.

Jestem przygnębiony, przechodząc przez punkt odpraw. Myślę: chyba jesteśmy najlepszym pokoleniem rodziców w ogóle. Mamy Lauren Child, mamy Supernianię, ale zaraz się wszyscy rozwiedziemy, bo tatusiowie nie całują swoich żon w pierwszej kolejności.

Przez ostatni miesiąc Liv też mnie nie całowała, bo zapuściłem rudawe wąsy, które sprawiają, że wyglądam jak Earl z *Mam na imię Earl*. Mówi, że wyglądam jak rudy pedałek. Czuję się jeszcze bardziej przygnębiony, bo przez tydzień nie będę widział się z całą rodziną. Potem wrócę na dwa tygodnie. A potem wyjadę na dwa lata. To chyba raczej nie sprawi, że będę dobrym ojcem.

Odprawiam się i idę do sali odlotów. Mój telefon pika.

Dostaję SMS-a od aktorki Elizabeth Hamilton. Dostała główną rolę w *Sadie Wolverine* i leci tym samym lotem. Gra w serialu nauczycielkę tak jakby wuefu, która uczy Sadie sztuk walki. „Spotkajmy się w barze ostrygowym" – pisze. „Mam rude włosy". Nagle jestem zaciekawiony. Rudowłose mnie podniecają. A podróże są poszukiwaniem nowej przygody. Zawsze wtedy czuję się napalony.

Docieram do baru z ostrygami. Nie ma nikogo z rudymi włosami. Siedzi tylko biznesmen, który zapewnia swój telefon, że zamierza „natychmiast przejąć inicjatywę". Siadam i zamawiam kawę. Patrzę na monitor podający informacje o lotach. Widzę, że jest problem z naszym lotem.

Zauważam też, że jest dziesiąta. Dziesiąta w sobotę to zwykle moja ulubiona część tygodnia. O 9.45 w każdą sobotę podrzucam Cass do szkoły baletowej, a potem Grace i ja idziemy wzdłuż starej linii kolejowej do Magicznego Drzewa. Magiczne Drzewo ma huśtawkę, nisko wiszące gałęzie i moc spełniania wszystkich życzeń. W drodze omawiamy wszystkie trapiące nas kłopoty. W zeszłym tygodniu Grace opowiedziała mi, że denerwuje się podczas obiadu, ponieważ kucharka Oldina zawsze ją ponagla i Grace nie ma czasu, żeby dokończyć kanapki. Włazimy więc na gałęzie i prosimy Magiczne Drzewo, żeby dało Grace trochę więcej spokoju ducha, zwłaszcza w porze obiadu. Chciałbym teraz tam być. Magiczne Drzewo jest fajne, ale nie tak fajne, jak spędzanie czasu z Grace.

– Andrew Clover*, szczęśliwa czterolistna koniczynka! – słyszę czyjś elokwentny głos.

---

* *Clover* (ang.) – koniczynka.

Spoglądam w górę. To Elizabeth Hamilton. Jest wyjątkowej urody. Wygląda na jakieś 26 lat. Ma długie rude włosy. Ma duże oczy cierpiącego świętego. Ma doskonałe, zaokrąglone piersi, które są skromnie schowane pod cienkim swetrem. Nachyla się i całuje mnie. Pachnie drogimi perfumami. Jej włosy dotykają mojego policzka. Całowanie kogoś, kogo się nie zna, wydaje się czymś nieco na wyrost, ale przypominam sobie, że teraz jestem aktorem i spędzę trochę czasu z tą kobietą.

– Słyszałeś? – pyta Elizabeth. – Jest jakiś alarm bombowy na lotnisku. Możemy nie wystartować aż do wieczora.

– Dobra. Jak zamierzamy spędzić ten czas?

– Zamówmy szampana. Chyba możemy sobie na to pozwolić.

Więc Elizabeth i ja pijemy razem szampana. Szybko się wstawiamy, ona zaczyna opowiadać mi o wszystkim i jest to dość ekscytujące. Nie ma nic bardziej upojnego niż nowa znajomość, a my jesteśmy związani przygodą, która na nas czeka. Elizabeth już była w Kanadzie. Ma tę rolę od prawie dwóch miesięcy. Zaczynam zdawać sobie sprawę, że zostałem obsadzony w ostatniej chwili. Ktoś musiał zrezygnować. Opowiada mi o dziewczynce grającej Sadie. Jest totalnym przekleństwem. Ma 14 lat i już wystąpiła w dwudziestu filmach. Wszędzie chodzi ze swoją matką, która ma obsesję na punkcie pieniędzy, sławnych ludzi i diet makrobiotycznych.

Elizabeth opowiada mi, że ma małego synka Zacha, który ma prawie dwanaście miesięcy. Jest w domu z jej mamą. Obiecuje mi pokazać zdjęcie. To mnie martwi. Pokazywanie zdjęć dzieci jest trochę jak dostawanie prezentu: musisz się zachwycić, a ja zawsze się martwię, że nie będę w stanie. Na szczęście Zach jest ślicznym dzieckiem i mówię to.

– Kim jest jego ojciec? – pytam.

– Ooo... jest reżyserem filmu, w którym występowałam na Węgrzech.

Cytuje nazwisko. Ma na imię Paul. Kiedyś byłem u niego na castingu. Wczesna czterdziestka.

– Wciąż jesteście razem?

– Boże, nie.

– Nie chciał być z tobą?

– O mój Boże – mówi Elizabeth. – Chciał. Pobraliśmy się. Byliśmy razem rok, ale ja nie dałam rady.

– Czemu?

– Bycie samotną matką jest okropne, ale... nie mogłam z nim zostać. Po prostu... straciłam zapał.

– Wiem, co masz na myśli. Ja chyba straciłem swój. Może tli się tam jeszcze jakiś ognik.

Patrzę na nią wymownie, kiedy to mówię. Śmieje się. Chciałbym, żeby jeszcze raz się zaśmiała.

– Moje libido zostało spakowane i schowane tak jak ozdoby choinkowe. W zasadzie moje libido jest jak święta Bożego Narodzenia. Moja żona cieszy się, gdy się pojawia, skoro jest to raz do roku.

Znowu się śmieje. Ma białe zęby i bardzo różowy język.

– Wciąż się widujecie?

– Tak, na szczęście teraz jesteśmy naprawdę dobrymi przyjaciółmi.

– Nigdy nie chciałaś do niego wrócić?

– Nie. Wiesz, co mówią... Wszystkie komedie kończą się

razem z małżeństwem. Więc jeśli jesteś żonaty, to bierzesz udział w tragedii, która zwykle kończy się śmiercią.

Podoba mi się coraz bardziej, zwłaszcza po tym, jak ukuła Wilde'owskie fraszki. Do tej pory czułem tylko pożądanie. Teraz myślę, że to miłość. Teraz Bóg skierował nas ku sobie, wysyłając mnie w stronę życia z inteligencją, sztuką i niekończącym się seksem.

– Ja jestem z żoną od ośmiu lat – mówię. – Po pewnym czasie nie odczuwa się już potrzeby kochania się. Odczuwa się raczej potrzebę zaśnięcia. Kobieta moich fantazji ma wielkie piersi, z których wypływa gorąca czekolada. W zagłębieniach piersi zbiera się krem waniliowy. Na brzuchu ma wytatuowany ostatni rozdział *Kubusia Puchatka*.

To cytat z mojego kabaretu, więc mam lekkie wyrzuty, przywołując go. Pośród komików takie powtarzanie w normalnym towarzystwie jest bardzo złym objawem. Jest objawem niepewności. Liv by zauważyła, ale Elizabeth się nie domyśla.

– Dziękuję za zrozumienie – mówi, ściskając i nie wypuszczając mojej ręki. – Bardzo się cieszę, że razem lecimy do Kanady. Czasami jestem tam bardzo samotna.

Gapię się na szampana. Zdaję sobie sprawę, że Elizabeth właśnie zasugerowała, że się ze mną prześpi. Zasygnalizowała również, że zrozumie, jeśli po tym fakcie nie będziemy razem. Mam dziwne uczucie, którego nie doznawałem wcześniej – tryskające uczucie mrowienia w kroku.

– Wyglądasz na zmartwionego – mówi Elizabeth. Patrzy na mnie z troską. – Martwisz się o ten alarm bombowy?

Nie. Boję się, że też będę samotny w Kanadzie. Boję się, że zabierzesz mnie do swojego łóżka, a ja położę swój policzek na twoim białym gładkim brzuchu. Boję się, że to zepsuje moje życie rodzinne. Ale tego nie mówię. Przeczesuję torbę w poszukiwaniu papierosów. Znajduję prezenty od dziewczynek. Livy przygotowała mi moją ulubioną kanapkę z jajkiem i sałatą. Cassady podarowała mi paczkę kredek, żebym mógł jej narysować obrazek w samolocie. Grace dała mi Misia Misia. Powiedziałem jej, że nie mogę zabrać Misia Misia ze sobą, ale ona odparła, że Miś Miś lubi śnieg i chce ze mną pojechać.

Unoszę głowę. Niespodziewanie Elizabeth zaczyna płakać.
– Co się dzieje? – pytam.
– Mam nadzieję, że z Zachem będzie wszystko w porządku. Jest z moją mamą, ale i tak nie lubię go zostawiać.
– Na pewno nic mu nie będzie.
Ściskam ją.
– Dziękuję – odpowiada.

Trzymając ją w ramionach, spoglądam w jej oczy cierpiącego świętego. Są piwne i mają plamki zieleni. Czuję zapach wydychanego szampana. Elisabeth ma rozchylone usta. Całujemy się. Oficjalnie w policzek, ale kąciki naszych ust akurat się stykają. Ma bardzo wilgotne i miękkie usta. Rozkoszuję się chwilą i wdycham perfumy. Mam ochotę pocałować ją w ucho, na którym dostrzegam mały pieprzyk.
– Idę poszukać płyt CD – mówię.

Wstaję i idę do HMV, po czym dzwonię na komórkę do mojego agenta. Nie odpowiada. Zostawiam wiadomość: „Richard, tu Andrew Clover. Słuchaj, strasznie mi przykro, ale nie chcę jednak jechać do Kanady. Zastanawiam się, czy już jest za późno, żeby zrezygnować. Oddzwoń do mnie jak najszybciej".

Potem dzwonię do Liv. Jej też nie ma. Przypomniałem sobie, że miała iść na szkolną imprezę. Obsługuje stoisko z zabawą pt. „Złap kaczkę" razem z Jamesem, który jest doskonałym ojcem i zarabia kupę kasy jako uznany prawnik w korporacji. Może z nim flirtuje? Może ich ramiona ocierają się o siebie podczas przesuwania plastikowego ptactwa? Zostawiam podobną wiadomość. Dodaję, że zostanę na lotnisku, aż odbiorę bagaż. Spoglądam na Elizabeth, która poprawia makijaż. Dopiero rano wyjechałem z domu, a już kogoś zdążyłem poderwać. Idę i robię to, co robi każdy mężczyzna, który znajduje się na lotnisku z poczuciem winy: kupuję prezenty.

Dla Cass kupuję DVD z *Małą Syrenką*. Dla Grace audiobooka *Tajna Siódemka**. Potem przypominam sobie, że nasz odtwarzacz CD w wieży nie działa. Idę do Dixon's i kupuję nową. Później kupuję dla Liv piękny beżowy prochowiec z paskiem. Teraz, kiedy już mam tyle prezentów, kupuję tanią torbę, żeby to wszystko do niej włożyć.

Potem idę do stanowiska British Airways, żeby im powiedzieć, że jednak nie lecę. Nie mają z tym problemu. Przez ten alarm zrezygnowało już sporo osób. Otrzymuję informację, że bagaż wyjedzie na pasie numer osiem.

Wracam do Elizabeth.

– Elizabeth – mówię – zdecydowałem, że nie lecę do Kanady.

– Co? Nigdy?

– Nigdy. Nie będę wilkołakiem.

---

* *The Secret Seven* – seria piętnastu książek o przygodach młodych detektywów stworzona przez Enid Blyton.

– O mój Boże. Czy to przez coś, co powiedziałam? Oczywiście, że tak.

– Oczywiście, że nie. Tylko nie wydaje mi się, żebym był aktorem. Chciałem zrobić to tylko dla pieniędzy. I może, jeśli nie pojadę, znajdę jakiś inny sposób, żeby je zarobić. Ale słuchaj, miło było cię poznać. Mam nadzieję, że będziesz się tam dobrze bawić.

– Dzięki.

Znowu się całujemy. Tym razem w usta. Zdecydowałem, że już jej więcej nie zobaczę, więc nie ma żadnego ryzyka. Potem idę po bagaż i czekam. Alkohol powoli się ulatnia i czuję się zmęczony. Zdejmuję płaszcz, kładę się na plastikowych siedzeniach i zasypiam.

Zamykam oczy i natychmiast śni mi się namiętny sen o Elizabeth Hamilton. Jesteśmy w pokoju hotelowym w Kanadzie. Rozpinam jej dżinsy i odkrywam czerwone majtki, które nosiła Livy, kiedy się poznaliśmy. W chwili gdy widzę te majtki, budzę się, czując się zaskoczony, skacowany i zawstydzony.

Dostrzegam, gdzie popełniłem błąd. Zawsze mówiłem, że dzieciaki uczą dorosłych szczęścia na nowo, bo sprawiają, że dostrzegają oni wszystko po raz pierwszy, a ja tego nie robiłem ze swoją żoną. Zachowywałem się jak bilioner znudzony swoim helikopterem. Założyłem, że jest pewniakiem. Kompletnie zapomniałem, co do niej czułem, zanim pojawiły się dzieci albo ten durny wąs. Zastanawiam się nawet, czy nie przestałem być dla niej seksowny w ramach jakiejś dziwnej walki o wpływy. Zdaję sobie sprawę, że jestem leniem. Nagle wyobrażam sobie swoją żonę. Wiem, że moim małżeńskim obowiązkiem jest traktowanie jej jak rudowłosej prostytutki. Od czasu do czasu. Teraz czuję się jak seksowny wiking wracający z wojaży.

Dostaję SMS-a. „Zostań tam, gdzie jesteś. Jedziemy po ciebie. Buźka". Jest jeszcze jedna rzecz, którą muszę zrobić przed opuszczeniem lotniska. Idę do Bootsa i kupuję sobie maszynkę do golenia. Idę do toalety i spoglądam w swoje odbicie. Mam kępki białych włosów rosnących na uszach. Jakim cudem Livy wciąż jest z takim facetem? Golę rude wąsy.

Kiedy wychodzę, bagaż już na mnie czeka. Odbieram go i przechodzę przez odprawę celną. Celniczka chce go przejrzeć.

– Będzie pan musiał opróżnić torbę – mówi.

– No, domyślam się – dopowiadam.

Rzuca mi spojrzenie spode łba.

Później wkraczam do sali przylotów i widzę całą rodzinę. Dla żartu wszystkie mają peruki. Cassady ma perukę w stylu Kevina Keegana*, ale ją ignoruję. Grace ma na sobie jeden z tych kapeluszy w szkocką kratkę, z których wystają rude włosy z boku. Ją też ignoruję. Liv ma blond włosy obcięte na pazia, które wyglądają śmiesznie i są bardzo seksowne. Całuję ją delikatnie w usta i w tym momencie staje się ona nową panną młodą w czerwonych majtkach, a życie komedią, którą można się cieszyć znowu, i znowu, i znowu.

---

* Kevin Keegan – angielski piłkarz, później trener reprezentacji. Mowa tu o fryzurze na „czeskiego piłkarza", czyli krótkie włosy z przodu, a dłuższe z tyłu.

W tym momencie życie staje się komedią,
którą można się cieszyć znowu, i znowu, i znowu.

Zasada 62
Pamiętaj o książce o robakach

Kwiecień 2007, Muswell Hill

Wtorek wieczorem. Dziesiąta. Wciąż piszę. *Brudne Anioły* zostały już wysłane do wydawcy, ale chcę jeszcze wprowadzić ostatnie poprawki. Pojawia się Liv.
– Tak więc – mówi – mam dużo spraw do załatwienia z samego rana. Musisz wstać przed siódmą. Teraz mnie posłuchaj. Wiesz, że Grace ma zwrócić książkę o robakach.
– Co?!
– No wiesz, książkę o robakach. KSIĄŻKĘ O ROBAKACH!
Teraz już krzyczy, jak gdyby to miało pomóc w zrozumieniu czegokolwiek.
– KSIĄŻKĘ Z BIBLIOTEKI!
– Aaa, książkę z biblioteki. OK. W porządku.
Zapisuję: „Oddać książkę do biblioteki".
Mówi jeszcze o kilku sprawach, ale ja już nie słucham. Kiwam tylko głową i udaję, że słucham. Nagle milknie.
– Coś jeszcze? – pytam.
– Tak. Możesz już przyjść do łóżka? – pyta, ale niezbyt zachęcająco.
Mówi to głosem, jaki spodziewałbym się usłyszeć od kogoś, komu dziecko właśnie podpaliło ścierkę.

Środa rano. O 7.40 wciąż jesteśmy w łóżku. Nagle pojawiają się dziewczynki. Atmosfera od razu staje się gęsta.

– **Mamusiu, ale mi zimno!** – wykrzykuje Cass.

– A ja jestem wciąż zmęczona! – krzyczy na to Grace.

– Wracajcie do łóżek i zdrzemnijcie się jeszcze trochę – odpowiada Liv.

– Zdrzemnijcie się? Zdrzemnijcie się? A co to właściwie znaczy „zdrzemnąć się"?! – odkrzykuje Grace.

A ja przelatuję przez pokój, szukając książki z biblioteki z równym entuzjazmem, jak pies goniący królika. Schodzę na dół. Przygotowuję owsiankę, kawę i włączam Johnny'ego Casha *I Walk the Line*, która ma swój nieodparty żwawy rytm. Grace pojawia się jako pierwsza. Z uśmiechem na ustach. Zdecydowała, że już nie musi drzemać i jest gotowa potańczyć. Zaczynamy kiwać się w miejscu. Potem pojawia się Liv. Niesie Cass pod pachą w sposób, w jaki niektórzy ludzie noszą teriery. Cass trzyma pudełko wypełnione misiami.

– **Ale ta muzyka budzi moje misie!** – krzyczy Cass, momentalnie się złoszcząc.

Liv wyłącza muzykę. Wszyscy stosujemy się do życzeń misiów Cassady. I wtedy dopiero się zaczyna. Latają łyżki, rozsypuje się cukier, a groźby wiszą w powietrzu. W pewnym momencie Cassady rzuca miskę na ziemię i kładzie się sztywno na podłodze. Biegnę na górę i z desperacją szukam książki z biblioteki. Przychodzi Liv. Wyciąga z impetem szufladę, która spada mi na głowę.

– Na Boga – mówi – to ty miałeś je ubrać!

W końcu wszyscy wychodzimy na dwór, gdzie świeże powietrze uderza nas jak valium, i od razu się odprężamy.

– Oto i TAJEMNICA – mówi Grace.

I wskazuje na frotkę leżącą na chodniku. A to wszystko przez to, że w zeszłym tygodniu wymyśliłem opowiadanie o *Grace, Słynnej Pani Detektyw*. Teraz stara się dostarczyć mi więcej materiału na ciąg dalszy.

Potem wchodzimy w alejkę prowadzącą do szkoły. Ma trzy słupki na końcu, żeby powstrzymać kierowców od jeżdżenia tamtędy. Cass nadała imiona wszystkim trzem. Poklepuje je, mówiąc:

– Hej, Dudu. Hej, Didi. Hej, Pom.

Zauważam naszego lokalnego celebrytę Steve'a Pembertona z *Ligii Dżentelmenów*. Uśmiecha się. Podskakując, idziemy dalej.

Kiedy docieramy do placu zabaw, zdaję sobie sprawę, że zapomniałem książki z biblioteki, ale wszystko mi jedno. Wszyscy mają na sobie jasne płaszcze, uśmiechają się i witają. Jestem bardzo zadowolony. Po części dlatego, że jest piękny poranek z rześkim zimowym światłem. A po części dlatego, że bycie rodzicem to trochę jak bycie porannym didżejem: ciężka część dnia przychodzi najpierw. O dziewiątej ma się już tę całą trudną robotę za sobą i można dalej cieszyć się życiem.

Gdy wracam do domu, widzę Liv przez okno w kuchni. Kroi mi banana do owsianki. Uwielbiam banana w owsiance. Uwielbiam Liv. Przychodzi mi na myśl stwierdzenie, na które nigdy wcześniej nie wpadłem. Myślę: jeśli byłbym teraz w niebie, to jaka byłaby różnica? Nic nie przychodzi mi do głowy.

Dzwoni telefon. Mój agent sprzedał *Brudne Anioły* wydawcy. Pieniądze nie są super, ale przynajmniej wystarczy nam na miesiąc. Idę i mówię o tym Liv. Jest zachwycona. Uważa, że powinniśmy pojechać na wakacje, żeby to uczcić. Decydujemy, że pojedziemy do Bilbao, ale liczymy, że nie wystarczy nam gotówki. Potem decydujemy się na Margate. Potem decydujemy się na urlop w Londynie. Pojedziemy do jej mamy. Przekonamy ją, żeby wzięła udział w zabawie. Będzie musiała ustawić buteleczki z szamponem koło naszego łóżka. Kiedy przyjedziemy do niej, będzie musiała powiedzieć do nas: „Traktujcie to miejsce jak hotel!".

Wieczorem dzielę się dobrą nowiną z dziewczynkami. Grace jest bardzo dumna. Cassady jest wściekła, że nie sprzedaliśmy książki, która jest o niej. Świętujemy, biorąc razem kąpiel. Dziewczynki pokazują mi, jak używać śliskiej strony wanny jako zjeżdżalni. Potem chcą bajek. Czuję się tak pewnie, że wymyślam jedną na poczekaniu. Jest o biednym drwalu, który znajduje skarb w momencie, gdy uświadamia sobie, że tak naprawdę go nie potrzebuje. Ma już wszystko, czego potrzebuje w danej chwili, w danym momencie.

Zasada 63
Nic nie rób

Maj 2007, Muswell Hill

Grace ostatnio zaczęła pisać nową książkę, która nosi tytuł *Książka tajemnic. Zaginione klejnoty*. Autor: Grace Clover (Detektyw). Stronę tytułową opracowała już tydzień temu. Od tamtej pory za każdym razem, kiedy wyjmuje książkę, numeruje strony. Ostatnio dotarła do numeru czterdzieści cztery.

Dzisiejszego popołudnia patrzę, jak numeruje dalej.

– O czym będą *Zaginione klejnoty*? – pytam ją.

– Nie zajmuję się jeszcze opowiadaniem. Zajmuję się numerowaniem – odpowiada.

– Ale nie powinnaś znać najpierw historii?

– Nie można napisać opowiadania, zanim się nie ponumeruje stron – wyjaśnia.

– Czy sądzisz, że pisarze zawsze najpierw zaczynają od numerowania stron?

– Tak. W innym wypadku nie mogą zacząć.

Nagle zaczynam się martwić, że Ten Przeskok już nastąpił – Grace zaczęła być nieśmiała i straciła dziecięcą wyobraźnię. Kreatywność jest jak rozciąganie się albo dobra zabawa – wszystkie dzieci potrafią to robić, ale większość z czasem traci tę umiejętność. To jest dość przykre.

– Ale, Grace – pytam – kto ma być w tej opowieści?

– Aaa – mówi Grace – ta opowieść jest o złodzieju klejnotów, który nazywa się Joel Garner. Ma czerwone ubranie, czarne kozaki i torbę, która pachnie siuśkami. Kradnie klejnoty, a potem wkłada je do torby, a potem daje je księżniczkom. Ale one są zażenowane zapachem siuśków i wcale ich nie chcą.

– Grace! Co za świetna historia! – mówię.

Trudno mi opisać ulgę, jaką czuję. Naprawdę myślałem, że zaczęła chcieć mniej opowiadać.

– To zaczniemy pisać tę opowieść? – pytam.

– Nie – odpowiada – teraz bawię się w numerowanie.

W mgnieniu oka zdaję sobie sprawę z okropnej prawdy. Zawsze uważałem, że nie jestem zbyt wymagający w stosunku do swoich dzieci, bo wszystko mi jedno, czy są dobre w matematyce, czy też beznadziejne w bieganiu. Sam skończyłem Uniwersytet Oksfordzki, a i tak byłem żałośnie biedny i przeszukiwałem rynsztoki w poszukiwaniu drobniaków. Liczy się naprawdę tylko jedno – a mianowicie, żeby dziewczynki odkryły, co lubią robić i żeby miały do tego pozytywny stosunek. Teraz widzę, że popychałem córki w stronę zostania profesjonalnymi pisarkami, wyznaczając im dość konkretne terminy. Muszę natychmiast przestać to robić.

Cassady jest zajęta bawieniem się moim sznurkiem od szlafroka. Sznurek jest szósty tydzień z kolei numerem jeden na liście popularności zabawek. Cassady zawiązała go między krzesłem a swoim rowerem i teraz przyczepia do niego spinki.

– Cassady, chcesz coś namalować? – pytam.

– Nie – odpowiada – muszę to skończyć. To lina dla moich misiów.

Przestaję się przejmować i zaczynam je obserwować. Dziewczynki są jak drzewa. Same wypychają swoje gałęzie i znajdują swój własny kształt. Obserwuję je jeszcze trochę, a potem idziemy na górę wykąpać się i poczytać bajki. Dziś wieczorem czytamy ostatni rozdział *Chatki Kubusia Puchatka*. To ten rozdział, w którym Krzyś pyta Kubusia: „Co najbardziej lubisz robić na świecie?". A Puchatek odpowiada: „Najbardziej ze wszystkiego na świecie lubię, kiedy razem z Prosiaczkiem idziemy do ciebie, a ty mówisz: «Czy to nie pora na małe Conieco?»". „I ja też lubię – odpowiedział Krzyś. – Ale co lubię najbardziej – to Nic"*.

Krzyś opuszcza Stumilowy Las, żeby pójść do szkoły. Opuszcza swoje dzieciństwo. Przypomina to *Piotrusia Pana*, gdzie J. M. Barrie mówi, że kiedy skończysz dwa lata, to zapomnisz, jak się lata. „Dwa jest początkiem końca". To mnie dobija. I na pierwszy rzut oka koniec *Chatki Kubusia Puchatka* jest równie destrukcyjny. Z wyjątkiem tego, że wcale nie jest, bo Krzyś zrozumiał najważniejszą rzecz, jaką należy zapamiętać, jeśli się chce powrócić do zaczarowanego miejsca: najpierw trzeba nie robić NIC. A jeśli i dorośli nauczą się, jak to robić, zrozumieją, że też mogą się tam udać.

---

* W przekładzie Ireny Tuwim.

Posłowie

Czerwiec 2007

Właśnie przejrzałem cały manuskrypt przed wysłaniem go do wydawcy. Trochę późno zdałem sobie sprawę, że ta książka jest o odnajdywaniu w sobie dziecka, i zacząłem się zastanawiać, czy udało mi się to uchwycić.

W tym momencie wchodzi Cassady.

– Tatusiu – mówi – **chciałbyś być dzieckiem, prawda, tatusiu? Jeśli chcesz być dzieckiem, to musisz się PRZEBIERAĆ, ponieważ, jak się przebierzesz, to masz bardziej przyjemniejszy dzień. Jak my się przebieramy, to nasz dzień jest bardziej fajniejszy dzień niż ten dorosłych. Widzisz, tatusiu? Napisz o tym. Napisz to, tatusiu.**

Patrzę na nią zaskoczony, myśląc: skąd ona, do cholery, wie, o czym piszę?

– Co mam jeszcze napisać?

– **Nico** – odpowiada. – **Napisz nico.**

Postscriptum

Sierpień 2007

Na porodówce jest cicho. Livy delikatnie podskakuje na gumowej piłce, zmysłowo wciągając gaz rozweselający na przemian z powietrzem. Wygląda, jakby siedziała na piłce do skakania i paliła fajkę wodną. Zaczynam jej zazdrościć.
– Czy ojcom wolno dostać trochę tej mieszanki? – pytam położną.
– Niech pan się tylko upewni, że mnie przy tym nie będzie – odpowiada. – Ale powiedziałabym, że potrzeba czterech głębokich wdechów, żeby naprawdę poczuć efekt.
Położna wychodzi. Zaciągam się osiem razy. Naprawdę zaczynam odczuwać efekt. Nagle mam lekką głowę. Kołacze mi serce. Gapię się na swoją żonę, która ma rozpuszczone włosy i zarumienione policzki, i dochodzę do wniosku, że nigdy jej tak bardzo nie kochałem jak teraz.
– Dawaj gaz! – krzyczy. – Przestań go monopolizować!
Zaciąga się z wściekłością. Wraca położna.
– Zaraz panią zbadam – mówi.
Przez chwilę myślałem, że ma na myśli mnie.
Wkłada rękę między uda Livy. Bladnie. Wychodzi i wraca z dwoma lekarzami. Jeden po drugim wkładają rękę między uda Livy. O co chodzi z tymi lekarzami? Kiedy tylko jakiegoś poznam, zaraz wkłada rękę mojej żonie. I nawet nie za bardzo im się to podoba. Wyglądają na przerażonych.
– O co chodzi? – pytam. – Coś nie tak?

– Dziecko ma guza na głowie – odpowiada jeden z lekarzy.

Wychodzą.

Zaczynam czuć się słabo. Zauważam trzy znaki na ścianie mówiące o dystocji barkowej. Dzieje się to wtedy, kiedy ramiona się klinują, a dziecko jest podduszane przez waginę. Usiłuję się uspokoić, przeglądając torebkę z darmowymi prezentami. Zawiera broszurkę, która reklamuje obrzydliwe i drogie plakietki z imieniem, wagą i datą urodzenia dziecka. Natrafiam na kolejną informację: „Zachowaj pępowinę do badań klinicznych". Nasze dziecko jeszcze się nawet nie narodziło. A już jej usiłują coś sprzedać. I wykorzystać. A ona jest chora.

Żona krzyczy. Podaję jej wodę. Podaję jej gaz. Łapie mnie za rękę i kiereszuje mi kłykcie. Nie zrozumcie mnie źle. Wiem, że cierpi bardziej ode mnie, ale czy mojej roli nie mógłby wypełnić uchwyt łóżka? Moja ręka niechybnie będzie wymagać operacji.

– Już widać – mówi położna. – Liv, uklęknij w stronę ściany. Andrew, pomożesz przy porodzie. Połóż ręce na moich.

Zbliżam się do strefy zero. Następny skurcz otwiera macicę. Widzę osad, wnętrzności i inne przerażające treści. Liv przemawia niskim urywanym tonem jak w języku daleków*:

– Nie dam rady!

Nagle pojawia się fioletowa głowa. Zatrzymuje się, jakby kontemplując pośladek Livy. Podtrzymuję ją z położną

---

* Dalek – fikcyjna rasa groteskowo zmutowanych organizmów-robotów występujących w brytyjskim serialu *Doctor Who*.

i razem delikatnie przesuwamy ramiona przez podduszające wargi sromowe. Liv znowu krzyczy i dziecko wyślizguje się, jak mokra syrenka przechodząca przez rurę. Dziecko zachowuje się tak, jak zawsze: robi kupę i zaczyna wrzeszczeć.

Już jest z nami. Ma mały płatek skóry na głowie. Jest pokryta śluzem. Ale żyje. Jest z nami, jest nasza i żyje.

Położna prędko ją owija. Zabieram ją na koniec pokoju. Nie mogę się powstrzymać. Zaczynam szeptać do jej zakrwawionego ucha: „Kochanie... kochanie... Zabiorę cię do domu i poznasz osobę o imieniu Cassady. Oj, tak. Zabiorę cię na górki w Hackney, żebyś zobaczyła najdłuższe huśtawki w Londynie. Oj, tak. I zabiorę cię na wakacje i po raz pierwszy doświadczysz radosnego widoku morza. Oj, tak. Ach, ty dziwny łysy goblinie ze swoim śmiesznym kawałkiem skóry, będziemy mieli razem niezłą zabawę".

Zasady Taty

Znajdź kobietę. Idź za nią, jeśli trzeba, to do szpitala. Okaż jej miłość. Hojność jest nagrodą samą w sobie, zwłaszcza gdy dzielisz się miłością, a ona ma na sobie uszy króliczka. Daj jej palec, nie dopuści cię. Daj jej rękę, a zacznie się rozmnażać. Dwie komórki zamienią się w cztery, które z kolei zamienią się w kogoś, kto będzie smarował dżemem twoje płyty CD. Pojawią się jak posłańcy. Wysłuchaj ich, chyba że zaczną krzyczeć. Zgadzaj się na wszystko, nawet peruki. Dołącz do nich. Jeśli wejdziesz między wrony – włóż okulary słoneczne, weź fiata i ruszaj na poszukiwanie toalet. Gdy jesteś w domu, padnij na podłogę i pozwól, żeby cię ujeżdżano dookoła sypialni. Nie bój się. Zacznij cierpieć na lęk przestrzeni. Zamknij drzwi. Wyłącz telefon. Zabawa właśnie się zaczyna. Baw się dobrze – i tak będziesz sprzątał. Możesz zaprowadzić konia do wodopoju, ale nie możesz sprawić, że posprząta po sobie galaretkę. Nie zapraszaj zbyt wielu gości, zwłaszcza jeśli pojawiają się ze swoimi mamami. Dzieci są jak bąki – jeśli są twoje mogą sprawiać niespodziewaną przyjemność; są częścią ciebie; jeśli natomiast są innych, to najlepiej szybko wyjść z pokoju. Zrelaksuj się. Bądź cierpliwy.
Kiedy to tylko możliwe, NIC nie rób.